期成会実践刑事弁護叢書04

東京弁護士会期成会明るい刑事弁護研究会編

人質司法に挑む弁護

勾留からの解放

現代人文社

刊行にあたって

　前書『保釈をめざす弁護――勾留からの解放』が 2006 年に発行されてから 10 年が経過した。
　この間，刑事司法の分野では，大きな法改正が行われてきた。
　2009（平成 21）年からスタートした裁判員裁判制度は，国民の中から選任された裁判員が裁判官と共に刑事訴訟手続に関与することで，司法に対する国民の理解の増進とその信頼の向上を目的として設立された制度である。
　裁判員裁判では，公判前整理手続を行うことが予定されており，これにより，争点が早期に明らかとなるため，結果として，裁判員裁判対象事件における保釈許可率が上昇したとの報道がされたこともあった。また，これとともに，勾留請求も却下されやすくなったのではないかともいわれている。
　そこで，本書では，2009 年前後からの保釈許可率・勾留請求却下率などについて，司法統計や犯罪白書などで公表された情報を基に分析を行うとともに，前書に収載していた勾留請求却下事例・保釈許可事例などを一新し，2009 年以降の事例を中心に紹介することとした。

　他方，えん罪事件を生み出す大きな原因の一つが「人質司法」であることには変わりはない。この点についてみるならば，一部では「開かずの扉」と酷評されていた再審事件についても，2009 年に再審開始が決定され，2010 年に無罪判決となった足利事件以降，布川事件，東電 OL 事件，東住吉事件など，次々と再審開始が決定され，無罪判決がなされるに至った。最近でも，熊本地裁が松橋事件の再審開始を決定した（その後，検察官が即時抗告を行なったため，本稿執筆時点で即時抗告審が係属している）。
　2014 年に再審開始が決定された袴田事件（本稿執筆時点で，検察官の即時抗告により，即時抗告審が係属中）では，その決定において，有罪立証のための証拠を捜査機関が捏造した疑いがあるとの指摘がなされた。
　また，厚生労働省に勤めていた村木厚子さんに対するえん罪事件となった凛の会事件では，大阪地検特捜部による関係者への供述の強要や，押収証拠の改ざんなども発覚し，その後の検証によって，捜査機関がえん罪を生み出す構造

の一画が露わとなった。
　このようなえん罪を生み出す大きな原因の一つが，自白偏重の捜査であり，自白を得るために，被疑者・被告人の身体を長期間にわたり拘束する「人質司法」であることは，10年前と何ら変わりがないのである。

　今般，刑事訴訟法等の一部を改正する法律案が，2016年5月24日に成立し，同年6月3日，刑事訴訟法等の一部を改正する法律として公布された。
　その主な内容は，以下の通りである。

施行時期	改正内容
2016年6月23日施行	・裁量保釈判断に当たっての考慮事情の明文化 ・証拠隠滅等の罪の法定刑の引上げ
2016年12月までに施行	・証拠開示制度の拡充 　①証拠の一覧表の交付制度 　②公判前整理手続等の請求権の付与 　③類型証拠開示の対象の拡大 ・弁護人の選任に係る事項の教示義務 ・通信傍受の対象犯罪の拡大 ・犯罪被害者等・証人保護方策の拡充 　①証人の氏名・住居の開示に係る措置 　②公判廷での証人の氏名等の秘匿措置 ・証人の勾引要件の緩和
2018年6月までに施行	・被疑者国選弁護制度の拡大 ・捜査・公判協力協議・合意制度 ・刑事免責制度 ・ビデオリンク方式による証人尋問の拡大
2019年6月までに施行	・一部事件について取調べの全過程の録音録画制度の導入 ・通信傍受について暗号技術を利用した特定措置の導入

　今回の法改正では，取調べの一部を可視化するなど，えん罪被害を防止する上で一定の評価ができる点もあるが，一方で，刑事免責制度など，新たなえん罪被害を生み出す危険性を孕んだ制度も導入されることとなった。

　平野龍一教授がかつて「絶望的」と酷評したわが国の刑事司法制度には，未

だ改善すべき点が多くある。その一つが，上述した「人質司法」である。

　本書は，刑事弁護に携わる多くの弁護士が実際に体験した保釈・勾留事例を多数掲載した，実践的な刑事弁護実務の書である。
　自らが担当した刑事事件に悩んだとき，本書が問題を打開する一助となれば幸いである。

2016年9月吉日

東京弁護士会期成会
代表幹事　千葉　肇

はじめに

　日本の刑事司法が機能不全に陥っていることは，刑事弁護にたずさわるものが等しく感じるところだ。
　その最たるものが「人質司法」といわれる安易な身体拘束の常態化であろう。
　わが国の刑事訴訟法には，まず逮捕段階での不服申立ての明文規定がない。
　次に，起訴までの勾留段階には，勾留に関する準抗告と勾留取消しの制度が規定されている。しかし，勾留請求の却下率は低く，司法統計年報によると，2003（平成15）年度の全裁判所の勾留請求人数148,333人に対し，勾留却下は536人，何と0.0036％である。この勾留却下の数値も，裁判員裁判導入後，年々改善が見られ，2014（平成26）年には2.71％へと上昇している（本書「2009年以降の勾留・保釈〔司法統計より〕」90頁以下）。勾留取消しに至ってはほとんどなく，裁判所による救済システムは名目だけになっている。
　起訴前の保釈制度がないことも，この間の最大23日間の拘束の常態化に拍車をかけている。
　起訴後にようやく保釈が可能となり，それは権利とされているが，例外規定が余りに多く，現実のきびしい運用と相まって，原則と例外が逆転している観がある。否認していたり，公判で供述を翻すおそれがあると判断されると，罪証隠滅のおそれがあるとして保釈は許されないのである。
　少し統計を見てみよう。2003（平成15）年度であるが，一審で勾留された被告人77,071人のうち保釈された者は8,881人，つまり12％に満たないのである。この保釈率も，勾留請求却下率と同様，近年若干改善されつつあり，2014年には23.9％まで伸びている（本書91頁以下）。判決でようやく釈放された者が36,502人，実に47.3％が無罪，執行猶予，罰金の判決を受けるまで拘束を続けられたことになる。
　本来これらの者は，判決前に解放されるべきであった。

　このようなわが国の刑事手続は，国際人権法に照らすとき，あまりにも異常であることがわかる。
　国際人権（自由権）規約9条3項は，「裁判に付される者を抑留することが

原則であってはならず」と規定し，規約人権委員会の一般的意見 8 で，9 条の規定につき「抑留の合法性を裁判所に監督してもらう権利は，逮捕又は抑留によりその自由を奪われたすべての者に適用される」と解されている。

国連被拘禁者人権原則 39 も，裁判官の判断によるとしつつも，「犯罪の嫌疑によって拘禁された者は，公判終了までの間釈放される権利を有する」と規定している。

逮捕から勾留までの救済規定がないこと，起訴前保釈制度がないこと，権利保釈や勾留取消しが実質上機能していない状況などは，上記国際基準に違反するものであろう。

人権状況に関する日本政府の報告を審査する 2 つの国際機関の最近の所見（勧告）を見てみよう。

1　国連拷問禁止委員会（2013 年 5 月 31 日）
10 項
　（略）
　委員会は，締約国が以下の事項を実施すべきであるという前回の勧告（15 項）を繰り返す：
　（略）
　(d)　締約国の法と実務を国際基準に合致させるため，代用監獄制度の廃止を検討すべきである。
11 項
　（略）
　委員会は，（略）前回の勧告（16 項）を繰り返す。とりわけ：
　(a)　取調べの長さについて規程を設け，その不遵守に対しては適切な制裁を設けること；
　(b)　刑事訴追における立証の第一次的かつ中心的な要素として自白に依拠する実務を終わらせるために，犯罪捜査手法を改善すること；
　(c)　取調べの全過程の電子的記録といった保護措置を実施し，その記録が法廷で利用可能とされることを確実にすること；
　(d)　委員会に対し，強制・拷問もしくは脅しのもとでの自白，あるいは長時間の逮捕ないし拘禁の後においてなされた自白であって，刑事訴訟法第 319 条第 1 項に基づき証拠として許容されなかった自白の数を通知すること。

2 国際人権(自由権)規約委員会(2014年8月20日)
18項
　(略)
　締約国は,代替収容施設を廃止するためにあらゆる手段を講じること,すなわち,特に下記の事項を保障することによって,規約9条及び規約14条におけるすべての保障の完全な遵守を確保しなければならない。
　(a) 起訴前の拘禁中に,保釈など,勾留に代わる措置を,当然考慮すること。
　(b) すべての被疑者が身体拘束の瞬間から弁護人の援助を受ける権利を保障され,かつ,弁護人が取調べに立ち会うこと。
　(c) 尋問の方法,尋問継続時間の厳格なタイムリミットと完全なビデオ録画を定める立法措置がされなければならない。
　(d) 都道府県公安委員会から独立し,かつ,取調べ中に行なわれた拷問や不当な取扱いの申立てについて迅速,不偏公平かつ効果的に調査する権限を持つ不服審査のメカニズムに向けた見直し。

　上記の国際的批判に対しては,日本の刑事司法は適切に適用されているとして見るべき対応を示してこなかった日本政府も,足利事件,氷見事件が再審無罪となり,志布志事件の全員無罪一審判決の確定,さらに郵便不正事件(村木事件)の無罪判決と検察の不祥事の発覚から,検察ひいては刑事司法手続の改革に踏み切らざるを得なくなった。
　法務大臣の諮問92号を受けた法制審議会(新時代の刑事司法特別部会)に期待されたのは,一連のえん罪事件の教訓から,えん罪を生まない刑事司法制度の実現であった。そこでの中心は,取調べの可視化,証拠開示だけでなく,人質司法の改革も当然含まれていた。因みに,日弁連は,その審議に委員を送り込み,他の事項の実現とともに,人質司法改革の一環として次のような課題の実現を求めていた。

(1) 勾留又は保釈に関する裁判においては,被疑者又は被告人の防御権を踏まえ,被疑者又は被告人が嫌疑を否認したこと,取調べ若しくは供述を拒んだこと,又は検察官請求証拠について同意をしないことを被告人に不利益に考慮してはならないものとする。
(2) 勾留又は保釈に関する裁判においては,犯罪の軽重及び被疑者又は被告人が釈放されないことによって生ずる防御上又は社会生活上の不利益の程度を考慮しなければならないものとする。

(3) 勾留に代替する手段として，住居等制限命令制度を創設し，その命令では目的を達成できない場合に限り勾留することができるものとすべきである。

(4) 上記のほか，権利保釈の除外事由，勾留質問における弁護人の立会権，勾留の裁判に対する不服申立て及び起訴前保釈に関する刑事訴訟法改正を行うべきである。

(5) 逮捕された被疑者に対し，取調べを受ける前に弁護士の助言を受ける機会を保障し，被疑者が申し出たときは，取調べを開始する前に，弁護士の接見をさせなければならないものとすべきである。そのために，逮捕された被疑者が公費による弁護士の派遣を請求できる制度を創設すべきである。

日本弁護士連合会
「新たな刑事司法制度の構築に関する意見書（その3）」より
2012年（平成24年）9月13日

しかし，村木厚子さんや周防正行さんら特別部会委員の後押しはあったものの，警察，検察，法務官僚と捜査側に傾いた学者委員の前に，これらの提言は生かされることがなかった。

近年は，裁判員裁判の導入=定着とともに，先に見たように勾留却下や保釈率の一定の向上が見られたが，未だしの感は否めない。

しかも，期待された刑事司法改革は，人質司法の面に限っても，上述のとおり頓挫した。

しかし，われわれが受任した個別事件について，いかに人質司法の実態と闘うか。時間との闘いは，改革を待ってはいられないのである。

すぐれた先例に学び，蓄積されたノウハウを紐解いて闘っていくしかない。

そのようなノウハウや先例が欲しい，という声に応えるべくして，10年前，前書『保釈をめざす弁護――勾留からの解放』が編まれた。

本書は，その後の10年の間に蓄積された身体拘束からの解放を目指した会員（一部会員以外の協力もある）の実践例を蒐集して紹介するものである。読者の明日からの弁護活動の一助となれば，執筆者一同の喜びこの上ない。

2016年9月吉日

東京弁護士会期成会明るい刑事弁護研究会
世話人　西嶋勝彦

人質司法に挑む弁護　勾留からの解放..................目次

刊行にあたって…002

はじめに…005

ドキュメント●勾留請求却下事件

1 窃盗未遂事件
◎被疑事実…018
◎事実経過…018
◎11月20日(火)…019
◎11月21日(水)…020
◎11月22日(木)…021
◎11月22日(木)〜1月23日(水)…022
◎最後に…022

■コラム■勾留請求却下を求める際の,土日休日の対応方法…024

2 強制わいせつ致傷事件
◎はじまり…025
◎ずいぶんやつれた依頼者…025
◎逮捕に至る事件の実態…026
◎電話で娘は出たものの…027
◎勾留担当裁判官との面会…027
◎被疑者との面会…028
◎弁選の提出…028
◎釈放…029
◎本件からの教訓…029

■コラム■被疑者補償規程について…032

3 出入国管理法違反事件
◎被疑事実…033
◎事実経過…033

◎6月15日(火)…033
◎6月16日(水)…035
◎6月28日(月)…036
◎コメント…036

■コラム■事例紹介：外国人の保釈と入管手続…037

被疑者・被告人の身体拘束解放手続案内

1 接見に臨むにあたって
(1) 接見時に聴取すべき事項…042
(2) 弁護人への連絡の徹底…043
(3) 接見交通権の重要性…043
(4) 接見妨害への対応…044

2 拘束からの解放にむけて ── 勾留前
(1) 逮捕時の「準抗告」…046
(2) 勾留請求の阻止…046
(3) 裁判官に対する交渉申入れ，意見書の提出…047
(4) 勾留請求時における被疑者との接見…047
(5) 勾留質問の際の立会い…047

3 拘束からの解放にむけて ── 勾留後
(1) 勾留状謄本交付請求…049
(2) 勾留に対する準抗告…049
(3) 勾留取消請求・勾留執行停止…050
(4) 勾留延長時…050
(5) 勾留理由開示請求…051
(6) 不起訴の要請…051

4 保釈
(1) 公訴事実を争っていない場合の保釈請求の準備…053
(2) 公訴事実及び関連事実を争っている場合…054
(3) 保釈保証金の準備…054
(4) 保釈許可請求書の提出…054
(5) 裁判官面接…055
(6) 保釈許可決定後の手続…056
(7) 検察官が保釈許可決定に対して準抗告をした場合…056
(8) 裁判所から保釈に関して付される諸条件について…057
(9) 保釈許可請求却下決定に対する準抗告…057

⑽ 第 1 回公判後の保釈請求…058
⑾ 第 1 審実刑判決後の対応…058
⑿ 保釈時の出迎え…058

5 保釈保証書発行事業の紹介
⑴ 事業の概要…060
⑵ 手続の流れ…061
⑶ 審査基準について…063
⑷ 運用状況…064

■コラム■「保釈保証書発行事業」開始までの経緯――韓国を見習え…066
■コラム■「保釈保証書発行事業」の課題…068

6 各種書面の提出先
⑴ 勾留決定,勾留延長決定,保釈却下決定に対する準抗告申立て…070
⑵ 勾留取消請求,勾留理由開示請求…070
⑶ 勾留執行停止申立て…070
⑷ 保釈許可請求…071

勾留・保釈 Q&A

Q1 被疑者の家族から逮捕直後に相談を受けました。
まず,何をすべきでしょうか。注意点がありますか。…074

Q2 被疑者を勾留させないための活動はどこに,
どのようにすればよいでしょうか。…074

Q3 逮捕の翌日または 2 日後に被疑者に面会しようとしたら,
検察官へ送致されて留置場で会えないことが判明しました。
このような場合に面会する方法はありますか。
また,勾留質問で裁判所へ連行されている場合はどうでしょうか。…075

Q4 勾留後に検討すべき手続はどのようなものですか。…075

Q5 勾留延長について準抗告をする場合の留意点は何ですか。…076

Q6 留置場に勾留されている被疑者について,
勾留場所の変更を求めることができますか。…076

Q7 勾留状謄本を入手するのに 2,3 日かかりますが,
素早く勾留理由を知る方法はありますか。…077

Q8 接見禁止の決定がなされるのはどのような場合ですか。
また,接見禁止の内容を知る方法と,争い方についても教えて下さい。…077

Q9 接見指定が許されるのは,どのような場合ですか。
また,どのように対処したらよいのでしょうか。…078

Q10 接見に赴いたら「取調べ中」であるとして接見を拒否されました。
このような場合の対処方法は何かあるのでしょうか。…079

Q11 留置場に夜間接見を申し込んだら「執務時間外」といって拒否されました。
このような場合の対処方法は何かあるのでしょうか。…080

Q12 拘置所に夜間接見を申し込んだら「執務時間外」といって拒否されました。
このような場合の対処方法は何かあるのでしょうか。…081

Q13 取調べのために検察庁に押送された被疑者と,
検察庁で接見をすることはできますか。…082

Q14 勾留理由開示を請求すれば,どのような効果が期待できますか。…083

Q15 保釈許可請求の際,準備するものは何ですか。保釈許可請求書には,
どのような理由を掲げどのような資料を添付する必要がありますか。
権利保釈が原則である以上,裁量保釈については触れなくてよいと考えて
よいでしょうか。…083

Q16 起訴後に保釈許可請求をしました。裁判官面接の前に検察官の意見を
知っておくにはどうすればよいでしょうか。…084

Q17 保釈保証金の相場はいくらですか。また,保証金納付の手続は
どのように行いますか。…084

Q18 保釈保証金がすぐに用意できなかった場合に何か方法がありますか。
保釈保証金が不足するとき,弁護人が立替えたり,
保証書を差出すことに問題はありますか。…085

Q19 保釈許可請求の不許可決定に対して準抗告する場合,
どの程度詳しく理由を書くのでしょうか。
また疎明資料を添付すべきでしょうか。…086

Q20 検察官が再逮捕をほのめかしているときに,
保釈許可請求をすべきですか。…086

Q21 保釈の許可条件は,どのようにして付されるのですか。
不当な条件をあらかじめ防止することは可能でしょうか。…087

Q22 保釈中の長期出張や海外旅行は許されますか。…087

Q23 第1審で実刑判決が予想されるとき,
再保釈を得るにはどのような準備をしておくべきですか。…088

Q24 第1審で実刑判決が出た場合,再保釈請求書で強調すべき事由は
何でしょうか。…088

勾留・保釈をめぐる動き

1 2009年以降の勾留・保釈（司法統計より）
(1) 勾留却下率について…090
(2) 保釈率について…091

2 2009年以降の勾留・保釈実務の動向（犯罪白書より）
(1) 勾留請求率…093
(2) 勾留請求却下率…093
(3) 保釈率…095

3 最高裁判例の動向
(1) 勾留・保釈の裁判に対する最高裁の判断について…097
(2) 2つの最高裁決定…098
(3) (準)抗告審の審査方法と(準)抗告審における弁護人の活動…099

4 まとめ
まとめ…102

事例集

◎ 収載事例一覧…104
◎ 【事例1】泥酔した被疑者が消防車を蹴って損壊し、消防士らの職務の執行を妨害したとされた事案について、勾留延長請求が却下された事例…107
◎ 【事例2】保釈許可決定に対する準抗告が、罪証隠滅行為に出る現実的可能性はそれほど高いものとはいえないなどとして棄却された事例…108
◎ 【事例3】住居侵入罪で勾留決定がなされたが、勾留決定に対する準抗告が認容され、被疑者が釈放された事例…110
◎ 【事例4】勾留が併存する事件で保釈が許可された事例…113
◎ 【事例5】同一被害者に対し痴漢行為を繰り返していた被告人に対し、電車区間の一部利用禁止を保釈条件として保釈が許可された事例…115
◎ 【事例6】全面否認していた被疑者に対し、電車区間の一部利用禁止を条件に準抗告が認容された事例…116
◎ 【事例7】権利保釈の認められない殺人事件について、公判前整理手続における予定主張記載書面提出後、公判開始前に保釈請求が許可された事例…118
◎ 【事例8】否認事件ではなかったが、証人尋問が終了した後にようやく保釈が認められた事例…119
◎ 【事例9】高齢の生活保護受給者による暴行事件において、保釈が許可された事例…121
◎ 【事例10】傷害事件において、飲酒による回想不能な部分がある旨の供述をしていたものの、勾留請求が却下された事例…123
◎ 【事例11】大学4年生が先輩男性に対して、ストーカー規制法に基づく警告を無視し、掲示板に書き込みをしたり、勤務先にメールをしたりした名誉毀損及びストーカー規制法違反事件において保釈が許可された事例…124
◎ 【事例12】商品の値札を付け替えてレジを通過する行為と万引き行為が同時に行われた詐欺・窃盗の事案について、保釈請求ですみやかに釈放された事例…126

◎【事例13】実刑判決の可能性が高かったが保釈が許可された事例…128

■コラム■参考事例：保釈された者が逃亡したが判決確定までに解消された場合における保釈保証金没取の可否…131

◎【事例14】同種前科のある万引き犯に保釈が許可された事例…132
◎【事例15】当初の勾留期間中に捜査を遂げるべきであったとして，勾留延長が取り消された事例…134
◎【事例16】保釈許可決定に対し，被告人の供述に食い違いがあることなどを理由としてなされた準抗告が棄却された事例…135
◎【事例17】強盗未遂事件において，勾留請求が却下された事例…137
◎【事例18】振り込め詐欺の否認事件において，保釈請求が許可された事例…138
◎【事例19】勾留延長決定に対する準抗告が認容された事例…140
◎【事例20】判決後の再保釈請求が却下されたが高裁で保釈が許可された事例…141

■コラム■参考事例：弁護人の証人テストに同席して証人予定者に直接話しかけ自己の意に沿うような証言をするよう圧力をかけた行為が保釈の面接禁止条件違反に該当するとして，保釈を取り消した原決定が維持された事例…142

◎【事例21】全面的否認事件で約2年4ヵ月にわたる公判（第1審）の途中，起訴から，約1年半後に保釈が最終的に認められた事例…144
◎【事例22】捜査段階から一貫して犯行を否認しつつ示談を希望していた被告人について，同居していない兄が身元引受人になり保釈が許可された事例…146
◎【事例23】同種余罪がある事案で勾留延長決定に対する準抗告が認容された事例…147
◎【事例24】覚せい剤自己使用事件（初犯）について，共同使用した者との接触禁止を条件として保釈が許可された事例…148
◎【事例25】保釈許可決定に対する準抗告を棄却した事例…150
◎【事例26】運動員に対する買収を公訴事実とする公職選挙法違反被告事件で，公判前整理手続が採用されたが，第2回公判期日に検察官請求の最重要証人の証人尋問が終了した後，ようやく保釈が許可された事例（身体拘束期間1年）…152
◎【事例27】検察官立証後も保釈が許可されず，弁護側の立証計画発表後，条件付きで両罰規定により法人と共に起訴された代表取締役に6回目の保釈請求が許可された事例…154
◎【事例28】被害者不明のため示談不能の迷惑防止条例違反事件において，勾留請求が却下された事例…155
◎【事例29】児童買春（いわゆる援助交際）事件において，約半年前の出来事であることから犯行の具体的な内容について回想不能である旨の供述をしていたが，勾留請求が却下された事例…157

書式集

勾留の却下を求める
勾留に関する意見書…160
即時釈放を求める意見書…161

勾留決定に準抗告を申し立てる
準抗告申立書…166

勾留延長決定に準抗告を申し立てる
準抗告申立書…170
(別紙)接見メモ…175

勾留の執行停止を求める
勾留の執行停止申請書…176

保釈を求める(1)
保釈請求書…178

保釈を求める(2)
保釈請求書…183
保釈保証金に関する意見書…185

保釈を求める(3)
保釈請求書…186

INTERVIEW
ろくでなし子さんに聞く勾留生活

起訴事実の概要…190

事件の経緯…191

インタビュー…193
◎逮捕から起訴まで…193
◎事件の概要…193
◎弁護団の主張…195
◎何で伏せ字にしなきゃいけないのか…196

◎なかなか弁護士を呼べなかった…196
◎黙秘権なんて聞いてない！…198
◎自分でも何が事実か分からなくなった…199
◎事件の報道と２度目の逮捕…201
◎ボールペンを自由に使えなかった…202
◎被疑者ノートをめぐる攻防…202
◎くだらない制約…206
◎なぜかコロッケばかりの食事…208
◎法廷で使えない「まんこ」…210
◎弁護人への要望…211
◎黙秘は楽か…212
◎最後に…215

ドキュメント　**勾留請求却下事件**

1 窃盗未遂事件

▶▶ 被疑事実

　2012（平成24）年11月19日午後6時30分ころ，被疑者が，勤務先からの自動車で帰宅中，自動車を降り，アパート1階のベランダに干してあった女性用の下着を窃取しようとしたが，同アパートの住人の男性に見つかり，取り押さえられたため，窃盗の目的を遂げなかったという窃盗未遂事件。同種の下着窃盗の余罪多数。

▶▶ 事実経過

2012（平成24）年11月19日
　現行犯逮捕
同月20日
　当番弁護出動要請，午後0時45分から接見，選任
同月21日
　被疑者の両親と面談，身元引受書を取得
　勾留請求
　午後8時，検事から被害者の連絡先を聞く
　被害者へ連絡し，示談できそうな感触を掴む
同月22日
　午前9時，地裁刑事14部に電話
　（勾留請求却下を求める意見書をFAX）
　午前11時，裁判官面談→勾留請求却下
　午後4時，被疑者自宅ガサ入れ，下着30枚以上差押
　午後8時，被害者宅で示談成立，30万円
　（同日以降合計2回取調べ）
2013（平成25）年1月23日
　不起訴処分

▶▶ 11月20日（火）

① 当番弁護配点

　午前11時13分，東京弁護士会から，当番弁護の出動要請の連絡があり，配てん連絡票を受領した。
　被疑者は，30歳の男性で，罪名は，窃盗未遂とのことであった。

② 接見・事実確認

　被疑者ノート，弁護人選任届，地図，カレンダー（※逮捕日，勾留請求日，勾留満期日，犯行日等を確認するために役立つ。被疑者に今後のスケジュールを説明するのにも役立つ）など必要な物を持って，都内の警察署に向かった。
　午後0時45分，警察署に到着し，接見を開始した。被疑者に自己紹介を行い，当番弁護で接見に来た旨を伝え，「窃盗未遂ということで逮捕されている，身に覚えがあるか」と事実の確認をしたところ，「間違いない」と供述した。
　被疑事実の内容は，次のとおりであった。
　11月19日午後6時30分ころ，被疑者が，勤務先から自動車で帰宅途中，下着を窃取しようと物色。自動車を停め，アパート1階のベランダに侵入し，干してあった女性用の下着を窃取しようとしたが，同アパートの住人の男性に見つかり，取り押さえられたため（現行犯逮捕），窃盗の目的を遂げなかったという窃盗未遂事件。なお，被疑者は，今回人生で初めて逮捕されたとのことであったが，被疑事実以外にも，同種の下着窃盗の余罪が多数あるとのことであった。

③ 弁護方針の決定

　被疑者が逮捕事実を完全に認めていること，被疑者は両親と同居していること，被疑者が会社に勤務しており，勾留決定がなされると懲戒解雇となる可能性が高いことなどから，まずは，勾留請求の却下を目指す弁護活動をすることにした。また，同時に，被害者との示談を進め，不起訴に持ち込む方針とした。弁護人選任届と委任契約書を受領し，事務所に戻った。

④ 被疑者の両親への連絡

　事務所に戻り，まずは，両親に電話をした。両親は，昨日から息子が帰ってこなかったのですごく不安に思っていたことであった。事情を全て話し，早期に釈放させるよう全力を尽くすので，できるだけ協力して欲しいと要請した。

翌日の午前中に事務所で両親と会うこととなった。

▶▶ 11月21日（水）

① 両親との面談

午前中、両親と面談をし、身元引受書を受領した。また、被害者との示談を進めたいので、示談金の準備をしておいて欲しい旨を述べ、了承を得た。

② 検察官への連絡

担当検察官に電話を入れ、被害弁償をしたいので、被害者の連絡先を教えて欲しいと要請した。このとき、私は、勾留請求について軽く触れたが、検察官の態度は、当然に勾留請求するというものだったので、勾留請求しないでくださいとは言わなかった。弁護人が勾留請求しないでくれと言っても、検察官は勾留請求を断念するということはないだろうし、また、あまり執拗に言うと周到に準備されてしまうだろうと考えたからだ。

なお、検察官は、この日、勾留請求を行った。

③ 示談交渉の開始

午後8時ころ、検察官から、私の携帯電話に電話があり、被害者の連絡先を教えてもらった。すぐさま、被害者に連絡し、謝罪の意思を伝え、被害弁償させていただきたい旨を伝えた。電話の雰囲気で、被害者とは早期に示談できる感触を掴んだ。

④ 勾留請求却下を求める意見書の起案

翌日の午前9時に東京地方裁判所に意見書をFAXするため、この日中に、意見書を起案した。

勾留請求却下を求める意見書には、①弁護人が被害者と連絡を取っており、間もなく被害者と示談できる見込みであること、②被疑者が被疑事実を全面的に認めて反省していること、③被疑者は現行犯逮捕されており罪証隠滅の対象がないこと、④勾留されれば懲戒解雇が確実であること、⑤両親が身元を引受けていること等を記載した。

意見書の準備を整え、帰宅した。

▶▶ 11月22日（木）

① 東京地方裁判所刑事14部に連絡

　午前9時，東京地方裁判所刑事14部の勾留係に電話をし，「勾留質問前に裁判官と面談をしたい，意見書も準備しているのでFAXで送信したい」旨の連絡をした。担当書記官から面談時間を午前11時と伝えられ，電話を切ったあと，すぐに意見書をFAXした。

② 裁判官面談

　午前11時，刑事14部の小さな部屋に入ると，裁判官と修習生数名が入って来た。

　裁判官からは，「意見書は読ませていただきました。何か，補足することはありますか」とのことであったが，補足どころか，上記①ないし⑤の事情を全て話し，さらに，「勾留されると人生が終わる！　何とか却下して欲しい！　被害者とは今日の夕方会うことになっており，ほぼ示談できる感触を掴んでいる！　両親もしっかりしているのでしっかり監督できる！」などと一生懸命訴えた。もっとも，被疑者には余罪があるので，その点が，問題になるだろうなと思っていた。

　この後の裁判官と私のやり取りは次のとおり。

　裁　「検察官が明日（23日）自宅のガサ入れをするから，勾留却下はありえないと言っているんですよね」
　私　「自宅に余罪に関する証拠があれば，ガサ入れが終わるまで一切触れないし，自宅の自室に入らない旨も誓約します。釈放後ホテルに泊まることも検討します」
　裁　「勾留質問の際に，同内容を誓約させてもいいですか？」
　私　「もちろん問題ないです」
　裁　「現時点では勾留請求を却下する方向で考えています。ただ，検察官が却下に反対しているので，準抗告が出る可能性はあります。先生が被疑者を迎えに行ってくれますか？」
　私　「わかりました。私が責任をもって迎えに行きます」

③ 勾留請求却下の連絡

　午後1時ころ，刑事14部の書記官から連絡があり，「勾留請求は却下され

ました」と伝えられた。勾留請求却下の事実を両親に連絡し，順調に行けば，本日の夜には釈放される旨を伝えた。

④　自宅の捜索差押

　検察官は，翌23日に警察が自宅のガサ入れを行うという理由で勾留請求却下に反対していたのだが，勾留請求が却下されると分かると，準抗告をすることなく，その日の午後4時からガサ入れを行うと言い出し，被疑者の自宅の両親に連絡してきた。

　22日にガサ入れをできるのであれば最初からそうすれば良いのであり，「23日にガサ入れを行うから勾留請求の却下には反対だ」などという意見を出すのは誤りである。この点，裁判官は，捜査機関の言いなりではなく，勾留の要件を厳格に審査しており，適切な判断を行ってくれたと思う。

⑤　被害者と示談成立

　午後8時ころ，被害者宅を訪問し，謝罪した上，一定の金銭を支払い，示談が成立した。

⑥　被疑者釈放

　午後9時ころ，警察署に迎えに行ったところ，被疑者は既に釈放され，1階のロビーで私を待っていた。あまり感情を表さない被疑者であったが，ほっとした様子だった。その後，父親と母親に引渡し，私の仕事は終了した。

▶▶ 11月22日（木）～1月23日（水）

　被疑者には余罪があったことから，余罪に関する任意の取り調べが継続された。

　2回ほど，任意で取り調べを受けたものの，翌2013（平成25）年1月23日には，全て不起訴処分となった。

▶▶ 最後に

　勾留請求の却下を求める弁護活動はなかなかうまくいかないと思いがちである。もっとも，周りの刑事弁護に熱心に取り組んでいる弁護士などに話を聞いていると，皆，相当数，勾留請求却下を勝ち取っている。私自身も，これまで，

この件を合わせて3件，勾留請求却下決定をもらっている。被疑者弁護に取り組む弁護士は，「罪証隠滅のおそれ」，「逃亡のおそれ」がないと思うのであれば，積極的に勾留質問の前に裁判官との面談を行い，勾留の要件が欠けることを訴えるべきである。

　特に，上記の事例で示したように，余罪があり，検察がガサ入れをすると言って勾留請求却下に強く反対しているような事案（余罪捜査の必要性などは勾留の要件ではないが）であっても，裁判所は毅然と，勾留の要件を満たさないとして却下しているのであり，弁護人は諦めることなく積極的に身体拘束からの解放に向けた弁護活動を行っていくことが肝要である。

■コラム■
勾留請求却下を求める際の，土日休日の対応方法
（金曜日に逮捕され，土曜日に送検され勾留請求，日曜日に勾留質問という場合）

(1) 検察官又は司法警察員へ弁護人選任届を提出する

勾留質問前に弁護人として意見書を提出し，裁判官面接するには，原則として弁護人選任届を検察官に提出しておく必要がある（刑事訴訟規則17条参照）。なお，送検されていない段階では検察官には弁護人選任届は出せないので，その場合は，司法警察員に提出する。司法警察員は弁護人選任届の受領を拒否する場合があるが，その場合には，上記規則を示して受領してもらうようにする。

(2) 土日祝日に検察官に弁護人選任届を提出する方法

東京地検の場合，霞が関にある東京地検A棟地下2階にある「日直事務室」において弁護人選任届を受領する扱いとなっている。東京地検の入り口に守衛がいるので，守衛に，「弁護人選任届を提出しに来た」旨を言えば，「日直事務室」に案内してくれる。弁護人選任届を提出する際には，控えに受付印をもらうことを忘れないようにする。

(3) 土日祝日に勾留質問前に裁判官と面接をする方法

・午前9時に東京地方裁判所の南門から入り，地下の宿直へ行く。
・勾留請求の却下を求める意見書及び疎明資料を提出し，裁判官面接の予約をする（意見書に携帯電話の番号を記載しておいて，面接の準備が整ったら連絡をもらう）。
・午前11時ころ，裁判官面接となる場合が多い。

2 強制わいせつ致傷事件

▶▶ はじまり

　2015（平成27）年5月8日（金）夕方6時すぎ，事務所で翌日静岡での袴田事件弁護団会議の準備をしていたところへ，代々木警察留置係から，「以前先生に世話になったWが面会に来てほしいと言っている」との電話があった。その日は，夜8時ごろ山形からくる農協関係の依頼者との打合わせが控えており，9時ごろまで動けないと告げると，本人は今日中の面会を強く希望しているので，その頃でよいから署の方へ連絡が欲しいとのことであった。罪名は暴行というので，てっきり酒を飲んでの酔客同志のケンカ程度と受けとめ依頼者のリストをめくると，確かに渋谷区に居住するWの名があった。20年位前，会社を経営するWから従業員の事件を依頼されて短期に解決してあげた記憶がおぼろげに思い出された。代々木署へのアクセスを確認し，10時ごろまでに接見に行く覚悟を決めた。

▶▶ ずいぶんやつれた依頼者

　山形の依頼者は予定より10分以上遅れたが，重要な打合わせだったのであとから飛び込んだ案件のため，簡単に切り上げることも出来ず，9時ごろまでかかった。代々木署留置係へ，今から出向くので10時前には着く，本人にその旨伝えておいてくれと連絡した。
　弁選と接見ノートを急ぎカバンに突っ込んで，事務所を出た。都営地下鉄で初台駅まで急ぎ，徒歩数分の署へ辿りつく。受付で待たされ，やって来た留置係に案内されて面会室へ。
　仕切り板のむこうの初老の男は，名はWと名乗るが，53歳にしてはずい分やつれ，元気だった30代の頃と同一人とは思えない。10年ほど前から「うつ」になり，加えて全身にガタが来て会社を妹夫婦に譲り，いくばくかの手当をもらうだけの無職生活。
　しかし，子どもを3人なした前妻と別れ，10年ほど前，3人の子連れの若いフィリピン女性と再婚し，子ども2人ができた。

なんと，8人の子と妻を養っていることになり，彼の肉体と精神，そして取り巻く環境が一本の線につながらない。

▶▶ 逮捕に至る事件の実態

彼が語る，逮捕に至る事件の実態は，誠に奇妙であった。

2日前の5月6日夕方，仕事から帰った妻と口論。いつものことだが，その日は初めて手を出した。いつもの夫婦ケンカのもとは，ホテルのベッドメイキングの仕事をしている妻の働きぶりにあるという。夜遅かったり，帰らない日もあり，それが最近ひんぱんになっている。

留置係が私に説明していた罪名は暴行。本人の弁明は，お仕置きの目的で彼女の胸部を押して陰部もさわったという。

妻が110番したので警察が来て，代々木署まで連行された。

妻が医者に行き，診断書を警察署に提出したことや胸部にアザができたことも，本人は認めている。

前後をつなぎ合わせると，本人が妻の浮気を疑い，その痕跡を妻の肉体から探ろうとして暴行に及んだと解され，自宅から任意同行。署での任意の取調べ中，診断書が出るや強制捜査に切り替ったらしい。

今日検事調べがあり，留置係によれば明日裁判所に行く予定という。要するに，その日検事が勾留請求し，明日勾留質問という訳だ。

自分も反省し，妻に詫びたいので被害届を取り下げてくれるよう妻を説得してくれという。

特にWが訴えるのは，月曜日，3歳半の末の子が耳の手術のため東京医大に入院予定になっており，自分しか子どもを連れて入院手続をする者がいない，という点だ。

事案は，本人が妻への加害行為を控え目にのべているとしても，痴話ゲンカの類いであり，また仮にアザが出来ているとしてもその程度で逮捕勾留というのは異常である。DVをくり返している様子もなく，前科がないのは勿論，警察や裁判所から警告や保護命令など何らかの措置を受けた事実もない，という。子どもの手術入院も，勾留を回避すべき事情となる。

勾留却下の希望はあるし，その努力をしないと弁護人の責任が問われると思われた。他方，明日午後からの静岡弁護士会館で行う弁護団会議に団長である私が遅参することは許されず，ぎりぎり東京駅午後0時03分発のひかりに乗る必要がある。時計はすでに午後10時半を回っている。動けるのは，明日午

前中だが，新幹線に乗る前に記録と資料を取りに事務所に立寄るので，午前9時30分ごろから午前11時ごろまでの間に結着をつけないといけない。さあ，どうする。

妻の携帯電話番号は，Wの携帯電話を見ないと分からず，Wの携帯電話は取り上げられておりWの自宅電話番号は聞いたので，妻が帰宅していれば連絡できるが，起きている子どもにでも伝言して明日に備えることにした。

明日の勾留質問の心得と弁護費用や弁選の記入要領を告げて，面会を終ろうとすると，Wは妻への謝罪を伝えて欲しいとくり返した。

▶▶ 電話で娘は出たものの

代々木署を後にしたのが午後10時45分すぎ。疲れたし，腹も空いており，自宅まで持ちそうにない。駅までの途中にあったラーメン屋に立寄った。同所でWの自宅へ電話したら，幸い娘が出たが11歳。母はまだ帰らず，その携帯電話番号も知らない，兄ちゃんたちも寝ていて起きてこない，というので万事休す。

ともかく，明朝早くから行動を起すことにした。深夜バスの最終で帰宅し，就寝は午前1時。

▶▶ 勾留担当裁判官との面会

5月9日（土）午前9時30分，地裁裏門から東京地裁14部の休日勾留班が執務している地下1階の部屋へ廻る。

本日の勾留担当裁判官への面会を申し込む。弁選を示すも，地検へ提出されたいというので，とりあえずコピーをしてもらって，それを渡す。隣の通訳待合室で待たされること30分余して，その部屋へ若い女性裁判官（氏名は名乗らず，後に田中結花と判明）が入ってきて面会。

なお，待機中，Wの自宅へ電話したら妻が起きてきたので状況を説明し，本人の謝罪のことばと被害届の取下げを頼むと，一応承諾の返事をもらう。

裁判官はすでに記録は検討した様子だが，当方からWが語っていた事案の説明と妻への謝罪の表明，妻も宥恕し被害取下げに行く約束をしてくれたこと，子どもの入院手続ができる者が他に居ないことなどを一気にまくしたてた。裁判官曰く，事件は「強制わいせつ致傷」であること（罪名変更は担当の沢田久美子検事が勾留請求にあたり，変更したようだ），奥さんは取下げを約束され

ているんですねと念を押し，今話された事情を書面にして提出するようにと，指示して面会終了。10分ほどで，ノートを千切って勾留却下の「要請書」を作成して提出した。念のため，コピーを貰う。

受取った書記官（女性）が，身元引受人を用意できませんかというので，自分がなりたいがこれから静岡へ出張するので，妻か長男を説得してみると答え，その場でWの自宅へTELする。

当初妻と話していたが，要領を得ないので，長男に代わってもらい同人に身元引受人の意味と東京地裁14部へのアクセス，持参する物を指示して終る。このやりとりは14部当直室に居る10名近くの職員全員が聞いていた。

釈放の場合何時ごろまでに長男を来させれば良いか確認したところ，書記官は午後2時以降だろうという。

▶▶ 被疑者との面会

上記書記官より接見指定書をもらい，隣接する同行室（警視庁出張所）に赴き，Wと接見。手短かにてん末を報告。長男が引受に来れば勾留とならず，釈放の可能性が高いことが判り，表情の乏しかったWの顔が明るくなった。

釈放になったら，直ちに当方の携帯電話へ報告するよう指示して同行室を出る。

▶▶ 弁選の提出

事務所へ着いたのは，午前11時ごろ。静岡での会議の資料を揃えているところへ，先ほどの刑事14部書記官から弁選を出したかとの確認の電話があった。あわてていたため，検察庁を素通りしていたのだ。

罪名の「暴行」を，「強制わいせつ致傷」に訂正した弁選を提出すべく，コピーをとって検察庁の当直へ事務所からタクシーを飛ばす。

検察庁舎1階横出入口休日受付へ進み（外注の警備員しか居ない），当直の検察事務官が地階から上ってくるのを待つ。

やがて来た当該事務官へ弁選正本を渡し，コピーに受理印をもらって，急ぎ通りへ出てタクシーを探すが，休日のため官庁街を走るタクシーは居ない。地下鉄にするかと迷っているとき，やっとタクシーが現れる。東京駅の丸の内側は工事中のため，北口も遠いところで降ろされる。新幹線改札口を通ったのは11時50分。弁当を買って0時03分発ひかりのドアが開くのと同時に5号

車にすべり込めた。

▶▶ 釈放

　ひかり車中で書類に目を通しつつ，弁当の箸をすすめ，静岡午後1時10分着。駅でコーヒーを一杯。タクシーで静岡地裁構内の弁護士会館3階へ。1時30分弁護団会議スタートし，4時50分終了。弁護士会館を出たら運良く流しのタクシーが通り，駅へ急いでもらう。
　車中でWの自宅へ電話するも，奥さんは，まだ主人は帰ってこないと。
　そこで代々木警察留置係へ問い合わせると，早く釈放になっても全員一緒に押送の車輛で帰ってくるのが通例で，本日はまだ霞が関を出ていないようだ，という。
　午後5時19分発こだまに乗り，三島で下車。
　旧知の2人の出迎えを受け，約束の店へ。
　東京へ帰途のこだま車中で，今自宅にもどりましたとのW本人からの一報を受けた。午後8時を大はばにすぎていた。

▶▶ 本件からの教訓

① 弁選は検察庁へ

　弁選の提出先，すなわち弁護人の選任方法は，刑訴法30条に規定なく，刑訴規則17条が，「検察官又は司法警察員に提出した」場合の効果を定めるのみで，法令は提出先を検察庁に限定していない。解釈論では，警察署はもとより，裁判所（勾留部）に提出してもよく，受領を拒むのは許されないはずだが，現実には警察はもとより，裁判所すら受け取らず，検察庁に出してこい，という。現在この取扱いが崩せないので，まずは，真先に又は遅滞することなく検察庁へ弁選を提出しておくべきである。
　なお，弁護人選任届には「東京地方検察庁」等の宛先を記載するのが通常であるが，「司法警察員」に提出する場合もあるし，事件を取り扱うのが「東京区検察庁」の場合もあるので，敢えて特定の宛先を記載せず，検察官又は司法警察員に提出してもよい。提出時に検察庁から宛先の記載を求められた場合には，その場で補充して記載すれば足りる。

② 罪名は最終的に確認してから

　弁選の罪名を記入するのは最後でよい。予め本人や警察の不確かな情報にもとづき書き入れておくと，後で訂正することになる。

③ 留置係に確認しておくこと

　初回接見では，逮捕，検事調べ，勾留質問の流れのどの段階かを本人のみならず，留置係にも確認しておく。その際担当刑事と検察官の氏名は必ず聞き出しておくこと。

④ 逮捕状執行日時の確認

　逮捕状の執行がいつか（警察は 48 時間の制約を潜脱して任意同行，任意取調べで時間かせぎをすることがある）をチェックする。

⑤ 裁判官面会

　勾留を回避させるには，勾留質問前に裁判官面会を果すこと。そのためには待つことを覚悟して，平日，休日とも午前 10 時前には勾留部に赴くこと。もし勾留請求前なら担当検事との面会を。

⑥ 当日中の接見

　前後するが，接見（弁護）依頼があれば，深夜でも当日中の接見を実行する。どうしても無理なら，同僚や懇意の弁護士に頼むこと

⑦ 連絡先の確認

　今や携帯電話は関係者との連絡の必需品であるから，留置に当り，押収されたか，任提したかの如何を問わず，接見中に本人に留置係から一時取り寄せさせて，本人の携帯電話に登録されている連絡先の番号を確認すること（大半の人間は，記憶していない）。

⑧ 接見での必携書類

　弁護人選任届，携帯六法，名刺のほか今回は必要なかったが，被疑者ノート，身元引受書等の常用書類は，接見に当り忘れず携行する。

⑨ 接見室の隙間の利用

　東京高等裁判所・東京地方裁判所庁内の（警視庁）同行室の遮へい版（アク

リル）の下は，約 2 cm 程度だが文書（本来は弁選用）の往復が可能な隙間がある。
　この隙間は，弁護士会が，円滑な弁護活動の遂行の必要性から東京高等裁判所・東京地方裁判所に対して申入れを行ない，弁護人選任届や名刺を授受するために設置されるに至ったものであるが，今回は時間がなく活用できなかった。

⑩　勾留担当裁判官の氏名
　勾留担当裁判官の氏名は必ず確認しておく。

⑪　勾留決定書はどうすれば入手できるのか
　勾留の決定書（勾留状又は却下決定）を入手しておきたいが，その方法は目下はっきりしない。
　後日，刑事14部に赴いて却下決定の謄本を要求したら，記録は検察庁に返したと言い，担当検事に問い合わせたら，勾留請求書に「却下」の印を押して戻ってくるだけで，決定書きの体をなしておらず，そのコピーを交付する扱いになっていないし，そもそも「決定」だから裁判所が交付（現に勾留状謄本はそうだが）又は証明するものではないか，と居直られた。今後の課題であろう。

■コラム■
被疑者補償規程について

　刑事裁判において無罪の裁判を受けた者が未決の抑留又は拘禁を受けた場合には，その者は，刑事補償法に基づき，国に対して抑留又は拘禁による補償を請求することができるが，同法は，被疑者段階で不起訴処分になった者には適用されない。

　しかしながら，被疑者補償規程（昭和32年4月12日法務省訓令第1号）は，身体拘束を受けた被疑者が不起訴となった場合，一定の条件の下に補償を行うことが規定されている。

　被疑者として抑留又は拘禁を受けた者が不起訴処分となった場合，その者が罪を犯さなかったと認めるに足りる十分な事由があるときは，抑留又は拘禁による補償金を受けることができる（規程2条）。補償金額は，身体拘束の日数に応じて，一日あたり1000円以上1万2500円の割合とされる（規程3条）。

　同規程に基づく刑事補償は，検察官が立件手続を行なうが，被疑者から補償の申出があったときにも，立件手続が行なわれる（規程4条3項）。

　補償の申出を行なう場合，担当検察官に対し，不起訴処分が行なわれたことを確認した上で，所定の書式による担当検察官宛の補償申出書を事件係に提出する。弁護人がこれらの手続きを行なう場合には，被疑者の代理人として申出を行なうことになるので，委任状が必要である。所定の書式は，検察庁にて提供を受けることができる。

　被疑者が処分保留で釈放された場合も，不起訴処分が出た段階で，補償申出が可能となる。

3 出入国管理法違反事件

▶▶ 被疑事実

　被疑者は，A国の国籍を有する外国人であるところ，2004（平成16）年5月，A国政府発行の旅券を所持し，千葉県成田市所在の成田国際空港に上陸して本邦に入ったものであるが，在留期間は2008（平成20）年11月までであり，同年10月付でその在留資格変更許可申請をしたのに対し，東京入国管理局長がこれを許可しない旨決定し，同年12月その旨の通知を被疑者に発送したにもかかわらず，同日以降も本邦から出国せず，2010（平成22）年6月まで東京都B市に居住し，もって在留資格変更不許可通知がなされた後も，在留期間を経過して不法に本法に残留したものである。

▶▶ 事実経過

2010（平成22）年

6月12日	逮捕
同月14日	勾留請求，勾留決定
同月15日	留置担当を通じて当番弁護出動要請，午後4時から接見，弁護人選任
	被疑者家族に電話連絡
同月16日	朝一番で勾留状謄本請求
	勾留決定に対する準抗告申立，勾留理由開示請求
	夕方　準抗告認容決定，釈放
同月17日	勾留理由開示請求取下げ
同月28日	不起訴処分

▶▶ 6月15日（火）

① 当番弁護配てん

　午前9時38分，東京弁護士会多摩支部から，当番弁護の出動要請の連絡が

あり，配てん連絡票を受領した。

被疑者は 34 歳の女性で，罪名は出入国管理法違反，要通訳事件とのことであった。

② 接見・事実確認

刑事弁護センター紹介の通訳人と時間調整のうえ，被疑者ノート（A 国語版），弁護人選任届など必要な物を持って，警察署に向かった。

午後 4 時，警察署に到着し，通訳人と合流して接見を開始した。通訳人を介して，当番弁護で接見に来た旨を伝え，「出入国管理法違反ということで逮捕されているようだが，事実かどうか」と確認をしたところ，「いわゆるオーバーステイ状態であることは間違いない」とのことであった。

オーバーステイとなった事情及び逮捕に至るまでの経緯についての聴取内容は以下のとおりであった。

被疑者は，2004（平成 16）年に日本に入国し，日本人と結婚して，日本人の配偶者等の在留資格で日本に滞在していた。しかし，覚せい剤取締法違反で執行猶予付判決を受けたことや，いったん日本人配偶者と離婚した後で別の日本人と再婚したことなどから，在留資格の変更が認められず，2008（平成 20）年に入国管理局に収容された。収容後まもなく，被疑者は仮放免され，入国管理局の指示に従って，およそ 3 カ月おきに入国管理局に出頭していた。そうしたところ，同年 6 月 12 日に自宅で逮捕された。逮捕時に自宅の捜索を受けたが，配偶者又は自分の覚せい剤所持が疑われるらしく，逮捕後も，そのことばかり聴かれている。まだ調書らしきものは作っていない。

③ 弁護方針の決定

被疑者が逮捕事実を完全に認めているものの，仮放免中であって，しかも入管の指示に従っていること，違法な別件逮捕の疑いが強いことから，早期に勾留決定に対する準抗告を行い，身体拘束からの解放を目指す弁護活動をすることにした。

刑事被疑者援助利用で受任することとし，申込書及び弁護人選任届を受け取った。

被疑者には，オーバーステイの状況については素直にしゃべってよいが，覚せい剤に関する取調べは拒否できること，拒否すべきことを伝えた。

④ 被疑者の家族への連絡

警察署を出てすぐ，被疑者の夫に電話をして事情聴取したところ，被疑者から聴取したのと同様の内容であったので，早期に準抗告申立を行うべく，事務所に戻って準抗告申立書を起案した。この時点で勾留状謄本は入手できていなかったが，勾留理由は刑訴法60条1項2,3号であろうと推測して起案を行った。

▶▶ 6月16日（水）

① 準抗告申立

午前中，当初の予定を変更して裁判所へ赴き，準抗告の申立書及び勾留理由開示請求書を提出するとともに，裁判官面接を希望した（あわせて勾留状謄本も請求）。

② 裁判官との面接

裁判官との面接では，被疑事実を認めることを前提に，入国管理局に定期的に出頭していたことなどから，今後は退去強制の可能性があるとしても，出入国管理法違反による刑事手続の必要性はないこと，逃亡のおそれがないこと，隠滅が可能な証拠など考えられないこと，そして違法な別件逮捕の疑いが強いことなどを強調した。

裁判官は黙って話を聞いてくれたが，特にコメントはなかった。

③ 裁判所の決定

夕方，裁判所から，勾留決定に対する準抗告を認容し，勾留請求を却下した旨の電話連絡があった。その後，警察署に電話して釈放見込み時間を確認したうえ，被疑者の夫に連絡して，迎えに行くよう手配した。

後日届いた決定書によれば，裁判所の決定は，「罪証隠滅すると疑うに足りる相当な理由がないとはいえない，逃亡すると疑うに足りる相当な理由がないともいえない，さらに一件記録に顕れた本件捜査の経過を見る限り弁護人が主張するような別件逮捕を疑わせるような事情はない」，としつつ，仮放免後に入国管理局から出国指示がなされたことがないことや入局管理局の指示に従って3カ月ごとに出頭していたことを挙げて，罪証隠滅や逃亡のおそれがさほど高いとはいえず，このような被疑者に対して「卒然として強制捜査に踏み切る必要があるかは疑問であり，現時点では，被疑者を勾留する必要性があるとまでは認められない」として，本件準抗告に理由があるとするものであった。

▶▶ 6月28日（月）

① 検察官に連絡

　身体拘束から解放されている以上，それほど早くは処分が決まらないだろうとは思いつつ，本来の勾留期限を経過したので，念のために検察官に電話して状況を確認したところ，まさに本日付で不起訴処分とする予定であると告げられた。

② 不起訴処分告知書交付申請

　そこで，不起訴処分告知書交付申請書を作成し，検察庁に送付した。

▶▶ コメント

　当番出動で面会し，事情聴取した時点で，明らかな別件逮捕であると感じ，身体拘束からの早期解放を目指した。その時点で，別件に関する調書が作成されていたわけではなく，裁判所が検討した一件記録に別件逮捕を伺わせる事情が見られなかったのは事実であるかもしれないが，そもそも勾留の必要性が無い事案であったことから，当然の結論であると思う。

　なお，本人は，その後，退去強制処分を受け，出国した。

■コラム■
事例紹介：外国人の保釈と入管手続

①被告人が密入国者だった場合，保釈されたとしても入国者収容所に収容される見通しが強い場合に，保釈が許可された事例（東京地決昭51・12・2判タ347－305，判時837－112）

【決定要旨】
　「保釈請求に対する検察官の意見書および同書添付の東京入国管理事務所所長作成の「退去強制該当容疑外国人の保釈申請について」と題する書面によれば，被告人は，現在，東京入国管理事務所において，出入国管理令（以下，「入管令」という）24条1号該当容疑者として退去強制手続中であり，仮に，保釈が許可された場合においては，入国管理事務所において，被告人を入国者収容所などの施設（以下「収容所」という）に収容したうえで，退去強制手続をすすめて行く意向であるという事実がうかがわれるところであり，原裁判も，この点を考慮して，本件保釈が刑訴法89条6号に該当すると判断したものと考えられる。
　しかし，仮に，被告人が保釈を許可され，右のような収容所への収容手続がとられたとしても，この事実のみをもって，被告人の住居が不定ないし不明になる訳でないことは勿論であり，さらに，保釈中の被告人に対し，退去強制手続がすすめられ，退去強制令書が発付された場合においても，国家刑罰権の実現を尊重するという入管令63条2項の趣旨などにかんがみると，刑事訴訟に関する法令の規定による手続が行なわれている場合には，係官において退去強制令書の執行に着手しても，本邦外への送還（入管令52条3項）という最終段階の処置まではなしえないものと解するのが相当であるから，国外送還によって住居が不明になるという事態は考慮する必要はない（なお，右送還をなしうると解するとしても，被告人が将来国外送還される可能性が存することをもって，ただちに現段階において権利保釈の請求を却下する理由となしうるものではない）。
　また，退去強制令書が発付された後，被告人から入管令52条4項に基づくいわゆる自費出国の申請がなされた場合には，その段階において，「逃亡すると疑うに足りる相当な理由」（刑訴法96条1項2号）が存在するとして保釈を取り消すことが可能である。
　以上いずれの点からみても，現在の段階において，本件保釈が刑訴法89条6号

に該当する場合であるとは認められない。

　つぎに，被告人が保釈された後，退去強制手続きがすすめられ，退去強制令書が発付された場合に，被告人を，判決確定に至るまで，ある程度の期間その自由を拘束して収容し続ける（入管令52条5項）ことがあるからといって，これをもって，刑訴法上保釈を許可すべき事情にある被告人に対し，保釈を許さず勾留を継続する理由とすることは，とうてい許されないことである。また，保釈が許可された結果，係官において，事実上，仮放免せざるをえないとしても，元来逃亡のおそれは，保釈許可の際の保証金をもって担保すべきことであり，仮放免にともなう逃亡のおそれがあるからといって，本件を権利保釈にあたらないとすることはできない。

　その他，一件記録を精査しても，本件が刑訴法89条6号に該当する場合であるとは認められず，また，現段階では「罪証を隠滅すると疑うに足りる相当な理由」の存在その他同条各号に該当する事由は認められない。

　そこで，被告人の身上関係，本件事案の態様その他諸般の事情を考慮して，本文記載の保証金額と指定条件によって保釈を許可するのが相当であり，本件申立は理由がある」。

② 退去強制事由のある被告人が保釈された後に入国管理局によって収容された場合は，保釈許可条件（制限住居）違反にはならず，保釈取消事由にはあたらないとされた事例（新潟地決平14・10・7判時1806-161）

【決定要旨】

　「制限住居違反につき，条件違反が保釈の取消事由となるには，それが被告人の責に帰すべきものでなければならないと解されるところ，官憲による身体拘束を受けた場合には，それにより制限住居を離れることになったとしても，それは官憲による身体拘束の結果によるもので被告人の責に帰すべきものではないから，それをもって直ちに刑事訴訟法96条1項5号の場合に該当するものとは言えない。もっとも，保釈の条件として住居を制限した趣旨は，常に被告人の所在を裁判所に明らかにしてその出頭を確保するためのものであるから，制限住居として指定された場所に居住できない事情が生じた場合には，遅滞なくその旨を裁判所に連絡するために，可能な範囲において適宜な方法で手続をしなければならない義務も付随的に負っていると解すべきである。本件では，被告人は収容令書の執行に

より身体の拘束を受けて制限住居を離れたものであり，また，弁護人から収容令書の執行を受け身体の拘束をされたこと及び被告人の収容先についての通知がされているのであって，被告人の責に帰すべき事由により制限住居を離れることになったものではなく，かつ，前記付随的義務も履行していることが認められるので，刑事訴訟法96条1項5号の場合に該当しない」。

被疑者・被告人の
身体拘束解放手続案内

1 接見に臨むにあたって

(1) 接見時に聴取すべき事項

逮捕段階で受任した場合には，被疑者といち早く接見することが重要になります。早期の接見により，①精神的に不安定になっている被疑者を励ますことができるばかりか，②被疑者から，逮捕日時，被疑事実，逮捕状況及び被疑者の状況など弁護方針を立てる

のに必要な情報を入手することができ，さらに③接見後に被疑者の家族に被疑者の状況や事件内容とその後の見通しを伝えることで家族の不安を解消することもできます。

被疑者接見によって得た被疑者の状況，被疑事実の内容とこれに対する被疑者の関与の有無などは，その後の身体拘束からの解放手続において重要な情報になりますので，出来るだけ早期にその内容を把握して弁護方針を立てることになります。

被疑者との第1回接見時において逮捕日時を被疑者から確認しておくことで，後の勾留請求の時期，勾留延長が行われるであろう時期，あるいは起訴されるまでのスケジュールを把握することができ，被疑者にも今後の身体拘束期間の見通しを回答することができます。

また逮捕直後では，担当検察官は決まっていませんが，事件送致後であれば，検察庁に問い合わせて担当検察官を知ることができます（なお，東京地検の場

合には，送致後に総務部事件課処分係に被疑者の氏名，生年月日等を伝えた上で問い合わせると担当検察官名を回答してくれます）。担当検察官とは，逮捕に引き続く勾留請求などの身体拘束処分に関して交渉することになりますし，その後の起訴・不起訴などの被疑者に対する刑事処分の方向性も担当検察官から聞くことになります。さらに起訴後の保釈請求時には，裁判所からの求意見に対して担当検察官がどのような意見を回答するか確認する必要があります。

家族からは被疑者を早期に解放するために有効な情報（長期の身体拘束により仕事に支障が生ずる，子どもの養育ができなくなるなど）も聴取し，後の身体拘束からの解放手続（勾留に対する準抗告，保釈など）に備えることになります。その際，家族から勾留に対する不服申立てや保釈請求などに備えて早めに身元引受書を入手しておくべきです（このような手続に備えて身元引受書は，日付をブランクにした状態で複数作成してもらうとよいでしょう）。

(2) 弁護人への連絡の徹底

弁護人は，身体拘束下の被疑者に対し，取調べを受ける過程で判明した事実について弁護人に知らせる必要性があると感じたときや，強引な取調べを受けたときには，直ちに留置係を通じるなどして弁護人に接見を求めるように伝えることが重要です。被疑者から伝達される情報によっては弁護方針を変更することがありますし，強引な被疑者取調べがあった場合には捜査機関に抗議の申入れをするなど対策を講じることになります。

事案によっては，勾留満期前に起訴されることもありますが，起訴されたからといって裁判所や検察官が弁護人に直ちに連絡することはありません。起訴後速やかに保釈請求をするためにも，被疑者（被告人）には起訴された旨の連絡（電報，手紙，留置係に伝言を頼むなどの方法）をするように伝えておく必要があります。

第1回接見の際には，弁護人選任届と弁護人の名刺を持参することを忘れないで下さい。名刺は，弁護人の連絡先を被疑者に伝えるために差し入れます。

(3) 接見交通権の重要性

このように弁護人の接見交通権（憲法34条，刑訴法〔以下，法〕39条1項）は，被疑者の防御権を補完し，被疑者弁護の実効性を確保する重要な権利です。

このことから，日本弁護士連合会接見交通権確立実行委員会は，「接見の際

の心構え」として「弁護人の接見交通権は，捜査機関に対しては権利ですが，被疑者（その背後の国民）に対しては義務である，と言わなければなりません。我々弁護人には被疑者に対し適正に接見を行い，被疑者のこれらの権利を擁護する義務があるのです」と指摘し，これらの基本原則から接見交通権の持つ意義として次のことがいえるとしています。

① 被疑者の情況の把握
② 被疑者との意思疎通
③ 被疑者に対する法的な助言・指導
④ 供述拒否権，署名押印の拒否権に関する説明
⑤ 取調べに対する応じ方の指導と虚偽自白の防止
⑥ 取調べ情況の監視
⑦ 証拠収集活動
⑧ 被疑者に対する激励，慰問
⑨ 被疑者の全生活への配慮
⑩ 捜査機関の違法行為に対しては断固として戦う

（詳細は同委員会『接見交通権マニュアル（第17版）』18，19頁以下参照）。

(4) 接見妨害への対応

　弁護人の被疑者接見の申出に対し，これを不当に拒否したり，時間制限をしたり，指定書の持参を要求したりする方法により接見が妨害されることがあります（接見妨害の実際例は，前掲『接見交通権マニュアル』182頁以下の一覧表を参照）。

　これらの接見妨害を受けた時は，弁護人は検察官に対し，不当であることを申し入れ，接見交通が十分に確保できるよう適切に交渉するのは当然ですが，場合によっては準抗告，国賠訴訟などの法的手続により対応する必要があります。

　また，検察官が直接捜査をする特捜事件（汚職事件や政治的事件など）にお

いては、「弁護人の希望する時間に従って、今後、毎日午前9時から30分間の接見時間を指定する」という接見指定がなされる場合があります。このような一括指定は、一見すると弁護人の希望どおりに接見できているのでよいようにも思われますが、このような接見指定は、「捜査の中断による顕著な支障」（最大判平11・3・24民集53-3-514。なお、最判昭53・8・10民集32-5-820）の有無を吟味することなく指定しており、法39条3項に基づく指定とすれば違法といわざるを得ません。したがって、このような指定を受けたときには、これに承服することなく、自由な接見の実現に努めるべきことになります（前掲『接見交通権マニュアル』32頁）。

2 拘束からの解放にむけて——勾留前

(1) 逮捕時の「準抗告」

　被疑者に対する身体拘束は，逮捕から始まります。勾留処分については，違法・不当な身体拘束に対する救済制度（準抗告・抗告。法429条，419条）が認められていますが，逮捕については準抗告による救済も認められないというのが判例の立場です（最決昭57・8・27刑集36-6-726）。現在，逮捕時において，逮捕それ自体について積極的な身体拘束からの解放手段はないということになります。

(2) 勾留請求の阻止

　では逮捕後勾留前に，被疑者の身体拘束からの解放にむけて何らかの活動がなしえないでしょうか。

　被疑事実が軽微である場合，被害者との間において示談が成立している場合，被疑者が無罪であることについて明らかな証拠がある場合，あるいは被疑者が病気にかかっており長期の勾留処分に耐えられないような場合などは，担当検察官に対し裁判所に被疑者の勾留請求をしないように申入れをして，被疑者の身体拘束を解く活動をします。弁護人が担当検察官に直接会って交渉することが不可欠です。その際には，「勾留処分が不相当である」ことの意見書を作成して担当検察官に持参して交渉に臨むようにしたほうがよいでしょう。緊急の場合にはFAXで提出することもあり得ます。意見書の内容は，勾留の要件である勾留の理由と必要性（法60条）を欠くことを，例えば，上記の示談の成立，無罪の明白な証拠の存在（アリバイなど），病気治療の必要性，出頭が確保されていること

などの具体的事実に基づいて主張することになります。

(3) 裁判官に対する交渉申入れ，意見書の提出

検察官が，それでも勾留請求をした場合には，勾留請求却下を求めるため勾留担当の裁判官に対して面接の申入れをして，勾留の理由及び必要性を欠くことを説き，検察官からの勾留請求を却下するように求めることになります。その際も，(2)と同様に意見書を作成して提出することが望ましいと言えます。こ

の意見書では，勾留の要件を欠くことを明らかにしますが，疎明資料の1つとして家族から受け取った身元引受書を添付するなどして「逃亡のおそれ」や「罪証隠滅のおそれ」がないことを疎明します。

(4) 勾留請求時における被疑者との接見

弁護人は，被疑者と勾留質問前に可能な限り接見をして（被疑者が裁判所の構内にいる場合は，接見指定書が必要になります。刑訴規則〔以下，規則〕30条），裁判官の勾留質問に備える必要があります（東京地裁の場合は，接見室がありますが，その他の裁判所では接見室がない場合がありますので場所の確保は工夫する必要があります）。勾留質問時の勾留質問調書が後の刑事手続において重要な証拠になる場合があることを考えると，被疑者には，被疑事実について裁判官に対してどのように答えるかアドバイスする必要があります。

(5) 勾留質問の際の立会い

弁護人は，裁判官に対し，被疑者の勾留質問に際し，立会いを求めることが考えられます。勾留質問の際の弁護人立会い権を刑訴法は規定していませんが，立会いを禁止する規定もありません。裁判官の裁量となりますが，弁護人としては勾留の要件を欠くことを書面で提出すると同時に，勾留質問に立ち会

い，被疑者が勾留されないように手を尽くすべきです。

ただし，実際には裁判官は勾留質問への立会いを認めていないのが現状です（新関雅夫ほか『令状基本問題（上）増補』〔一粒社，1996年〕308頁以下）。しかしながら，被疑者の身体拘束からの解放のためには，勾留質問の際に弁護人の立会いが実務上定着するように，裁判官に立会いを求めていくべきでしょう。とりわけ，少年や知的障害のある被疑者など意思疎通能力を欠く被疑者については，勾留質問の際に弁護人が立ち会う必要性は高いといえます（前掲『令状基本問題』312頁は，「なおしばらくの間の運用としては，立会が勾留質問の目的を達するために著しく必要かつ有益な例外的な場合に限って認めるということで足りる」と述べ，「必要かつ有益かと思われる例として，少年事件などで，被疑者が極度に緊張し十分な弁解ができない場合などが考えられる」として，松尾浩也ほか編『捜査法体系Ⅱ』〔日本評論社，1972年〕77頁を引用していますが，これでは狭すぎます）。

3 拘束からの解放にむけて――勾留後

(1) 勾留状謄本交付請求

　被疑者が勾留された後は、直ちに裁判所に勾留状謄本交付の請求をします（東京地裁の場合には刑事第14部に申請します）。勾留状謄本の入手によって、被疑事実の内容を正確に知ることができます。これは、被疑者の防御活動のための重要な資料になることはもとより、勾留に対する準抗告申立て等身体拘束からの解放活動のために不可欠な事実を知ることになります。また、正確な勾留の日時を確認することができることから、勾留延長や起訴時までのスケジュールを把握することができます。

　なお、発令後の勾留状は検察庁に渡り、裁判所はこれを取り寄せた上で勾留状謄本の交付をするため、実際に謄本の交付を受けるには請求日から数日かかることになります。

　謄本交付請求をするには、事前に検察庁に対し弁護人選任届を提出する必要があります。請求書には罪名、勾留日、担当検察官名、留置場所と弁護人選任届の提出日を記載する必要があります。

(2) 勾留に対する準抗告

　勾留状謄本の入手により、勾留の理由及び必要性（法60条）を検討し、罪証隠滅や逃亡のおそれがなく当該勾留が違法・不当である可能性があると判断される場合には、勾留に対する準抗告（法429条）を地方裁判所に申し立てることができます（なお、準抗告審は合議体となります）。弁護人は、準抗告申立書を提出するとともに（法431条）、準抗告審裁判官

と面接して直接意見を陳述し，また申立書の内容を補足する機会を持つようにした方がよいでしょう。

仮に準抗告が却下されても，決定書の内容から勾留の理由を読み取ることができますので，その後の保釈などの身体拘束からの解放活動に役立ちます。

準抗告を却下する決定に対しては，通常の抗告をすることはできず（法432条，427条）最高裁に特別抗告を申し立てることができます（法433条，405条）。

(3) 勾留取消請求・勾留執行停止

被疑者・被告人の勾留の理由又は必要がなくなったとき（法87条），勾留による拘禁が不当に長くなったとき（法91条），勾留の取消しを請求することができます。

被疑者・被告人が病気治療のために入院する必要があるとか，肉親の危篤や葬儀といった場合に勾留の執行停止（法95条）が認められることがあります。勾留の執行停止について請求は要件となっていないことから，執行を停止するか否かは裁判所が職権で判断するものですが，実務上は職権発動を促すために，執行停止の申立書を弁護人が提出するのが通常です。

これら，勾留の取消請求，執行停止の申立ては前記勾留に対する準抗告の申立てと同時に行うことが可能です。

(4) 勾留延長時

最初の勾留期間が近日中に満期を迎え，検察官が裁判所に勾留延長を請求することが予測される場合には（むしろ，実務上は延長請求をする例の方が多いといえます），担当検察官に勾留延長を請求しないように，裁判所に対しては勾留延長請求を却下するように面会交渉の申入れをすることになります。その際には，「勾留延長に関する意見書」を作成して，勾留を延長する「やむを得ない事由」（法208条2項）がないことを具体的事実に基づいて論証し，担当検察官と裁判所に提出し，捜査の都合を優先する安易な勾留延長を防止することに努めます。

それでも勾留延長決定が出た場合は，準抗告を申し立て（法429条1項2号），身体拘束の継続を阻止することになります。

(5) 勾留理由開示請求

勾留理由開示請求（法82〜86条）とは，勾留されている被疑者に対して，裁判官が，公開の法廷で，勾留の理由を開示する制度で，憲法34条後段に基づくものです。この制度は「裁判官に対して勾留要件について再検討の機会を与え，反省を迫る意味もあり，

取消しに成功しない場合でも，勾留延長につき慎重さを期待しうるなどの効果」もあると評価されています（田宮裕『刑事訴訟法〔新版〕』〔有斐閣，1996年〕89頁）。この手続によって直接被疑者が解放されるわけではありませんが，より具体的な勾留の理由が明らかにされることが期待でき，勾留に対する準抗告，勾留の取消請求，保釈請求などの被疑者・被告人の身体拘束からの解放手続において，勾留の理由が存しないことを論じる争点を明確にすることができます。

公開の法廷で行うことから，接見禁止（法81条）で弁護人以外の家族などと面会することができなかった被疑者・被告人が傍聴席にいる家族などと顔を合わせることがあります。そういう意味で，長期の身体拘束で精神的に不安定になっている被疑者・被告人を激励する効果もあります。また，弁護人が裁判官に勾留理由や必要性の釈明を求めることなどにより，勾留に関する要件について裁判官に慎重な吟味を促す効果を期待できます。

(6) 不起訴の要請

弁護人は，微罪事件，示談成立事件などについては検察官に対して被疑者を不起訴にするように要請します。この要請は，具体的事情に基づき本件は起訴猶予相当事案であるとか，あるいは嫌疑不十分

な事案であることなどを理由に「不起訴相当」の意見を内容とする「要請書」を作成して提出することになります。

　被疑者が起訴されなければ、勾留は解かれることになります（法60条2項）。また、起訴が免れないとしても、事案が軽微なものであるなどの事情がある場合には、検察官に対して公判請求ではなく略式起訴を求める交渉をすることも考えられます。

4 保釈

(1) 公訴事実を争っていない場合の保釈請求の準備

　保釈(法88〜94条,96条)は,現行法では起訴後でなければ認められません。起訴される事件の多くは勾留延長もされることになるので,勾留が始まったときから原則的として20日間以内に起訴がなされ,その時点から保釈請求が可能になることを理解しておく必要があります。被告人やその親族は,早期の身体拘束からの解放を期待していますし,それに応えるように1日でも早く被告人の身体拘束を解くことが弁護人の責務ですから,起訴されれば速やかに保釈請求の申立てができるように準備しておく必要があります(なお,予想外に早く起訴される場合もあるので,保釈に必要な書類などの準備は受任時から直ちにとりかかるべきです)。保釈請求に必要な3点セットは,保釈請求書,身元引受書,保釈保証金です。また,これに親族や友人などの上申書を添付することもあります。上申書は,被告人が定職についていて,早期に仕事に復帰する必要があることなどを勤務先の上司などに書いてもらえると効果的でしょう。

　実務上,被告人が公訴事実を否認している場合には「罪証隠滅のおそれ」ありとして,保釈許可決定を得ることは困難になりますが,逆に被告人が公訴事実をすべて認めていることは保釈許可決定を得る上でプラスの材料になります。そこで,被告人が公訴事実についてすべて認めている場合には,その旨を被告人作成の上申書にして,保釈請求書の添付書面として裁判所に提出することも考えられます。ただし,被告人の争う権利を無にさせないように,公訴事実を認めるかどうかは慎重な判断を要します。

　身元引受書の作成者は,可能な限り被告人の日常生活を監督できるような立場にある人を選ぶべきです。通常は,同居の親族に依頼しますが,同居の親族がいない場合には,被告人の住居に最も近い場所に住んでいる親族や,勤務先の上司に頼むことになります。

　なお,勾留満期が土曜日または日曜日となる場合には,金曜日に起訴されるのが通常であることは覚えておいた方がよいでしょう。

(2) 公訴事実及び関連事実を争っている場合

　被告人が，公訴事実及び関連事実を争っている場合などの否認事件については，保釈が認められない傾向が実務上顕著です。しかし，否認事件においても，否認が罪証隠滅行為につながるものとして即断するわけにはいかないとしたうえで，他に罪証隠滅を疑わせる具体的状況はないとして，罪証隠滅のおそれを否定している裁判例もあります（仙台高決昭29・3・22高刑集7-3-317，東京高決昭57・1・26判時1040-111）。

　そこで，否認事件において，保釈請求を裁判所に申し立てるにあたっては，
① 否認（黙秘権行使も）から罪証隠滅のおそれを推認することは，憲法及び刑事訴訟法の解釈として誤っていることを論じること，
② 前述のように，否認から罪証隠滅のおそれを推認することを否定する裁判例があることを指摘すること，
③ 「罪証隠滅のおそれ」の有無は，罪証隠滅の(ア)対象，(イ)態様，(ウ)客観的可能性・実効性，(エ)主観的可能性（罪証隠滅の意図）の諸要素を考慮して判断されますが（村井敏邦ほか編著『現代令状実務25講』〔日本評論社，1993年〕125頁），当該具体的事案において，これらの要件を吟味して罪証隠滅のおそれがないことを具体的に疎明すべきこと，
に留意されるとよいでしょう。

(3) 保釈保証金の準備

　保釈保証金の金額については，事案によって様々ですが，通常の事案では現在最低200万円程度を求められることが多くなっているようです。7〜8年前であれば，150万円が平均ラインでした。近年でも，150万円で認めている事例もあるようなので，保釈保証金については被告人やその親族に資力がないことを説明して，裁判官と交渉を試みてみるべきでしょう。事案に応じて，どの程度の保釈保証金が必要となるかについては本書「事例集」81頁以下で紹介します。保釈保証金の見込額については，それを準備する必要性から被告人の親族などに早めに伝えておくべきです。

(4) 保釈許可請求書の提出

　被告人から起訴されたという連絡を受けた場合，あるいは検察官との連絡

で起訴が確認できた場合には，直ちに保釈許可請求書と添付資料を担当刑事部（東京地方裁判所では前述のとおり提出先は刑事第14部になります）に提出する準備にとりかかります。ただし，保釈許可請求書を提出できるのは，起訴した事件が裁判所に受け付けられてからになりますので，若干のタイムラグが生じます。

　保釈許可請求の際には，書記官から，裁判官との面接を求めるか否かを聞かれます。これについては裁判官と会えない特別の事情（裁判所が遠隔地の場合など）がない限り，「面接希望」と回答しておくべきです。面接は保釈のための必要条件ではありませんが，保釈の必要性など請求書に記載されない事情を裁判官に補足的に伝えることができますし，具体的な保釈保証金の金額について裁判官と交渉することができます。裁判官との面接は，保釈許可請求の申立てをしてからおおよそ3日以内に入るのが通常です。

　その間に，裁判所は保釈に関する検察官の意見を聞いて（法92条1項），保釈を許可すべきか否かを判断します。裁判所からの求意見について検察官は不相当の意見を出す傾向にありますが，検察官に対しても，当該事件について罪証隠滅や逃亡のおそれがないことを説明して，意見書に「相当」の意見を書かずとも，「しかるべく」という意見を出させるように交渉に努めるべきでしょう。また，検察官の意見が裁判所に返ってこないと，裁判官面接も入りませんし，保釈に対する判断も裁判官はしないので，検察官に対しては早急に意見書を裁判所に出すように求めることもあります。

(5) 裁判官面接

　保釈許可請求書提出後3日程度で，裁判官面接が入るのが通常です（ただし，休日をはさむ場合はもう少しかかります）。裁判官は，通常弁護人のみとの面接を認め，親族などの面接については原則として応じない傾向にあります。しかし，親族などから直接裁判官に伝えさせた方が良い事情があるのであれば，親族などの同席を裁判官に求めることになります。親族などを同席させることは，親族などに手続そのものを理解させること

に役立ち，仮に保釈が認められなかった場合でも弁護人が保釈に全力を傾注したことを理解してもらう効果も期待できます。

　保釈許可請求書には，罪証隠滅のおそれがないことや逃亡のおそれがないことをできるだけ詳細に書きますが，裁判官面接の際には，保釈を早期に認めさせる必要性など補足事項があれば，それを裁判官に伝えます。親族同席の際には，親族の心情や，身元引受人であれば保釈後の監督方法などについて直接語ってもらうと良いでしょう。

　保釈の許可が見込まれる場合においては，裁判官は保釈保証金の額について弁護人と協議するのが通常です。これに反し，裁判官が保釈保証金について言及せず，「よく検討して判断します」という対応をした場合には，保釈には消極的な結果となる傾向があります。

(6)　保釈許可決定後の手続

　保釈許可決定後の手続について，東京地方裁判所では以下の順で進められます。
① 　東京地裁刑事第14部
　保釈許可決定謄本2通と保管金提出書を受け取る。
② 　出納第1課保管金係
　保釈許可決定謄本1通と保釈保証金及び保管金提出書を提出する。
　現金領収済印の押捺してある保釈許可決定謄本1通と保管金受領書を受け取る。
③ 　東京地裁刑事第14部
　出納第1課で受け取った現金領収済印の押捺してある保釈許可決定謄本1通を提出する。
④ 　東京地検令状課に行くか，電話で釈放時間などの確認をする。
　東京地検の電話番号 03－3592－5611 (代)

(7)　検察官が保釈許可決定に対して準抗告をした場合

　裁判官（裁判所）が保釈許可決定を出しても，検察官がこれに対して不服申立て（準抗告・抗告）をする場合があります。
　対応策としては，まず，準抗告（抗告）申立書を閲覧・謄写して検察官の主張を十分に把握しておくことが不可欠です。準抗告（抗告）の申立てに対して

は，弁護側としては反論書面の作成を必ず行うべきです。また，必要に応じて準抗告（抗告）審の裁判官との面接も行うことが望ましいでしょう。

(8) 裁判所から保釈に関して付される諸条件について

保釈が許可される場合には，次のような条件（法93条）を付される場合があります。
① 制限住居（変更するには裁判官の許可を要します）
② 移動制限・3日以上の旅行禁止（これを越えて旅行するには許可を要します）
③ 共犯者，関係者との接触制限

被告人にはその内容を遵守するよう十分注意し，違反した場合は保釈が取り消され，保証金が没取されることを説明します（法96条1項5号，3項）。

(9) 保釈許可請求却下決定に対する準抗告

裁判官が保釈許可請求却下決定を下した場合には，簡裁事件，地裁事件ともに，地裁に準抗告を申し立てることになります（法429条1項2号。ただし，第1回公判後は高裁に抗告を申し立てることになります〔法419条〕）。

検察官の保釈に対する意見書を閲覧・謄写して（東京地裁の場合，閲覧は記録係，謄写は司法協会で行います），その意見を十分に把握した上で準抗告の申立書において検察官の主張に対して反論する必要があります。保釈許可請求が却下されたとしても，被告人のために粘り強く身体拘束からの解放に取り組むのであれば，準抗告は積極的に活用すべきです。

保釈許可請求を却下する裁判は，裁判所の場合が決定，裁判官の場合が命令という形で行われるので，第1回公判期日前の場合は準抗告，第1回公判期日後は抗告という方法で争わなければなりません。準抗告審でも事実の取調べができ（法43条3項），通常関係人からの事情聴取や面接などがなされています。弁護人としては，原決定後に生じた事実を取り調べるよう要求することはもとより，原決定そのものが誤っているということを具体的に主張しなければなりません。保釈許可請求の場合も同様ですが，保釈が認められるための疎明資料を可能な限り数多く提出すべきです。

(10) 第1回公判後の保釈請求

第1回公判前には保釈が認められなくても，第1回公判後においては認められることもあります。これは，審理の進行に応じて罪証隠滅の可能性が低下するからです。例えば，第1回公判時において被告人が公訴事実を認め，さらに検察官提出の証拠についてもすべて同意することにより，被告人が罪証隠滅を図る可能性がなくなると判断されるからです。第1回公判後に保釈許可を判断するのは，当該被告事件が係属している裁判所となります。

第1回公判後に保釈許可請求をする場合には，罪証隠滅の実質的なおそれがなくなったことを保釈許可請求書において強調すべきです。否認事件でも，検察官立証が終われば，保釈請求が認められる場合もあります。なお，第1回公判後の保釈請求を却下する決定に対しては，準抗告ではなく抗告によって不服申立てを行い（法419条），抗告裁判所は，高裁となります（裁判所法16条22項）。

逆に保釈が認められた場合に，検察官が抗告を申し立ててくることもあります。この抗告申立てにより高裁が保釈許可決定を取り消した場合には，最高裁に特別抗告の申立てをすることができます（法433条）。

(11) 第1審実刑判決後の対応

保釈されていた場合でも，第1審裁判で実刑判決が下されると，保釈は当然に効力を失い（法343条），再び被告人は勾留されることになります。再保釈は控訴提起前，もしくは控訴しても訴訟記録が控訴裁判所に到達する前は原裁判所が判断するので，保釈許可請求書の提出も原裁判所に行います（法97条1項，2項，規則92条1項，2項），訴訟記録の到達後は控訴裁判所に提出することになります。検察官との意見交換，裁判官との面接は，迅速かつ丁寧に行う必要があります。

再保釈の許可決定がなされたときは，多くの場合，保釈保証金の積み増しが求められます。すでに納付している保釈保証金は，新たに指定された保証金の全部または一部として納付されたものとみなされます（規則91条2項，1項3号）。

(12) 保釈時の出迎え

保釈請求が許可された場合には，できる限り被告人が釈放される警察署あ

るいは拘置所に親族らとともに迎えに行くのが望ましいでしょう。被告人は，長期の身体拘束で精神的に不安定な時間を過ごしてきていますから，釈放時に弁護人が迎えに行くことで被告人と弁護人との間の信頼関係をより強く深いものにすることが期待できます。

5 保釈保証書発行事業の紹介

(1) 事業の概要

　全国弁護士協同組合連合会（以下「全弁協」という）は，刑事被告人の保釈のための「保釈保証書発行事業」（以下「本事業」という）を行っています。本事業を開始した2013（平成25）年7月から2015（平成27）年3月末までの1年9カ月で，700件を超える保証書を発行しました。

　保釈保証金を準備することができない被告人について，本事業をご利用下さい。

　事業の詳細は，全弁協ホームページ（http://www.zenbenkyo.or.jp/）をご参照下さい。ここでは概要について紹介します。

① 保証書の発行

　本事業は，刑事被告人の保釈のために全弁協が保証書（刑事訴訟法94条3項）を発行するものです。

② 保証委託契約，保証委託者

　保証書は，保証委託者との間で保証委託契約を締結したうえで発行します。保証委託者は，没取となり全弁協が保証金を納付した場合に，全弁協が求償権を行使する対象となる者です。保証委託者には，被告人の家族や知人などになっていただきます。多くの場合身元引受人と同一人だろうと思います。なお，弁護人自身は保証委託者にはなれません。

③ 保証料と自己負担金

　保証書の発行には，保証料（事務手数料）として保証金額の2%（ただし最低金額は1万円）と，自己負担金として保証金額の10%が必要です。例えば，保証金額が200万円であれば，現金で24万円が必要になります。なお，保証料は定額であり，保証期間が長期間になっても（審理が長引いても）増額となることはありません。ただし保証委託契約は審級ごとに締結していただきます。

自己負担金は，没取されることなく勾留が失効すれば，返金します。保証料は返金しません。

④　保証金額の上限
保証金額の上限は 300 万円です。

⑤　没取
没取がなされると全弁協が保証金を納付します。この場合，全弁協は保証委託者に求償します。なお自己負担金はこの求償請求権に充当することになります。

(2)　手続の流れ

①　受付窓口は単位協同組合
本事業は全弁協が行うものの，受付窓口は各地の弁護士協同組合（以下「単協」という）となります。したがって，各書類の提出受付や保証書の交付は単協窓口でします。

②事前審査の申込
組合員である弁護士（弁護人）が単協を通して全弁協に対し，事前審査の申込をします。単協の組合員ではない弁護士は利用できません。利用しようとする場合には，まず単協の組合員になる必要があります。

保証委託者は，被告人の家族や知人等ですが，申込手続ができるのは組合員である弁護人だけです。組合員である弁護人以外からの申込は受け付けません。

弁護人と被告人は保証委託者にはなれません。

③資力資料の提出
弁護人は，保証委託者の資力に関する資料を単協を通して全弁協に提出します。全弁協は，没取になった場合に求償権の行使が可能かどうか，具体的には分割であれ支払が可能かどうかを審査し，保証書発行の可否を決定します。

全弁協は申込者である弁護人に対して，メールで審査の結果を連絡します。

④保釈請求

審査で承認された旨の連絡を受けて、弁護人は保釈請求をします。保釈請求の際には、全弁協発行の保証書による代納許可（刑事訴訟法94条3項、規則87条）もあわせてすることとなります。なお急ぐ場合には、事前審査の申込と並行して裁判所に保釈請求をすることも考えられます。

参考文例は以下の通りです。

「保釈保証金の代わりに、全国弁護士協同組合連合会発行による保証書を納付することの許可を求める」。

⑤ 保釈許可決定と保証料・自己負担金の納付

保釈許可決定・代納許可決定が得られた場合には、保証委託者が署名押印した保証委託契約書を単協を通して全弁協に提出します。全弁協はメールで弁護人に振込先口座を連絡するので、その口座に保証料・自己負担金を納付します。

⑥ 保証書の発行

全弁協は、必要書類の提出、保証料・自己負担金の納付を確認した上で、保証書を発行します。交付窓口は単協です。保証書は弁護人に交付するので、弁護人から裁判所へ提出していただくこととなります。

なお、資格証明書も裁判所に提出する必要がありますが、東京地方裁判所との間では、原本を提示しコピーを提出すれば足りることとされているので、単協窓口で資格証明書原本とそのコピーを受け取り、裁判所で原本を提示してコピーを提出し、原本は単協に返すことになります。

⑦ 保証書の返還

執行猶予判決などを受けて勾留が失効したら、弁護人において保証書返還のための切手を貼った全弁協宛て封筒（レターパックでも可）を裁判所に納付します。その封筒を使って、裁判所は全弁協に保証書を返還します（保証書の差入者は全弁協であるため裁判所は弁護人には返還せず、全弁協に対して直接返還します）。

⑧ 自己負担金の返金

全弁協は保証書が裁判所から郵送されてくると、予め指定されていた弁護人の銀行口座に自己負担金を振り込んで返金します。

(3) 審査基準について

　全弁協は審査基準を公表していません。ただ，以下の通り「審査についての基本的な考え方」を公表しています。参考にして下さい。

【審査についての基本的な考え方】
　保釈保証書の発行は，与信行為にほかなりませんので，資力審査をさせていただいています。その審査基準は公表しないこととしていますが，この点について利用しにくいとの意見が寄せられています。審査基準そのものは公表できませんが，審査についての基本的な考え方をお伝えしますので，利用に際して参考にしてください。

①資力要件の審査は，保釈保証金が没取になったときに270万円の支払いが可能なだけの収入ないし資産があるかどうかという観点から，収入額，勤続年数，債務の有無，住居費等を考慮しながら，個別具体的に判断しています。
②ですから，保証委託者に収入・資産が全くない場合，資産がなく生活保護基準以下の収入しかない場合には，審査は通りません。
③保証委託者に資産がない場合，収入だけを審査の対象とすることになりますが，その場合求償させていただく金額について，必要な生活費を控除しても，毎月数万円は支払いができるであろう収入があるかどうかがひとつの基準となります。
④おひとりではそれだけの収入がない場合，例えばご夫婦や親子の収入をあわせれば，それだけの余裕がある場合には，保証委託者をその2名でお申し込みいただければ，その2名の収入を合算して審査することになります。
⑤収入がない，あるいは3項で述べただけの収入がない場合でも，資産をお持ちで有ればそれを考慮します。例えば，ご自宅をお持ちの場合で，その資産価値が保証金額を超えるものであれば，審査を通す方向で考えることとなります。

　審査の過程で，審査を担当する弁護士が弁護人に電話等で連絡し，より詳しい事情を聞くこともあります。
　また，一審で利用し，二審でも保釈請求する場合，改めて申し込む必要があ

ります。そしてその際の審査基準は，一審では実刑判決が出されていることを踏まえ，一審よりは厳しい審査基準となります。

(4) 運用状況

2015（平成 27）年 3 月末日時点での運用状況は以下の通りです。

① 実施地域
前述したように単協単位で実施しており，旭川の単協を除く単協で，本事業を実施しています（2016 年 8 月末日現在）。

② 利用状況
　事前申込件数　　　　　　　　1351 件
　上記のうち，審査承認件数　　1165 件
　保証書発行件数　　　　　　　753 件

③ 保証書発行件数について
審査を通った 1165 件のうち，保証書が発行された案件は 753 件であり，約 64％となります。審査を通ったにもかかわらず保証書が発行されていない理由は，(a)保釈請求手続中で保釈請求又は代納許可について結論がでていない，(b)保釈自体が認められなかった，(c)保証書による代納が認められなかった，が考えられます。

④ 保証金の金額
保証書を発行した案件における保証金の金額は，20 万円〜 300 万円です。150 万円〜 300 万円のものが多くなっています（753 件中 599 件）。

⑤ 代納許可の金額
保証金の金額と保証書の金額が一致しているもの（すなわち保証金の全額について保証書の代納が許可されたもの）は，753 件中 566 件（約 75％）です。
　保証金の一部について保証書の代納が認められた案件（一部現金納付を求められた案件）では，その差は 20 万円〜 30 万円のものが多いですが（187 件中 45 件），中にはその差が 100 万円，200 万円のものもあります。

⑥　地域比較

　そもそも母数となる刑事事件の数に偏りがあるので，地域での比較は意味をなさないとも思われますが，参考情報として，地域別の利用状況について紹介しておきます。

　利用件数（事前申込数）は断然大阪が多く，267件です。次点の東京は140件にすぎません。第3位は福岡の118件です。

　保証書発行件数も，大阪が152件，東京は77件，福岡は72件です。

　いまだに保証書が発行されていないのは岩手です（2016年8月末日現在）。

⑦　没取件数

　保証書が裁判所から返還されて，自己負担金を返金した件数は642件あり，没取となった件数は3件あります。うち2件は条件違反（裁判所の許可なく転居した事案）であり，弁護人が十分注意指導していれば，没取を回避できた事案と思われます。

　なお，残る1件は不出頭（逃亡事案）です。

■コラム■
「保釈保証書発行事業」開始までの経緯 —— 韓国を見習え

　全弁協の「保釈保証書発行事業」は，日弁連の発案で実現したものである。

　日弁連は，「人質司法の打破」を目指して様々な活動を行ってきた。その取り組みの起点となったのは，日弁連刑事弁護センターが2004（平成16）年に策定した「人質司法打破のためのアクションプログラム」といってよいであろう。そして，2006（平成18）年6月に，日弁連に「保釈・勾留改革等非拘禁化に関するワーキンググループ」が設置された（筆者はその事務局長となった）。このワーキンググループが，韓国においてはかつて日本と同様「人質司法」といえる状況にあったが，それが解消されたという報告・論文に触れ，それでは韓国の状況を視察しようということになり，2008（平成20）年1月に韓国現地調査を行ったのが，本事業導入のまさに原点といえる。

　現地調査の結果は，「非拘禁化と取調べ可視化すすむアジア諸国 —— '08韓国・台湾の調査報告」（日弁連，2008年11月）にまとめられている。ごく簡単に韓国について紹介すると，事件数は横這いであるにもかかわらず，1999年の時点では日本でいう勾留状の発付件数は約11万件であったものが，2006年の時点では約5万件と半減していた。これだけ身体拘束する件数が減っているにもかかわらず，保釈許可率は約50％で推移していた。このように韓国では身体拘束件数が絶対的に激減していたのであるが，そこで紹介されたのが，本事業の導入の原点ともいうべき「保釈保証保険」である（保釈保証保険についても，前記報告書において詳細に報告している）。

　保釈保証保険とは，保釈のために保険会社が販売する保険であるが，裁判所の許可を前提に，保険会社が保険証券を発行し，その納付をもって保釈保証金に代え，保釈が許可されるというものである。調査当時の保険料は，保険金額（保険証券の発行額）の0.64％であった。300万円の保険証券を発行してもらう場合に支払う保険料は1万9200円にすぎないということである。保険加入には与信審査があるが，いわゆるブラックリストに掲載されているような人以外はまず審査で承認されるということであった。

　実は，筆者は保釈保証保険を視察して，これと同じものを日本で導入できるとは思わなかった。しかし，調査団メンバーの一部はこれを日本で実現しようと活動を始めた。2009（平成21）年7月，日弁連法務研究財団に「保釈保証保険研究会」

を立ち上げ，研究を始めた。なお，若干背景状況について補足しておくと，当時保釈保証金を貸し付ける団体が活動を始めていた。保釈保証金を貸し付けることによって（当該団体は貸付ではなく立替であると主張している）保釈を実現するという斬新な試みは，弁護士会にも衝撃を与えた。ただ，当時は利息制限法を超える利息を支払う必要があったことなどから（現在は利息制限法を超えていない），弁護士会がこの貸付事業をすることができないか検討する動きもあった。しかし，日弁連や弁護士会がこのような貸付事業をすることは難しかった。このような背景があり，貸付事業に代わるものとして，保釈保証保険は脚光を浴びたのである。

同研究会は，2010（平成22）年3月，韓国の保釈保証保険の実地調査を行った。その調査報告は，「保釈保証制度に関する研究報告書」（日弁連法務研究財団，2010年10月）にまとめられている。その調査で新たに判明したことは，①必ずしも保釈保証保険の納付だけで保釈が認められる訳ではなく，全額現金の納付を求められたり，一部現金の納付を求められることがあること，②没取件数は，発行数年間約3800件〜約5300件のうち，7件〜11件にすぎないこと（2005年から2008年の実績），③保険料が0.48％に減額されたこと（300万円の保険証券を発行する場合の保険料は1万4400円となる）などであった。

日本における調査研究，韓国での実地調査を踏まえ，同研究会は，全弁協が保証書を発行するスキームを提案した。日本の保険法では韓国と同種の保険を商品とすることができるかどうか疑問であること，また日本の保険会社が商品を開発・販売してくれるかどうか疑問であること，保証書の発行であれば法改正が不要なこと，などが考慮された。

この提言をベースに，全弁協の保険委員会において，全弁協が事業主体となって実施する場合の法的スキームや問題点を検討し，さらに事業の採算性を検討した。この検討は，監督官庁等とも意見交換をしながら行われた。保険委員会は実施できるとの結論に達し，総会に実施することを提案した。総会は保険委員会の提案を受けて，本事業を行うための定款変更を行った（2012〔平成24〕年5月31日決議）。全弁協が本事業を実施するためには，本事業を目的に追加する定款の変更が必要であったからである。

そしてやっと（まさに筆者の実感である），2013（平成25）年7月，本事業をスタートさせることができた。

なお，韓国の保釈保証保険については，自由と正義62巻1号（2011年）の特集（50頁以下）も参考にされたい。

■コラム■
「保釈保証書発行事業」の課題

　全弁協の「保釈保証書発行事業」をスタートさせてから2年近くが経過し，問題点・課題も浮かび上がってきた。これから述べる点はいずれも筆者の個人的な見解である。

(1)　裁判所の理解
　必ずしも保証金全額について保証書による代納を認めず，一部現金納付を求める事案が相当数ある。そもそも保釈保証金を用意できない状況の中で，全弁協が求める自己負担金に加え，裁判所にも一部現金で納付することができる事案は必ずしも多くないと思われる。
　そうすると，保釈保証金の全額を貸し付けてくれる団体の制度を利用することになると思われる。全額を借入でまかなうことにすれば，代納許可申請も不要となり，裁判所には，それが自己資金であるのか，借り入れて調達した資金であるのかわからないから，保証金の増額要因ともならず，保釈許可も得やすいと思われる。
　裁判所が本事業を必ずしも理解せず，一部現金納付を求めるために，本事業を利用すると貸付団体よりも不利になるという状況が生じていると思われる。
　その全額について貸付を受けて保釈保証金を用意するよりも，本事業による保証書の方が自己負担金の納付を求める分，条件違反等に対する抑止力が強いことを，裁判所に理解してもらうための工夫や努力が求められている。

(2)　弁護人にとっての手続の煩雑さ
　他の団体を利用する場合，弁護人がとらなければならない手続はさほど多くないと思われる。
　しかし，本事業を利用する場合，保証委託者に申込書等を記入してもらい，そのチェックをし，自ら署名，押印することが必要となるし，また必要な添付書類を説明して，保証委託者に準備させることが必要になる。審査が承認されても，保釈許可請求のほか，代納許可をも求める必要があり，保証書を受け取り，裁判所に届けるのも弁護人がすべき事務となる。他の団体を利用する場合，手続に一部関与するものの，概ね被告人の家族が手続を行えば良く，貸付金は弁護人の口

座に振り込まれるから，それを裁判所に納付すれば足る。

　この弁護人の事務負担が，本事業の利用を躊躇させる要因ではないかと推測している。

　手続等についてよく理解している弁護人に手続をとってもらうことで，本事業のために新たな人手をかけることを回避している。本事業のために新たに雇用をすれば，それは保証料に跳ね返る。また，没取となった場合に求償が十分できないということになると，（協同組合の）組合員（すなわち弁護人の皆様）の財産を減少させることとなることから，収入や資産について，資料に基づいて十分確認をする必要がある。

　この課題をどう克服するかは，正直頭を痛めている。

⑶　ぜひ利用を！　そしてご意見を！

　本事業の利用件数が増えれば，そして没取が想定されるよりも少なければ，保証料を減額することができる。本事業の改善のためにも（それは被告人がより保釈されやすくなるということと思われる），ぜひ利用していただきたい。

　また，利用者として，忌憚のないご意見をお聞かせいただきたい。全弁協は不断に本事業の改善を検討している。先にも述べたように，克服が難しい課題もあるが，利用者からのご意見は大変参考になるので，全弁協までどしどしお寄せいただきたい。

6 各種書面の提出先

　各種書面の提出先は，当該書面の内容だけでなく，提出時期や管轄裁判所によって異なってきます。以下，東京地裁を例にとると提出先は以下のとおりとなります。

(1) 勾留決定，勾留延長決定，保釈却下決定に対する準抗告申立て

　当該勾留処分をしたのが簡裁の裁判官であったり，受訴裁判所が簡裁であったとしても，東京地裁刑事事件受付となります。

(2) 勾留取消請求，勾留理由開示請求

①起訴前
　　a) 勾留処分をしたのが簡裁の裁判官である場合　東京簡裁刑事事件受付となります。
　　b) 勾留処分をしたのが地裁の裁判官である場合　東京地裁刑事事件受付となります。
②起訴後
　　a) 受訴裁判所が簡裁である場合　東京簡裁刑事事件受付となります。
　　b) 受訴裁判所が地裁である場合　東京地裁刑事事件受付となります。

(3) 勾留執行停止申立て

①第1回公判期日前　地裁・簡裁問わず，東京地裁刑事第14部となります。
②第1回公判期日後　地裁・簡裁問わず，当該事件係属部となります。

(4) 保釈許可請求

①第1回公判期日前
　　受訴裁判所が簡裁である場合　東京簡裁刑事事件受付となります。
　　受訴裁判所が地裁である場合　東京地裁刑事第14部となります。
②第1回公判期日後
　　地裁・簡裁問わず，当該事件係属部となります。

勾留・保釈 Q&A

Q1 被疑者の家族から逮捕直後に相談を受けました。まず，何をすべきでしょうか。注意点がありますか。

A いち早く被疑者と接見をして逮捕日時，被疑事実の内容，逮捕に至る経緯などを聴取することになります。

被疑者接見をするために，まず，被疑者の留置場所の確認をする必要があります。所轄の警察署と留置されている警察署が異なる場合があるからです。留置されている警察署がわかった場合は，同署の留置係に連絡をして被疑者の在監の有無を確認します。検察官による取調べなどで不在の場合があるからです。

被疑者が外国人の場合は，相談者から性別及び日本語の会話能力の有無を確認します。通訳の確保が必要な場合は，その手配をすることになります。

接見に赴く場合は，弁護士バッジ（身分証明書），弁護人選任届出書，名刺，六法などを持参する必要があります。

Q2 被疑者を勾留させないための活動はどこに，どのようにすればよいでしょうか。

A 実務の運用は，本来の被疑者勾留の目的（罪証隠滅や逃亡の防止）とは別に，自白獲得を目的とした勾留が行われています。そこで被疑者を勾留させないための弁護活動が要請され，勾留の要件である勾留の理由と必要性（法60条）の不存在を具体的事実に基づいて主張することになります。

検察官に対しては可能な限り意見書を作成して勾留の要件の不存在を説明し，かつ在宅で事情聴取が可能であることを説きます（意見書には身元引受書を添付します）。

勾留裁判官に対しては，面会の上，検察官に提出したのと同様に書面にて勾留の要件を欠くことを説明します。

あわせて，勾留裁判官に対し，勾留質問の際に弁護人を立ち会わせることを要求します。勾留質問時に弁護人立会権を規定した刑訴法上の規定はありませんが，逆に立会いを禁止する規定もありません。勾留質問時の弁護人の立会いを認めるか否かは裁判官の裁量に属します。そこで弁護人としては，勾留の要件を欠くことを書面にして提出した上で，被疑者が十分に弁解することができない場合等に備え，勾留質問への立会いを求めるなど，被疑者が勾留されない

ように全力を尽くすことになります。

Q3 逮捕の翌日または2日後に被疑者に面会しようとしたら、検察官へ送致されて留置場で会えないことが判明しました。このような場合に面会する方法はありますか。また、勾留質問で裁判所へ連行されている場合はどうでしょうか。

A 被疑者が検察庁にいる場合には、検察庁で面会を求めるか（Q13を参照）、警察署に戻ってくるのを待って接見を求めます。警察署の留置場では、午後9時以降の接見も可能な場合があります。

被疑者が裁判所にいる場合は、裁判所の仮監房（東京地裁の場合は、裁判所地下の警視庁同行室がこれに該当します）で接見をすることになります。裁判所の仮監房で接見を求める場合には、裁判官（東京地裁の場合は、地裁刑事第14部にて手続をします）の接見指定書が必要になります（規則30条）。

Q4 勾留後に検討すべき手続はどのようなものですか。

A まず、勾留状謄本を入手して、勾留の理由（法60条1項各号）及び勾留の必要性を検討します。勾留状謄本の交付請求（規則74条、302条）をするには、事前に検察庁事件係へ弁護人選任届を提出する必要があります。勾留状謄本交付請求書には、勾留日、担当検察官名、留置場所、罪名などを記入しなければなりませんから弁護人選任届提出時にこれらを確認しておいてください。

勾留状謄本を入手することで、そこに記載された「被疑事実」により、被疑者に対する嫌疑の正確な内容を知ることができます。それが捜査（勾留）段階における捜査対弁護の攻防の中心となるのです。

勾留状謄本入手後は、勾留決定に対する準抗告（法429条1項2項）、その棄却に対する特別抗告（法433条1項）、勾留取消請求（法207条1項、87条）、勾留の執行停止請求（法207条1項、95条）、勾留理由開示（憲法34条、法207条、82条）、勾留延長に対する準抗告（法429条1項）などの方法を駆使して身体拘束からの解放にむけて努力します。たとえ勾留決定に対する準抗告

が却下されても，その決定書の記載から裁判所の考えている勾留の根拠を知ることができ，その後の弁護活動に役立ちます。

Q5 勾留延長について準抗告をする場合の留意点は何ですか。

A 勾留延長に対する準抗告（法429条1項）をする場合には，「やむを得ない事由があると認めるとき」（法208条2項）の不存在を具体的事実に基づいて主張することになります。

実務では，「関係人の取調べ未了」，「被疑者取調べ未了」，「再現実況見分未了」，「被疑者方捜索未了」などを理由に「やむを得ない事由がある」として勾留延長が認められる場合が多いです。

しかし，この「やむを得ない事由があると認められるとき」とは，「事件の複雑困難，あるいは証拠蒐集の遅延若しくは困難等により，勾留期間を更に延長して取調べをするのでなければ起訴若しくは不起訴の決定をすることが困難の場合をいう」と解されています（最判昭37・7・3判時312-200）。

したがって，延長の理由をその間の捜査状況に照らして精査し，その理由が捜査機関の都合を優先するような場合は，被疑者の身体拘束を継続させないよう勾留延長決定に対し準抗告を申し立てることになります。

Q6 留置場に勾留されている被疑者について，勾留場所の変更を求めることができますか。

A 勾留場所の変更を求めることはできます。被疑者が連日長時間の過酷な取調べを受けている場合には，現在の留置場から拘置所への移管を求めることが考えられ，それには次の方法があります。

①勾留場所に関する準抗告

　　勾留場所を留置場とする勾留決定の内容の一部を争い，変更させるための準抗告申立てです（法429条1項）。

②検察官に対する移管申立て

　　検察官に移管の申立てをします。検察官は，裁判官の同意を得て勾留されている被疑者を他の監獄に移すことができます（規則80条）。そこで，

検察官に対し職権発動を促すために移管の申立てをします。
③裁判官に対する移管申立て
　裁判官は，検察官の意向にかかわりなく，職権にて被疑者を移管できると解されています（旭川地決昭47・9・8判時700-137）。そこで，裁判官の職権発動を求めて移管申立てをします。
④勾留場所指定部分の取消請求
　勾留決定後に事情の変更により当初の勾留場所が不適当になったとして，法87条の法意に照らし，勾留決定のうち勾留場所を代用監獄と指定した部分のみ取消し（勾留の一部取消し）を請求することができます（旭川地決昭60・3・1判時1168-161）。

Q7 勾留状謄本を入手するのに2，3日かかりますが，素早く勾留理由を知る方法はありますか。

A 勾留決定後，勾留状は裁判所から検察官へ送られますので，未だ裁判所に勾留に関する事件記録が止まっている間であれば，その謄本の入手は速やかにできます。しかし，勾留に関する記録が検察官へ戻された場合は，請求を受けた裁判所は，検察官から記録を借り出すためにその謄本作成に2，3日かかる場合があります。そのような場合には，担当の検察官や検察事務官に聞いたり，所轄の留置係に聞くと（本人は見せられるだけで，勾留状の保管は留置係が行うため）教えてくれる場合もあります。

Q8 接見禁止の決定がなされるのはどのような場合ですか。また，接見禁止の内容を知る方法と，争い方についても教えて下さい。

A 接見禁止決定とは，裁判所（裁判官）が，被疑者・被告人と弁護人以外の者との間での面会や物の授受を禁止する処分です（法207条1項，81条）。否認事件であれば，ほとんど接見禁止決定が付きます。接見禁止決定に付されたときは，禁止の範囲を担当検察官・事務官に問い合わせて正しく把握して下さい。所轄の留置係に聞くと教えてくれる場合もあります（なお，接見禁止決定書は，被疑者本人宛に送られますが，留置係が保管している場合があります。宅下げの方法で入手することもできます）。

本来の勾留決定とは別に，接見禁止決定を争う方法として準抗告の申立てがあります（法429条1項）。

これとは別に接見禁止の解除を求める方法があります。明文の規定はありませんが，許されるものと解されています。

接見禁止の解除を求めるには，全部の解除を求める場合と，一部の解除（特定の親族との面会・物の授受など）を求める場合が考えられます。一部の解除には，特定の人との接見や辞書などの特定の書物の授受などについての禁止の解除を求める場合と，特定の人について日時を限って一時的に解除を求める場合があります。

全部の解除が認められそうもない場合には，一部解除を積極的に活用すべきことになります。

Q9 接見指定が許されるのは，どのような場合ですか。また，どのように対処したらよいのでしょうか。

A　接見指定が許される場合については，判例は次のように述べています。「刑訴法39条の立法趣旨，内容に照らすと，捜査機関は，弁護人等から被疑者との接見等の申出があったときは，原則としていつでも接見等の機会を与えなければならないのであり，同条3項本文にいう『捜査のため必要があるとき』とは，右接見等を認めると取調べの中断等により捜査に顕著な支障が生ずる場合に限られ，右要件が具備され，接見等の日時等の指定をする場合には，捜査機関は，弁護人等と協議してできる限り速やかな接見等のための日時を指定し，被疑者が弁護人等と防御の準備をすることができるような措置を採らなければならないものと解すべきである。そして，弁護人等から接見等の申出を受けた時に，捜査機関が現に被疑者を取調べ中である場合や実況見分，検証等に立ち合わせている場合，また，間近い時に右取調べ等をする確実な予定があって，弁護人等の申出に沿った接見等を認めたのでは，右取調べ等が予定どおり開始できなくなるおそれがある場合などは，原則として右にいう取調べ等の中断により捜査に顕著な支障が生ずる場合に当たると解すべきである」（最大判平11・3・24民集53-3-514）。

このように接見指定が許される場合は，指定の要件がある場合に限られています（法39条3項本文の「捜査のため必要があるとき」とは，上記判例によれば接見などを認めると取調べの中断などにより「捜査に顕著な支障が生ずる

場合」に限られます)。

①そこで，指定の要件がない場合は，当然のことながら接見指定を甘受する必要はありません。担当検察官が接見指定を主張するというのであれば，その具体的な理由について説明を求めるなどして抗議することになります。

また，接見交通権を制限する捜査機関の処分に対して，準抗告を申し立てて，裁判所にその処分の取消し又は変更を請求することができます（法430条1項）。

さらに違法な接見の制限に対して弁護人は，接見交通権の侵害を理由として国家賠償請求をすることができます（最判昭53・7・10民集32-5-820等）。

②仮に，現実に被疑者取調べ中などの接見指定の要件がある場合であっても，接見の重要性を強調して，なるべく早い接見を交渉によって獲得すべきです。

日弁連と法務省との協議において，法務省は取調べ中であっても，接見を認めることがある旨の明言をしていますし，取調べ予定の場合であっても法39条3項但書との関係や取調べの必要性，緊急性を踏まえ，取調べ時間を若干ずらす運用が行われている旨の説明をしています。

そこで，接見の現実的必要性があるならば特にその必要性を説明して，取調べ中でも接見できるよう交渉することが必要です。また，実際に取調べがいつ始まりいつ終わる予定なのか，休み時間，昼食時間を問いただし，希望の時間に接見することを申し入れて交渉する必要もあります。特に初回接見の場合には，初回接見の重要性を強調して交渉することが必要です（以上，日本弁護士連合会接見交通権確立実行委員会編『接見交通権マニュアル〔第17版〕』〔2016年〕33頁）。

Q10 接見に赴いたら「取調べ中」であるとして接見を拒否されました。このような場合の対処方法は何かあるのでしょうか。

A 被疑者の「取調べ中」であっても，接見の必要性があるときは断固として接見を要求すべきです。

被疑者の取調べ中の場合には，直ちに接見指定の要件があると解されているようですが，この考え方は正しくありません。仮に取調べ中の場合に接見指定ができると解したとしても，判例によれば「捜査の中断による支障が顕著な場合に限り」接見指定ができるというのですから，この見解に従えば，取調べ中

であったとしても，取調べを中断することにより捜査に支障がない場合には，接見指定できないことになります。また，取調べの中断により捜査に顕著な支障が生ずる場合には，接見指定ができることになりますが，その指定は取調べ中は弁護人の接見を認めない，ということではなく，取調べ中でも，直ちに例えば30分ないし1時間に接見時間を制限して即時に接見を認める，というのが本来的な接見指定であると思われます。したがって，申入れ当日は，時間指定を受けて即時に接見を求めるべきことになります（前掲Q9『接見交通権マニュアル』30頁）。

これに反し，捜査機関が他の日時を指定したときは，接見指定の要件を欠く具体的処分として準抗告（法430条1項）の申立ての対象となりますし，さらに違法な接見指定による接見交通権の侵害として国賠法上の請求をすることもできます。

なお，逮捕直後の初回接見は，取調べ中でも会わせるべきとされています（最判平12・6・3民集54-5-1635）。

Q11 留置場に夜間接見を申し込んだら「執務時間外」といって拒否されました。このような場合の対処方法は何かあるのでしょうか。

A 留置場の「執務時間外」であっても，留置場の管理運営上，いかなる「現実的且つ具体的な支障」があるのか明らかにするように求めて折衝し，接見を要求すべきことになります。

従来は，留置主任官（係員）は，「法令」がなくとも，施設管理権で接見交通権の制限ができるとの見解に基づき，「執務時間外」だとの理由で接見を拒否することがありました。しかし，1991年頃から，被疑者留置規則に基づく各都道府県の実施要領・細則等が改正され，（警視庁の場合には，被疑者留置規則実施要綱に代えて被疑者留置規程が1991年1月1日から施行されています），執務時間外においても，留置場の管理運営上支障があるときを除き，弁護士からの接見の申入れに応ずるものとされたことによって，執務時間外を理由とする接見拒否はほとんどなくなり，自由に接見しています。

実際には，留置施設法案に関する日弁連と警察庁の意見交換会において警察庁が明らかにした「弁護人等との面会について通達する内容の骨子（案）」（午後9時以降の時間帯においても一定の事情があれば弁護人等からの面会の申

出に応じることができるような管理体制を整えること，などを内容としています）に基づく運用が行われているようです。

この骨子（案）によると，接見が執務時間外になりそうな場合には，できる限り事前に連絡しておけば接見が容易になるものと思われます。

したがって，留置担当官が「執務時間外」であることを理由に接見を拒否する場合には，憲法上の権利である弁護人の接見交通権より施設管理権が優先するはずがないことを述べるとともに，より現実的には，接見の緊急性があること（最初の接見は，一般的に緊急性があることは明らかです）を述べ，執務時間外であることによって，留置場の管理運営上いかなる支障があるのかを明らかにするように求めるなどして折衝すべきことになります。

被疑者が勾留段階にある場合は，監獄法施行規則122条が，「接見は執務時間内に非ざればこれを許さず」と定めており，法39条2項の接見を制限する「法令」が存在することが，被疑者の逮捕段階との違いとなります。代用監獄にも監獄法の適用があり，前記の監獄法規則の規定も適用されますが，代用監獄は，前述の「被疑者留置規程」で運用されているので，実際の運用としては，逮捕留置段階とその取扱いが異なることなく，自由に接見できているようです。

なお，午後9時以降に接見をする場合，事前に留置係へ連絡をしておかないと，被疑者本人が就寝中との理由で接見が拒否される場合がありますので注意して下さい。

Q12 拘置所に夜間接見を申し込んだら「執務時間外」といって拒否されました。このような場合の対処方法は何かあるのでしょうか。

A 問題となるのは拘置所の場合です。監獄法施行規則122条の「接見は執務時間内に非ざればこれを許さず」との規定が問題になります。この点，憲法上の弁護人依頼権の保障との関係で，この監獄法施行規則の規定の合憲性について触れた神戸地判昭50・5・30判時789-74（なお，具体的事案は，警察の留置場での接見拒否ですが，同規則は代用監獄にも適用されます）が参考になります。同判決は，「警察の執務時間外の弁護人の接見を全面的に拒否できる施行規則122条の解釈は憲法に反するものであって採用することができ」ないとした上で，「憲法に従って解釈すれば，右規定は，弁護人の時間外の接見については，代用監獄内の集団生活を維持する規律の下で被疑者の生

命・身体・健康を確保しつつ，逃亡・証拠隠滅・戒護に支障のある物の授受を防止する目的でなされる慎重かつ厳重な戒護の体制に現実的かつ具体的な支障がある場合であって，しかもなお，制限の結果侵害される接見交通権の保障の可能性があるときに，最小限の範囲でのみ制限を認めたものと解するのを相当とする」としています。

この判例は，施行規則122条は，法39条2項の規定の範囲内で，限定して解釈すべきであり，施設管理権に基づく接見制限を否定したと言っていいでしょう。

そうすると，拘置所の場合には，接見を執務時間内に限るとの法令がありますが，その解釈は戒護の体制に現実的かつ具体的な支障がある場合に限定解釈すべきことや，接見の必要性，緊急性があることを主張して，拘置所と折衝すべきことになります（前掲Q9『接見交通権マニュアル』39～40頁）。この折衝が奏功しなかったときは接見交通権の違法な侵害として国家賠償請求をする方法があります。

なお，拘置所においても休日，夜間接見ができるようにすることが，現在，日弁連と法務省との重要な交渉事項になっています。

Q13 取調べのために検察庁に押送された被疑者と，検察庁で接見をすることはできますか。

A 接見室のある検察庁では，検察官は，現に取調べ中であるとか，間近いときに取調べ等をする確実な予定がある場合を除き，原則として弁護人ないし弁護人となろうとする者からの接見の申出に応じなければなりません（最大判平11・3・24民集53-3-514）。

接見室のない検察庁では，検察官が接見の申出を拒否しても直ちに違法とはいえませんが，そのような場合であっても，検察官は，弁護人等に対し，立会人のいる部屋での短時間の「接見」などのように，秘密交通権が十分に保障されないような態様の短時間の「接見」（便宜「面会接見」という）であってもよいかどうかという点について弁護人などの意向を確認し，それでよいという意向が示された場合には面会接見ができるように特別の配慮をすべき義務があります（最判平17・4・19民集59-3-563）。

Q14 勾留理由開示を請求すれば，どのような効果が期待できますか。

A　勾留理由開示（法207条1項，82条）の目的は，裁判官に勾留の要件を再チェックさせ，被疑者を違法，不当勾留から救済することにあります。

　勾留理由開示公判において，裁判官は通常勾留状発付時点での勾留理由を簡潔に告知するだけです。しかし勾留理由開示の目的からすると，勾留理由開示公判時点での勾留を継続しなければならない理由と，勾留理由を認めた根拠となる具体的事実及びそれを認定した証拠を開示させなければなりません。

　そこで，弁護人の求釈明，意見陳述（法84条2項）の活用が不可欠です。求釈明事項としては，例えば，「共謀」の具体的内容,「営利目的」の具体的内容,犯行の態様，共犯者間の犯行分担状況などが考えられます。

　意見陳述は，弁護人と請求人に許されます。請求人は，被疑者との利害関係が必要です（法82条2項）。なお求釈明事項は事前に書面で提出します。

　開示手続の結果，勾留の理由または必要性がないことが判明すれば，裁判所は職権で勾留を取り消すべきです（法87条）。しかし，実際の運用は直接には勾留の取消しには結びついていません。

　副次的に接見禁止を受けている被疑者が勾留理由開示公判の法廷で家族や知人などに会えたり，また過酷な取調べを受けている所轄警察署の留置場から解放されるなどの効果が期待でき，しかも被疑者本人が意見陳述で勾留の不当性を裁判官に直接アピールすることなども期待できます。

Q15 保釈許可請求の際，準備するものは何ですか。保釈許可請求書には，どのような理由を掲げどのような資料を添付する必要がありますか。権利保釈が原則である以上，裁量保釈については触れなくてよいと考えてよいでしょうか。

A　保釈許可請求には，保釈許可請求書，身元引受書，保釈保証金の3点セットが最低限必要です。その他，健康状態等の資料（診断書など）も用意します。刑訴法上は，権利保釈が原則となっていますが，具体的に理由を記載しないで単に保釈を請求するというのみの請求書は，ほとんどの場合，裁判官から理由を釈明されます。そこで，保釈許可請求書には，法89条各号に該当

しないこと，保釈の必要性・身体を拘束されていることの不利益性について記載し，必ず裁量保釈についても丁寧に触れて下さい。

保釈を申し立てると，裁判所は検察官の意見を聞くことになっています（法92条）。そこで担当検察官と事前に交渉して，保釈に反対しないよう説得することが大切です。

その上で裁判官と面接することになりますが，裁判官面接の際は，問題点と思われる箇所について説得的な主張をしてください。身元引受人を同行することも検討しておいた方がよいでしょう。家族の同席を裁判官が認める場合もあり，家族が身元引受人の場合は，同人の口から保釈後の被告人の監督方法など，弁護人では代弁できないことを説明させることができます。また，家族に具体的な弁護活動をよく知ってもらうという副次的効果もあります。

Q16 起訴後に保釈許可請求をしました。裁判官面接の前に検察官の意見を知っておくにはどうすればよいでしょうか。

A 検察官に問合せをします。
検察官からの回答が得られない場合は，裁判所で検察官の意見書その他添付書類を閲覧・謄写してその内容を調査します（法40条）。

検察官の意見を事前に知ることによって，それに対する反論を準備して裁判官面接に臨めますし，保釈許可請求が却下された場合には準抗告の理由の中で反論することもできます。

Q17 保釈保証金の相場はいくらですか。また，保証金納付の手続はどのように行いますか。

A 保釈保証金の相場についてはケース・バイ・ケースで確定的なことはいえませんが，東京地裁の場合だいたい150万円から200万円くらいは最低でも必要とみておいた方がよいでしょう。

東京地裁の場合は，保釈許可決定が出されると，①刑事第14部（第1回公判期日以降は係属部）で保釈許可決定謄本（出納課用と弁護人用の2通）と保管金提出書を受け取り，②9階の出納第1課で保釈金とともにこれらの書類を提出して保管金受領証書と現金領収の印が押された保釈許可決定謄本を受け

取り，③刑事第14部（第1回公判期日以降は係属部）に戻って，保釈許可決定謄本を提出し，④釈放時間は電話で東京地検の令状課に確認するという手順になっています。

また，釈放の際は拘置所ないし留置場に親族等を迎えに行かせるようにしておいた方がよいでしょう。

Q18 保釈保証金がすぐに用意できなかった場合に何か方法がありますか。保釈保証金が不足するとき，弁護人が立替えたり，保証書を差出すことに問題はありますか。

A 保釈保証金がすぐに用意できない場合には，裁判所の許可を得て，有価証券又は裁判所の適当と認める被告人以外の者の差し出した保証書をもって保証金に代えることになります（法94条3項）。なお，保釈の保証書には，保証金額及び何時でもその保証金を納める旨を記載しなければなりません（規則87条）。

弁護人が保釈保証金を立て替えたり，保証書を差し出すことがありますが，危険が伴いますので，原則としてやめるべきでしょう。保釈保証金が不足する場合には，源泉徴収票など所得を明らかにする資料を用意して，減額を求めるべきです。減額が認められなければ，減額を求める準抗告をします。

なお，全国弁護士協同組合連合会による保釈保証書発行事業もあります。詳細は，本書「保釈保証書発行事業の紹介」（60頁以下）を参照して下さい。

Q19 保釈許可請求の不許可決定に対して準抗告する場合，どの程度詳しく理由を書くのでしょうか。また疎明資料を添付すべきでしょうか。

A 原則として，考えられる罪証隠滅事由等の保釈不許可事由について丁寧に1つ1つつぶしていくことが重要です。また，疎明資料として，保釈の必要性を疎明する資料として診断書，罪証隠滅のおそれがないことを疎明する資料として示談書，有力な監督者となる人の嘆願書や身元引受書を添付して逃亡のおそれや罪証隠滅のおそれがないことを疎明します。

保釈不許可の場合の準抗告は，限られた時間の中での対応になります。したがって，保釈不許可のおそれがある場合は，前もって準抗告へむけた準備をすることになります。

まず，保釈許可の障害となる事由を知るために検察官の保釈に関する意見を事前に閲覧・謄写して確認しておく必要があります。その後の裁判官の面接では，裁判官が保釈許可に消極的な対応を示す場合は，できる限り不許可の理由を問い質し，具体的な不許可理由をあらかじめ知るようにします。なぜなら，保釈不許可決定書には，具体的な保釈不許可決定は記載されず，単に，「罪証隠滅のおそれ」などがゴム印で押捺されるにすぎないからです。

このようにして保釈許可を阻害する事実を知ることにより，その対応策と何をすればよいかが分かり，自ずと準抗告申立書に書く内容が明らかになります。

Q20 検察官が再逮捕をほのめかしているときに，保釈許可請求をすべきですか。

A 質問のような場合は，保釈が認められても，逮捕により再度，身体拘束されるおそれがあります。そうなるとせっかく，保釈許可決定をとっても保釈保証金が全く無意味になることから慎重に検討すべきです。

もっとも，実際に再逮捕があるのか，それとも検察官の牽制に過ぎないのかは不明ですので，萎縮することなく，再逮捕の被疑事実の内容，被告人の関与の有無などを聴取し，個別事案の中で，弁護人の経験と知恵によって，実際に逮捕の可能性があるかどうかを見極めることが重要です。

その上で弁護人の判断として保釈許可請求をする場合には，上記のようなり

スクがあることを被告人やその家族によく説明しておく必要があります。

Q21 保釈の許可条件は，どのようにして付されるのですか。不当な条件をあらかじめ防止することは可能でしょうか。

A　保釈の許可条件として生活と関係ない場所を制限住居にされたり，関係者との接触禁止や旅行制限が付されることがあります(法93条3項)。これらの許可条件が刑事裁判との関係で必要以上の過度な制限にわたる場合があります。そのような制限を付させないように，事前に担当裁判官に条件を付ける必要性がないことをよく説明します。また，不当な条件に対しては，準抗告で争うことが可能です。

Q22 保釈中の長期出張や海外旅行は許されますか。

A　保釈許可にあたって，「3日以上の旅行をする場合には，前もって，裁判所に申し出て，許可を受けなければならない」と条件（指定条件）を付される場合があります。

したがって，裁判所の許可を得れば，3日以上の長期出張や海外旅行も許されます。その際の許可の申立ては，第1回公判期日前は令状部（東京地裁の場合は刑事第14部）に，それ以降は事件の係属部にします。

なお，被告人が，1日，2日だから大丈夫と思って裁判所の許可を取らずに旅行などして条件違反をすることがあります。しかし，条件違反があると，保釈が取り消されたり，保釈保証金が没取されたりしますので(法96条1項5号，2項)，被告人には条件を遵守するよう注意しておく必要があります。

参考例として，被告人が罹患し長期入院が必要な場合，その入院の必要性を疎明して裁判所から不出頭許可を得て，入院することが可能になった例があります。

Q23 第1審で実刑判決が予想されるとき，再保釈を得るにはどのような準備をしておくべきですか。

A 実刑判決が言い渡されると直ちに収監されます。したがって，直ちに再保釈請求をしなければなりません。その際，追加の保証金を用意することになりますが，再保釈の場合は，保証金は3割から5割増しになることが多いようです。

再保釈許可請求は，控訴と同時に保釈請求をする場合，控訴提起期間内で未だ控訴していない場合，控訴中の事件で訴訟記録が控訴裁判所に到達していない場合などは，原裁判所である第1審の裁判所に対してすることになります（法97条1項，2項，規則92条）。

なお，再保釈許可請求に対し裁判所の判断が遅れたり，保証金の納付に時間がかかるなどして，その決定に時間がかかることがあります。そうすると金曜日の午後遅くに本案について判決がある場合には，再保釈決定が遅れることにより土，日をはさんだ翌週までの間，被告人が収監されてしまう場合があります。実刑判決が予想される場合には，再保釈請求の関係で判決言渡しの日時にも注意する必要があります。また，検察官の意見が速やかに裁判所に届くように，あらかじめ検察官にその旨を伝えておくとよいでしょう。

Q24 第1審で実刑判決が出た場合，再保釈請求書で強調すべき事由は何でしょうか。

A 実刑判決後の再保釈請求は，裁量保釈になります。また，実刑判決が出たことにより，刑の執行確保の要請が高まります。

そこで，被告人に逃亡のおそれがないことを強調する必要がありますし，あわせて具体的な事案に応じた保釈の必要性を強調することになります。例えば，無罪を主張して争っている場合には被告人による立証活動の必要性を，認めている事案でも示談成立にむけての活動や業務上の必要性，さらに収監に備えた身辺整理の必要性などの事情を強調します。

勾留・保釈をめぐる動き

1 2009年以降の勾留・保釈（司法統計より）

(1) 勾留却下率について

① 勾留却下率の算出方法

　各年度の司法統計・刑事事件編・第15表「令状事件の結果区分及び令状の種類別」の数値を基に、「却下件数÷（請求による勾留状の発付件数＋却下件数）＝勾留却下率」との計算式により、各年度の勾留却下率を算出した。

② 2009（平成21）年以降の勾留却下率の動向

　全裁判所（簡易裁判所、地方裁判所及び高等裁判所の合計件数）の勾留却下率を見ると、2009（平成21）年には1.16%（小数点3桁以下切り捨て。以下同じ）であったのが、2010（平成22）年・1.33%、2011（平成23）年・1.46%、2012（平成24）年・1.78%、2013（平成25）年・1.99%、そして2014（平成26）年には2.71%と年々上昇していることがわかる【図表1】。

　勾留却下件数を見ても、2009（平成21）年には1504件であったのが、2014（平成26）年には3127件となっており、件数にして1600件以上、割合にして2倍以上の増加が認められる。

　裁判所別の勾留却下率について見てみると、まず、地方裁判所の勾留却下率は、2009（平成21）年・2.27%、2010（平成22）年・2.66%、2011（平成23）年・2.82%、2012（平成24）年・3.68%、2013（平成25）年・3.90%、2014（平成26）年・5.07%であり、勾留却下率が年々上昇していることは全裁判所の数値と同様であるが、全裁判所の数値よりも地方裁判所の数値の方が一貫して高くなっている。

　他方、簡易裁判所の勾留却下率は、2009（平成21）年・0.43%、2010（平成22）年・0.50%、2011（平成23）年・0.62%、2012（平成24）年・0.55%、2013（平成25）年・0.77%、2014（平成26）年・1.21%であり、数値の上昇は認められるものの、依然として1%前後の低い数値にとどまっている。

(2) 保釈率について

① 保釈率の算出方法

各年度の司法統計・刑事事件編・第16表「勾留・保釈関係の手続及び終局前後別人員」の終局前の数値を基に、「保釈を許可された人員÷勾留状を発付された被告人員＝保釈率」との計算式により、各年度の保釈率を算出した。

② 2009（平成21）年以降の保釈率の動向

2009（平成21）年以降の全裁判所（簡易裁判所、地方裁判所、高等裁判所及び最高裁判所の合計件数）の保釈率は、2009（平成21）年・15.68%、2010（平成22）年・17.98%、2011（平成23）年・19.40%、2012（平成24）年・21.06%、2013（平成25）年・20.88%、2014（平成26）年・23.90% であり、勾留却下率と同様、上昇傾向が認められる。

保釈件数を見ても、2009（平成21）年には10867件であったのが、2014（平成26）年には12810件となっており、約2000件増加している。

裁判所別の保釈率について見てみると、まず、地方裁判所の保釈率は、2009（平成21）年・16.90%、2010（平成22）年・19.30%、2011（平成23）年・20.61%、2012（平成24）年・22.29%、2013（平成25）年・21.74%、2014（平成26）年・25.10% となっており、上昇傾向が認められることは全裁判所の数値と同様であるが、保釈率の数値については地方裁判所の数値の方が全裁判所の数値よりも若干高くなっている【図表1】。

他方、簡易裁判所の保釈率は、2009（平成21）年・6.95%、2010（平成22）年・8.05%、2011（平成23）年・9.70%、2012（平成24）年・9.88%、2013（平成25）年・11.78%、2014（平成26）年・12.41% であり、上昇傾向は認められるものの、保釈率の数値は地方裁判所の数値の2分の1程度という低い数値にとどまっている【図表1】。

【図表1】司法統計による勾留請求却下率・保釈率

	勾留請求却下率	保釈率（地裁）	保釈率（簡裁）
2007年	0.98%	15.34%	6.25%
2008年	1.09%	15.59%	6.17%
2009年	1.16%	16.90%	6.95%
2010年	1.33%	19.30%	8.05%
2011年	1.46%	20.61%	9.70%
2012年	1.78%	22.29%	9.88%
2013年	1.99%	21.74%	11.78%
2014年	2.71%	25.10%	12.41%

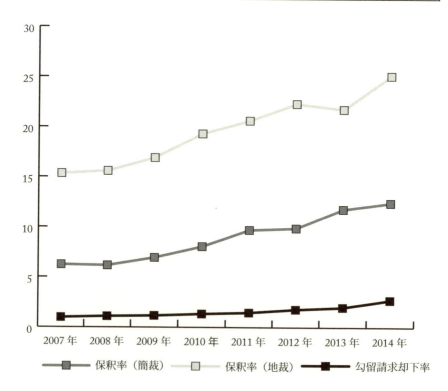

2　2009年以降の勾留・保釈実務の動向（犯罪白書より）

(1)　勾留請求率

　2009（平成21）年度以降の犯罪白書（法務省作成）に基づく，2008（平成20）年以降の勾留請求率（逮捕総数に対する勾留請求総数の割合）は，以下の通りである。

　　　　2008（平成20）年　　　93.1%
　　　　2009（平成21）年　　　93.3%
　　　　2010（平成22）年　　　92.8%
　　　　2011（平成23）年　　　93.1%
　　　　2012（平成24）年　　　93.3%
　　　　2013（平成25）年　　　93.4%
　　　　2014（平成26）年　　　92.9%

　以上のように，勾留請求率は概ね横ばいの傾向であり，裁判員裁判制度が導入された2009（平成21）年以後も勾留請求率に大きな変動はない。
すなわち，検察庁においては被疑者の身体拘束（勾留請求）については裁判員裁判制度の導入前後でその運用を変えていないといえる。

(2)　勾留請求却下率

　同様に，2009（平成21）年度以降の犯罪白書に基づく，2008（平成20）年以降の勾留請求却下率（勾留請求総数に対する勾留却下数の割合）は，以下の通りである。

　　　　2008（平成20）年　　　0.77%
　　　　2009（平成21）年　　　0.93%
　　　　2010（平成22）年　　　1.07%
　　　　2011（平成23）年　　　1.19%
　　　　2012（平成24）年　　　1.38%

2013（平成25）年　　　　1.61%
2014（平成26）年　　　　2.24%

　司法統計と比較して却下率が低く出ているが，これは，司法統計が高等裁判所までの勾留請求却下件数の統計であるのに対し，犯罪白書が被疑者段階の勾留請求却下件数のみを対象としていることが原因と考えられる。

　被疑者段階での勾留請求却下件数は年々上昇の傾向にあり，2014（平成26）年の却下率は，2008（平成20）年と比較して3倍となっているが，依然として2％台にとどまっており，却下率は低いといえる【図表2】。

　勾留却下件数をみると，2008（平成20）年において941件，2009（平成21）年において1124件，2010（平成22）年において1237件，2011（平成23）年において1326件，2012（平成24）年において1570件，2013（平成25）年において1790件，2014（平成26）年において2452件と，年々増加傾向にある。

【図表2】犯罪白書による勾留請求却下率

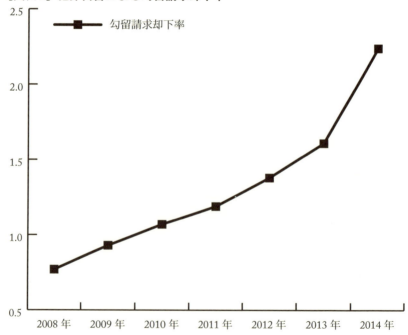

(3) 保釈率

① 地方裁判所での保釈率

全国の地裁裁判所における 2008（平成 20）年以降の保釈率（勾留総人員に対する保釈人員の割合）は，以下の通りである。

2008（平成 20）年	15.9%
2009（平成 21）年	17.4%
2010（平成 22）年	19.3%
2011（平成 23）年	19.5%
2012（平成 24）年	20.7%
2013（平成 25）年	21.3%
2014（平成 26）年	23.5%

2014（平成 26）年の保釈率は 23.5% と，2008（平成 20）年と比較して 7.6 ポイントアップしている【図表 3】。

【図表 3】犯罪白書による保釈率（地裁）

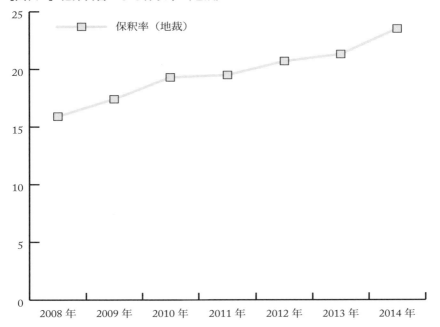

全国の簡易裁判所における平成 20 年以降の保釈率（勾留総人員に対する保釈人員の割合）は，以下の通りである。

2008（平成 20）年	6.1%
2009（平成 21）年	6.1%
2010（平成 22）年	7.4%
2011（平成 23）年	9.8%
2012（平成 24）年	7.7%
2013（平成 25）年	10.9%
2014（平成 26）年	12.1%

　簡易裁判所における保釈率も，2014（平成 26）年において 12.1% と，2008（平成 20）年と比較して 2 倍近くアップしているが【図表 4】，地方裁判所における保釈率と比較すると約半分であり，保釈率は低い傾向にある。

【図表 4】犯罪白書による保釈率（簡裁）

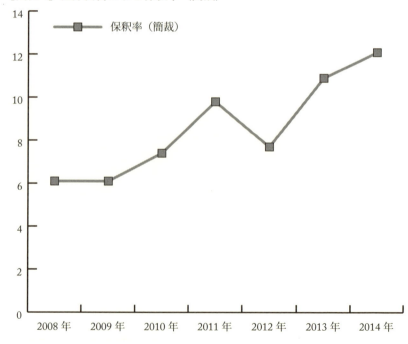

3 最高裁判例の動向

(1) 勾留・保釈の裁判に対する最高裁の判断について

　勾留・保釈の裁判に対しては，裁判所が行ったもの（つまり，第一審公判期日後に行ったもの）に対しては抗告（刑訴法419条，420条），裁判官が行ったもの（つまり，第一審公判期日前に行ったもの）に対しては準抗告（同法429条1項2号）が可能である。

　そして，これら（準）抗告審の判断に不服がある検察官，弁護人及び被告人等は，最高裁判所に対して特別抗告することができる（同法433条1項）。抗告提起期間は5日間（同法433条2項）である。

　抗告理由は刑訴法405条所定の理由に限られているから（同法433条1項），抗告理由は憲法違反，判例違反等に制限される。

　しかし，特別抗告について同法411条の準用を認めるのが判例（最大決昭37・2・14刑集16-2-85等）であるから，原裁判に判決に影響を及ぼすべき重大な事実誤認又は法令違反があり，原裁判を取り消さなければ著しく正義に反すると認められる場合には職権で原裁判が取り消されることになる。

　したがって，最高裁は，特別抗告においても，職権で調査した上で411条各号所定の事由があり，原裁判を破棄しなければ著しく正義に反すると認めるときは，原裁判を見直すことがある。

　例えば，最二小決平14・9・19集刑282-1は，恐喝被告事件において原々決定の保釈許可決定につきこれを取り消した原決定について「本件事案の性質，その証拠関係，被告人の身上経歴，示談の成立状況などに照らすと，被告人に保釈を許可した原々審の裁判を取り消して保釈請求を却下した原決定には，裁量の範囲を逸脱し，刑訴法90条の解釈適用を誤った違法があり，これが決定に影響を及ぼし，原決定を取り消さなければ著しく正義に反するものと認められ」るとして原決定を取り消した上で保釈許可決定を下した。他にも，最二小決平17・3・9集刑287-203は，原々決定が保釈請求を却下しこれを是認した原決定につき「裁量の範囲を逸脱し，刑訴法90条の解釈適用を誤った違法があり，これを取り消さなければ著しく正義に反す」とするいずれも取消した上で，自ら保釈許可決定を下した。その他にも最三小決平24・10・26集刑308-481や最三小決平26・3・25判時2221-129等がある（いずれも保釈許

可決定に関するもの）。

(2) 2つの最高裁決定

最高裁判所第一小法廷は，2014（平成 26）年 11 月 17 日及び同年 11 月 18 日に以下で紹介するとおりの決定を下した。これらの決定は被疑者又は被告人の身体拘束に係る裁判の判断手法について言及したものである。

① 最一小決平 26・11・17 判時 2245-124

事案は，朝の通勤時間帯を走行中の車両内で，被疑者が，当時 13 歳の女子中学生に対して，右大腿付近及び股間をスカートの上から触ったというものであった。

原々審は，勾留の必要性を否定して勾留請求を却下したところ，原審は，被疑者と被害少女の供述が真っ向から対立していることから，被疑者が被害少女に働きかけるなどして罪体について罪証隠滅を疑うに足りる相当な理由が認められるとして，勾留の必要性を肯定した。

これに対して，最高裁第一小法廷は「被疑者が被害少女に接触する可能性が高いことを示すような具体的な事情がうかがわれないことからすると，原々審の上記判断が不合理であるとはいえない……被害少女に対する現実的な働きかけ……の可能性の程度について原々審と異なる判断をした理由が何ら示されていない」として，原決定を取り消した（以下では「17 日決定」という）。

② 最一小決平 26・11・18 判時 2245-124

事案は，LED 照明の架空取引に関する詐欺被告事件であり，被告人は，詐欺行為及び共犯者との共謀を否認していた。原々審は，被害者の担当者（原々審は最重要証人と評価している）の主尋問が終了した第 10 回公判期日終了後に被告人の保釈を認めた。これに対し，検察官が抗告申立てをした。原審は，「多数の証人予定者が残存する中にあって，未だ被害者 1 名の尋問さえ終了していない現段階において，被告人を保釈することは，原審の裁量の幅を相当に大きく認めるとしても，その範囲を超えたものというほかない」等と判示し，保釈許可決定を取り消した。これに対する特別抗告に対する判断が本決定である。本決定（以下では「18 日決定」という）は，以下のように判示して原決定を取り消した。

「抗告審は，原決定の当否を事後的に審査するものであり，被告人を保釈す

るかどうかの判断が現に審理を担当している裁判所の裁量に委ねられていること（刑訴法90条）に鑑みれば，抗告審としては，受訴裁判所の判断が，委ねられた裁量の範囲を逸脱していないかどうか，すなわち，不合理でないかどうかを審査すべきであり，受訴裁判所の判断を覆す場合には，その判断が不合理であることを具体的に示す必要があるというべきである。……しかるに，原決定は，これまでの公判審理の経過及び罪証隠滅のおそれの程度を勘案してなされたとみられる原々審の判断が不合理であることを具体的に示していない。本件の審理経過等に鑑みると……被告人の保釈を許可した原々審の判断が不合理であるとはいえないのであって，このように不合理とはいえない原々決定を，裁量の範囲を超えたものとして取り消し，保釈請求を却下した原決定には，刑訴法90条，426条の解釈適用を誤った違法があり，これが決定に影響を及ぼし，原決定を取り消さなければ著しく正義に反するものと認められる」。

(3) （準）抗告審の審査方法と（準）抗告審における弁護人の活動

① （準）抗告審の審査方法について

17日決定は，「被害少女に対する現実的な働きかけ……の可能性の程度について原々審と異なる判断をした理由が何ら示されていない」と判示し，準抗告審の判断方法として，準抗告審において勾留の要件に関する判断をするだけではなく，原審裁判と異なる判断をした理由を示すことまで必要であることを示唆した。

18日決定は，「抗告審としては，受訴裁判所の判断が……裁量の範囲を逸脱していないかどうか，すなわち，不合理でないかどうかを審査すべきであり，受訴裁判所の判断を覆す場合には，その判断が不合理であることを具体的に示す必要がある」とし，抗告審は原裁判が不合理か否かを判断する必要があると判示した。

この点，刑事控訴審における事実誤認の審査について，最一判平24・2・13刑集66-4-482，判時2145-9（以下「平成24年最判」という）は「刑訴法382条の事実誤認とは，第1審判決の事実認定が論理則，経験則等に照らして不合理であることをいうものと解するのが相当である。したがって，控訴審が第1審判決に事実誤認があるというためには，第1審判決の事実認定が論理則，経験則等に照らして不合理であることを具体的に示すことが必要であるというべきである」と判示した。

刑事控訴審の事実誤認の審査方法について，論理則・経験則違反説（第一審の事実認定に論理則・経験則違反がある場合〔又は不合理な場合〕に限り，控訴審は第一審の事実認定の過程を審査すべきとする説）と心証優先説（控訴審の心証が第一審の認定と異なる場合には，控訴審の心証を優先させて，第一審に事実誤認があるとする考え方）との対立があったところ，上記最高裁判決は論理則・経験則違反説に親和的な判示をしたことになる（両説について井戸俊一「刑事控訴審における事実誤認の審査方法について」判例タイムズ1359号〔2012年〕63頁参照）。

　17，18日の各決定も刑事控訴審における事実誤認の審査における平成24年最判と同様の考えに立脚しているものとみることができる（判例時報2245号〔2015年〕124頁の匿名解説記事も「〔平成24年判決を紹介しつつ〕裁量保釈に関する抗告審の審査においても……事実誤認の審査の場面と共通するものがあるように思われる」と述べている）。

　すなわち，最高裁は，（準）抗告審の事後審性をより強調する姿勢を示したものと評価できる。

②　（準）抗告審における弁護人の活動

　事後審性の強調は，すなわち，（準）抗告審においていわゆる心証優先説的な判断方法が許されないことを意味する。すなわち，勾留請求却下決定に対する準抗告又は保釈許可決定に対する抗告がされた場合において，（準）抗告審が勾留決定すべき，又は保釈請求を却下すべきとの心証を抱いたとしても，これのみを理由として原裁判を取り消すことは許されないことになる。

　もっとも，（準）抗告審の事後審性が強調されるとしても，これにより直ちに勾留請求却下又は保釈許可決定の数が増加することを意味するものではないことに留意すべきである。事後審性の強調は，（準）抗告審の審査方法に関するものに過ぎないからである。

　また，弁護人としては，（準）抗告審の事後審性が強調される傾向にあるとしても，（準）抗告審（検察官，弁護人〔又は被告人〕申立てのいずれも問わず）において，漫然と原審の妥当性（不当性）のみを主張すれば足りるのではなく，必要に応じて，積極的に自己の主張を疎明する資料を提出したり，新たな主張を補充するべきである。この点について，傳田喜久＝河原俊也「準抗告裁判所の判断資料，裁判」判例タイムズ1179号（2005年）85頁によると，準抗告審が事後審であるとしても控訴審における事後審性を後退させた運用を認めて差し支えないとして，a）原裁判時に存在していた証拠で原裁判において取調

べの対象にならなかった資料及びb）原裁判後に生じ，あるいは入手された資料についても，原則として取調べ・参酌することが可能との見解が披瀝されている。

4 まとめ

　上記の統計データが示す通り、裁判員裁判がスタートした2009（平成21）年以降、裁判所による勾留請求却下率及び保釈許可率は、いずれも上昇傾向にある。ただし、簡易裁判所での保釈率は、上述した通り、地方裁判所の半分程度である。統計データ上に明記はないが、これは、裁判員裁判対象事件の有無が影響しているのではないだろうか。

　一方で、検察官による勾留請求率（逮捕総数に対する勾留請求総数の割合）は、2009（平成21）年以降も9割以上とかなりの高確率であり、裁判員裁判のスタート前と後とでその傾向に変化はない。

　このことから、検察庁では裁判員裁判のスタート前後にかかわらず、従前と同様に身体拘束を前提とした捜査手法を是としているのに対し、裁判所においては、身体拘束についてより厳正な審査を行い、長期の身体拘束について謙抑的な態度を示し始めていると考えられる。

　そして、上記2判例が示すように、最高裁は、被疑者や被告人の身体拘束について原審がなした決定に対して、論理則・経験則違反説の立場から、上訴審の事後審的性格を強調し、原審の判断に裁量を逸脱する不合理な判断がない限り、原審の判断を尊重すべきとした。この決定により、原審において行われた勾留請求却下や保釈許可が上訴審においても維持されやすい傾向が確立したといえる。

事例集

【収載事例一覧】

罪類	事例番号	公訴事実（要旨）	概要	結果
公務執行妨害	1	公務執行妨害，器物損壊	泥酔した被疑者が消防車を蹴って損壊し，消防士らの職務の執行を妨害したとされた事案について，勾留延長請求が却下された事例	勾留延長請求却下
公務執行妨害	2	道路交通法違反，公務執行妨害，器物損壊	保釈許可決定に対する準抗告が，罪証隠滅行為に出る現実的可能性はそれほど高いものとはいえないなどとして棄却された事例	保釈200万円
住居侵入	3	住居侵入（酔って他人宅玄関に侵入）	住居侵入罪で勾留決定がなされたが，勾留決定に対する準抗告が認容され，被疑者が釈放された事例	原裁判取消，勾留請求却下
住居侵入	4	住居侵入，建造物侵入，窃盗，傷害	勾留が併存する事件で保釈が許可された事例	保釈250万円
性犯罪	5	強制わいせつ（電車内痴漢）	同一被害者に対し痴漢行為を繰り返していた被告人に対し，電車区間の一部利用禁止を保釈条件として保釈が許可された事例	保釈180万円
性犯罪	6	強制わいせつ	全面否認していた被疑者に対し，電車区間の一部利用禁止を条件に準抗告が認容された事例	保釈180万円
殺人	7	殺人	権利保釈の認められない殺人事件について，公判前整理手続における予定主張記載書面提出後，公判開始前に保釈請求が許可された事例	保釈350万円
暴行・傷害	8	傷害致死（言い争いのすえ頭部殴打）	否認事件ではなかったが，証人尋問が終了した後にようやく保釈が認められた事例	保釈300万円
暴行・傷害	9	暴行	高齢の生活保護受給者による暴行事件において，保釈が許可された事例	保釈150万円
暴行・傷害	10	傷害（酔余の上，通行人）	傷害事件において，飲酒による回想不能な部分がある旨の供述をしていたものの，勾留請求が却下された事例	勾留請求却下
暴行・傷害	4	住居侵入，建造物侵入，窃盗，傷害	勾留が併存する事件で保釈が許可された事例	保釈250万円
名誉棄損・侮辱	11	名誉棄損・ストーカー規制法違反	大学4年生が先輩男性に対して，ストーカー規制法に基づく警告を無視し，掲示板に書き込みをしたり，勤務先にメールをしたりした名誉毀損及びストーカー規制法違反事件において保釈が許可された事例	保釈150万円

窃盗	12	窃盗, 詐欺（値札の付け替え）	商品の値札を付け替えてレジを通過する行為と万引き行為が同時に行われた詐欺・窃盗の事案について, 保釈請求ですみやかに釈放された事例	保釈150万円
	13	窃盗（万引）	実刑判決の可能性が高かったが保釈が許可された事例	保釈220万円, 250万円, 280万円
	14	窃盗	同種前科のある万引犯に保釈が許可された事例	保釈200万円
	15	窃盗（万引）	当初の勾留期間中に捜査を遂げるべきであったとして, 勾留延長が取り消された事例	原裁判取消, 勾留延長請求却下
	4	住居侵入, 建造物侵入, 窃盗, 傷害	勾留が併存する事件で保釈が許可された事例	保釈250万円
	16	窃盗, 恐喝未遂	保釈許可決定に対し, 被告人の供述に食い違いがあることなどを理由としてなされた準抗告が棄却された事例	保釈160万円
強盗	17	強盗	強盗未遂事件において, 勾留請求が却下された事例	勾留請求却下
詐欺	12	窃盗, 詐欺（値札の付け替え）	商品の値札を付け替えてレジを通過する行為と万引き行為が同時に行われた詐欺・窃盗の事案について, 保釈請求ですみやかに釈放された事例	保釈150万円
	18	詐欺未遂	振り込め詐欺の否認事件において, 保釈請求が許可された事例	保釈250万円
恐喝	19	恐喝	勾留延長決定に対する準抗告が認容された事例	原裁判取消, 勾留延長請求却下
	16	窃盗, 恐喝未遂	保釈許可決定に対する準抗告を棄却した事例	保釈160万円
	20	恐喝	判決後の再保釈請求が却下されたが高裁で保釈が許可された事例	保釈300万円
横領	21	業務上横領	全面的否認事件で約2年4カ月にわたる公判（第一審）の途中, 起訴から約1年半後に保釈が最終的に認められた事例	保釈1000万円
器物損壊	22	器物損壊	捜査段階から一貫して犯行を否認しつつ示談を希望していた被告人について, 同居していない兄が身元引受人になり保釈が許可された事例	保釈150万円
	23	器物損壊	同種余罪がある事案で勾留延長決定に対する準抗告が認容された事例	原裁判取消, 勾留延長請求却下

器物損壊	1	公務執行妨害,器物損壊	泥酔した被疑者が消防車を蹴って損壊し、消防士らの職務の執行を妨害したとされた事案について、勾留延長請求が却下された事例	勾留延長却下
	2	道路交通法違反,公務執行妨害,器物損壊	保釈許可決定に対する準抗告が、罪証隠滅行為に出る現実的可能性はそれほど高いものとはいえないなどとして棄却された事例	保釈200万円
道交法違反	2	道路交通法違反,公務執行妨害,器物損壊	保釈許可決定に対する準抗告が、罪証隠滅行為に出る現実的可能性はそれほど高いものとはいえないなどとして棄却された事例	保釈200万円
薬物事犯	24	覚せい剤（自己使用,初犯）	覚せい剤自己使用事件（初犯）について、共同使用した者との接触禁止を条件として保釈が許可された事例	保釈150万円
	25	覚せい剤（自己使用）	保釈許可決定に対する準抗告を棄却した事例	保釈250万円
	1	公務執行妨害,器物損壊	泥酔した被疑者が消防車を蹴って損壊し、消防士らの職務の執行を妨害したとされた事案について、勾留延長請求が却下された事例	勾留延長却下
公職選挙法違反	26	公職選挙法違反	運動員に対する買収を公訴事実とする公職選挙法違反被告事件で、公判前整理手続が採用されたが、第2回公判期日に検察官請求の最重要証人の証人尋問が終了した後、ようやく保釈が許可された事例（身体拘束期間1年）	保釈合計1000万円
廃棄物処理法違反	27	廃棄物の処理及び清掃に関する法律違反	検察官立証後も保釈が許可されず、弁護側の立証計画発表後、条件付きで両罰規定により法人と共に起訴された代表取締役に6回目の保釈請求が許可された事例	保釈500万円
迷惑防止条例違反	28	迷惑防止条例違反（エスカレータで盗撮）	被害者不明のため示談不能の迷惑防止条例違反事件において、勾留請求が却下された事例	勾留請求却下
児童買春等禁止法違反	29	児童買春	児童買春（いわゆる援助交際）事件において、約半年前の出来事であることから犯行の具体的な内容について回想不能である旨の供述をしていたが、勾留請求が却下された事例	勾留請求却下
ストーカー規制法違反	11	名誉棄損・ストーカー規制法違反	大学4年生が先輩男性に対して、ストーカー規制法に基づく警告を無視し、掲示板に書き込みをしたり、勤務先にメールをしたりした名誉毀損及びストーカー規制法違反事件において保釈が許可された事例	保釈150万円

【事例1】泥酔した被疑者が消防車を蹴って損壊し，消防士らの職務の執行を妨害したとされた事案について，勾留延長請求が却下された事例

報告者：竹内沙織
決　定：勾留延長請求却下，2014（平成26）年3月25日
裁判所：東京地方裁判所（裁判官名不明）
罪　名：公務執行妨害・器物損壊

▶▶ 被疑事実

被疑者は，2014（平成26）年3月中旬午前6時ころ，東京都豊島区○○先路上において，同所に停車し，傷病人を収容取扱中の東京消防庁豊島消防署○○消防士長らが勤務する救急用自動車の後部ハッチバックドアを左足で2回足蹴りにする等の暴行を加え，もって同消防士長らの職務の執行を妨害するとともに，東京都知事管理の前記救急用自動車の後部ハッチバックドアを損壊（損害額48万7313円）させ，もって他人の器物を損壊したものである。

▶▶ 事実経過

被疑者は，接見当時から，事件当時は泥酔していて記憶が全くなく，現場にいたのかどうか自体記憶にないと供述しており，担当検事からは否認事件として扱われていた。

被疑者は居酒屋の店長で，他県に妻子を置いて東京に出稼ぎに来ている状況であった。妻子は被疑者の収入のみを頼りに生活していたため，身体拘束が長期化すると妻子の生活が成り立たなくなるおそれが高かった。また，上記居酒屋の社員は被疑者の他に2名しかおらず，店長である被疑者がいないと人員不足ひいては売上減になることは目に見えていた。

また，本件は，消防署の職員等に対して被疑者が罪証隠滅を働きかけたり，お礼参りをしたりするおそれは皆無といっていい事案であった。

東京地方検察庁の担当検事からは，犯行現場付近には防犯カメラがあり，そこで被疑者と思われる人物が救急用自動車を足蹴りにしている場面が映っていると言われていたが，検事はその映像を被疑者に見せずに取調べをしていたため，被疑者としても事実関係を確認できない状況にあった。

勾留延長の見込みについて，担当検事からは，「被害者と示談ができなけれ

ば勾留延長請求をする」と言われていた。しかし，被疑者には貯金等もなく，他県にいる妻子には今回のことを言いたくないと述べていたため資金の援助も受けられる見込みが無く，勾留期間内に示談交渉がまとまることは不可能だった。また，本件被害者である豊島消防署の示談交渉担当者もなかなか決まらず，勾留延長請求の段階で示談交渉がほとんど進んでいなかった。この状況で勾留延長請求に対する意見書を提出することとなった。身元引受人を被疑者の勤務する居酒屋のオーナーに依頼した。

　検事から勾留延長請求が出された当日，勾留延長請求の却下を求める旨の意見書を担当裁判官へ提出し，面談も行った。その日の午後，勾留延長請求却下決定がされ，同日に被疑者が釈放された。

▶▶コメント

　本件は，被疑者の釈放後，被害弁償をして不起訴処分を獲得するべく，被疑者が，自身の給料を毎月積み立てる予定であった。しかし，本件で警察沙汰になったことを理由に，被疑者が，勤務先から解雇されてしまったため，資金集めは非常に難航した。検事に対して最終処分日を遅らせてもらう等交渉し，最終的には，被疑者がかき集めた金銭で全額の被害弁償を行い，不起訴処分となった。

【事例2】保釈許可決定に対する準抗告が，罪証隠滅行為に出る現実的可能性はそれほど高いものとはいえないなどとして棄却された事例

報告者：舛田正
決　定：準抗告棄却，保釈（保証金：200万円），2012（平成24）年2月13日
裁判所：東京地裁立川支部（福崎伸一郎，有賀貞博，澤田博之）
罪　名：道路交通法違反，公務執行妨害，器物損壊

▶▶公訴事実

被告人は
第1　酒気を帯び，普通乗用自動車を運転した。
第2　第1の事実により弁解録取中，取調官のノートパソコンを両手でつかんで持ち上げ，へし折ろうとする等の暴行を加え，同PCを損壊し，もって取

調官の職務の執行を妨害するとともに他人の物を損壊した。

▶▶ 事実経過
　被告人は，会社員であり，事件当時は単身であった。前科なし，事件の数年前に暴行の前歴あり。

　被告人は，犯行前日に自宅で飲酒した後，自動車を運転して酒を飲みに出かけ，複数の店舗で飲酒した後，自動車を運転して帰路についていた。被告人は，自車を路上に駐車していた他人の自動車に衝突させる物損事故を起こした。そのために110番通報がなされ，臨場した警察官が飲酒検知をしたところ，呼気から1リットルあたり0.65ミリグラムのアルコールが検出された。被告人は，警察官から提示された検知管を2つ折りに破壊したことから，公務執行妨害で現行犯逮捕された（この事実は起訴されていない）。

　現行犯逮捕後，警察署で弁解録取中に，「やってねぇ」「覚えてねぇ」と言って警察官が調書作成中のノートパソコンに対し，公訴事実記載の犯行を行った。

　追起訴完了後，保釈請求を行い，保証金200万円，両親の自宅を制限住居とする許可決定が出たところ，検察官が準抗告した。

▶▶ 決定内容
　2012（平成24）年2月13日，準抗告棄却。

　決定は，罪証隠滅を疑うに足りる相当な事由はあるとしたが，次のとおり判示して保釈を認めた原裁判を相当であるとした。すなわち，「本件事案の内容，捜査段階の被告人の供述状況等に照らせば，関係者等に働きかける等して犯行に至る経緯等の重要な情状事実について罪証を隠滅するおそれがないとはいえない。もっとも，関係者に害を加え，または畏怖させる行為をするおそれがあるとはいえない。

　しかし，本件犯行が警察官らの面前で行われており，かつ，本件犯行における関係者の多くは警察官であることや，被告人が現時点では本件公訴事実をいずれも認めていること等に照らせば，罪証隠滅行為に出る現実的可能性はそれほど高いものとはいえない。こうした事情に，被告人に前科がないこと，両親が裁判所への出頭確保を約束した身元引受書を提出していること等も併せ考慮すると，原裁判が不当とは言えない」。

▶▶ コメント

　本件では，現行犯であり，関係者は警察官がほとんどで罪証隠滅の現実的可能性がないこと，前科がなく両親が身元引受をしていること等を重視されて保釈が許可されたと思われる。

　弁護人としては，最終的な判決が「懲役10月，執行猶予3年」となったことからもわかるとおり，軽微な事案と考えていたため，準抗告がされたことは意外であった。しかし，準抗告申立て当日中に棄却決定が出ていることからも第1回公判前に保釈がなされるべき事案であったと言えよう。

　なお，決定では言及されていないが，示談申入れ，雇用主が引き続き雇用すると述べていたこと，被告人は自宅建物のローンを返済中であり，保釈が遅れると返済できず自宅を失うおそれがあることも裁判官に述べた。

　ちなみに，準抗告棄却決定書は「罪証隠滅のおそれ」と記載しているが，これは逮捕の必要性の場合の文言（刑事訴訟規則143条の3）であり，権利保釈除外事由は，法律上，「罪証隠滅を疑うに足りる相当な理由」となっている（刑事訴訟法89条4号）。普段からこの違いを意識せず安易に身体拘束を認めているのではないかと感じた。

▶▶ 参考

　本件は，第1回公判期日で結審，即日判決が言い渡された。判決は，懲役10月，執行猶予3年，訴訟費用負担ありで確定した。

【事例3】住居侵入罪で勾留決定がなされたが，勾留決定に対する準抗告が認容され，被疑者が釈放された事例

報告者：置塩正剛
決　定：原裁判取消，勾留請求却下，2012（平成24）年9月20日
裁判所：東京地方裁判所立川支部（深見玲子，香川礼子，児島章朋）
罪　名：住居侵入罪

▶▶ 被疑事実

　被疑者は，正当な理由がないのに，2012（平成24）年9月17日午前2時10分頃から同日午前2時18分頃までの間，東京都A市のB方居宅内に，無施錠の玄関から侵入したものである。

▶▶ 事実経過

被疑者は，友人らと酒を飲んだ後の9月17日未明，自転車で帰宅しようとしたが，かなり酔っており，気づくと犯行現場であるB方居宅玄関で，警察官らに取り囲まれていた。被疑者は住居侵入の容疑で現行犯逮捕され，翌9月18日に勾留請求された。

勾留質問の際に当番弁護士を呼べることを聞かされたために，当番弁護士の派遣を依頼，裁判所書記官から弁護士会当番弁護士センターに派遣依頼の連絡があったため，同日夜，当番弁護士として面会した。この時点で，被疑者に対して勾留決定が出されていたが，勾留決定の理由は，刑事訴訟法60条1項2号及び3号，すなわち，被疑者が罪証を隠滅すると疑うに足りる相当な理由があることと，被疑者が逃亡し又は逃亡すると疑うに足りる相当な理由があるという点であった。

被疑者から事情聴取したところ，少なくとも他人の家の玄関内で警察官に囲まれていたことは事実であり，結果として他人の住居に侵入したことは間違いないと思われるが，本人は侵入した際の様子を全く覚えておらず，どこの家なのかすら全く認識していないとのことであった。

また，本人は正社員として稼働しており，逮捕によって無断欠勤となっていること，逮捕された旨を会社と婚約者に伝えてもらいたいとの希望を述べた。

事情聴取の結果，被疑事実は認められるが，勾留の必要は無く，むしろ職を失いかねない弊害が大きいことが判明したため，勾留決定に対する準抗告申立を行う方針及び弁護人を通じて被害者との示談を目指すことを確認し，被疑者援助利用で受任することとした。

被疑者との面会終了後，被疑者の勤務先会社に連絡したところ，これまで無断欠勤など無かったので心配していた，真面目に勤めていたので早期に復帰してもらいたい，とのことであったので，嘆願書の文案を示して作成を依頼し，取り急ぎFAXで送ってもらうこととした。また，婚約者に連絡して事情を説明するとともに，翌日に会社の嘆願書原本を受け取ってもらったうえで，事務所に来所してもらうことにした。

翌9月19日，準抗告申立書の準備をしたうえで，婚約者から身元引受書と会社の嘆願書を受領，裁判所に対して，準抗告申立書と勾留理由開示請求書（及び勾留状謄本請求書）を提出した。裁判官面接では，警察官らに現行犯逮捕されていることや，そもそも犯行現場（被害者の住所）がどこかも認識していないことから，罪証隠滅のおそれがないこと，そして，真面目に稼働しており，婚約者も身元引受けを約束していることなどから，逃亡のおそれがないことを

強調した。

翌9月20日（勾留決定の翌々日），勾留決定に対する準抗告を認容し，原裁判を取り消したうえで本件勾留請求を却下する決定がなされ，被疑者は釈放された。

釈放の翌日，勾留理由開示請求を取下げ。

その後，被害者との示談を目指して弁護人から何度か手紙を送付したが，被害者から反応は無く，その旨を検察官に報告したところ，本件については，翌2013（平成25）年5月31日付で不起訴処分となった。

▶▶ 決定内容

原裁判を取り消す。

本件勾留請求を却下する。

▶▶ コメント

当番弁護士として被疑者と面会した際の被疑者からの聴取内容によれば，被疑事実は認められるものの，勾留の必要性が高いとは到底思えず，むしろ，職を失うことによる弊害の方が著しく大きいと思われたので，早急に関係者と連絡を取ったうえで，準抗告の申立を急いだ。

決定は，「罪証隠滅すると疑うに足りる相当な理由があると認められ，逃亡すると疑うに足りる相当な理由があることも否定できない」としつつも，「現行犯逮捕されており被害者の外にも目撃者（注：臨場した警察官らのことを指すと思われる）がいること，被疑者と被害者に面識がないことなどから罪証隠滅のおそれが高いとはいえない」とし，また，「被疑者が定職に就いていることや，前科前歴がないこと，婚約者が監督指導を約束していること，原裁判後に雇用主から被疑者を指導監督する旨を述べて早期釈放を願う嘆願書が提出されていることなどを踏まえると，上記逃亡のおそれは相当低いものと認められる」ので，勾留の必要性が認められないと述べて，準抗告を認容した。

【事例4】 勾留が併存する事件で保釈が許可された事例

報告者：贄田健二郎
決　定：保釈（保証金：150万円及び100万円の合計250万円），2014（平成26）年4月30日
裁判所：東京地方裁判所刑事第13，14部（中島経太，中山登）
罪　名：住居侵入，建造物侵入，窃盗，傷害

▶▶ 公訴事実
① 被告人は，2013（平成25）年12月，書店でDVD20枚を窃取した（窃盗）。
② 同日，被告人を逮捕しようと体をつかんでいた同店店長に対して，腕を振りほどくため，自己の体を回転させるように振るなどの暴行を加えて店長を転倒させ，約1週間の加療を要する左前腕挫創の傷害を負わせた（傷害）。
③ ①の書店で①の1週間前に，漫画本59点を窃取した（窃盗）。勾留されずに追起訴。
④ 共犯者と共謀して，2013（平成25）年8月，和歌山県所在の被害者A方に侵入し，タスポカード1枚を窃取し（住居侵入，窃盗），同年9月，同県所在の被害者B方に侵入し，12万7000円及び手提げ鞄1個を窃取した（建造物侵入，窃盗）。和歌山県で勾留・起訴され，東京地裁に併合。

▶▶ 事実経過
　被告人（事件当時無職）は，金に困り，売って金を得る目的で，書店からDVD20枚を窃取しようとしたところ，店長に発見され逃亡し，追いかけてきた店長に捕まると，自己の体を回転させるように振るなどの暴行を加えて店長を転倒させ，傷害を負わせた。駆けつけた警察官に逮捕された。当初は（事後）強盗致傷の被疑事実で逮捕・勾留されていた。弁護人は被疑者国選として選任された。
　捜査段階で，同書店で別の日にも漫画本を盗んでいたことが判明した。
　被告人の交際相手と面談し，被害弁償金の準備や，起訴後の保釈についても打ち合わせた。被害弁償は，書店の店長から拒否されたため，断念した。
　翌年1月初旬，①窃盗，②傷害で起訴された。その時点で保釈の準備は整っていたので，1回目の保釈請求をした。ところが，裁判官面接で，別件で逮捕

の予定があると示唆された。別件は和歌山県の事件だったため，再逮捕された場合の不利益が大きいと判断し，1回目の保釈請求は取り下げた。

その後，同年2月の第1回公判に③窃盗で追起訴された。

同年3月，④和歌山の事件で逮捕・起訴され，東京に移送されたタイミングで，同年4月末に再度保釈請求をした。勾留が併存するため，保釈保証金が通常の倍の300万円かかる（別の裁判官が個別に判断するため，1件当たり保釈保証金150万円という形で決定されてしまう）と言われたが，総額を抑えてもらいたいと各裁判官に交渉した結果，①②事件で100万円，④事件で150万円の，合計250万円で保釈が許可された。

決定後，④事件の保釈許可決定に対して検察官が準抗告をした。準抗告審は，刑訴法89条3号に該当する事由があるとしつつ，被告人が当初から一貫して罪を認めており，示談交渉も進んでいることから罪証隠滅のおそれはさほど大きくなく，裁量保釈を認めた原裁判に裁量権の逸脱はないと判断し，準抗告を棄却した。

▶▶ 決定内容
100万円，150万円でそれぞれ保釈許可。

▶▶ コメント
保釈面接で別件による逮捕の可能性を示唆されたため，検察官に対し，早急に捜査を進めるように要求した。しかし，一向に進まず，1件目の起訴から2月近く経ってからようやく再逮捕された。その間，保釈に踏み切ることも考えたが，和歌山で逮捕されてしまうと，勾留を争う活動も困難になってしまうため，④事件の起訴を待って保釈請求するという方針を取った。しかも，④事件の起訴から被告人が東京拘置所に移送されるまでにさらに1月を要した。この間の身体拘束は全く無用であった。検察官の事件処理に対する姿勢，身体拘束が被告人の心身に及ぼす影響に対する無理解を如実に感じた事例であった。

和歌山の④事件については示談が成立し，被告人には執行猶予判決が言い渡された。

【事例 5】同一被害者に対し痴漢行為を繰り返していた被告人に対し，電車区間の一部利用禁止を保釈条件として保釈が許可された事例

報告者：大辻寛人
決　定：保釈（保証金：180万円），2009（平成21）年6月3日
裁判所：東京地方裁判所刑事第14部（大熊一之）
罪　名：強制わいせつ

▶▶ 公訴事実

　被告人は，2009（平成21）年5月中旬，A駅からB駅に至る間を走行中の電車内において，被害者に対し，強いてわいせつな行為をしたものである。

▶▶ 事実経過

　被告人（会社員）は，通勤電車内でいつも一緒になる被害者（当時高校生）に目をつけ，複数回にわたり痴漢行為を働いていた。被害者が学校への登校を嫌がるようになり，不審に感じた両親が事情を聞いたところ，痴漢被害を打ち明けたため，両親が警察に相談。私服警官が被害者と共に電車に乗り込み，被告人が被害者に対し痴漢行為に及んだところを現行犯逮捕した。
　逮捕当日に刑事弁護センターより当番弁護士出動の連絡があり，被告人（被疑者）と接見。その際は，スカートの上からお尻を触っただけと弁解していた。
　逮捕から2日目，被害者との示談交渉を打診するため検察官（副検事）と面会したところ，被告人（被疑者）は，被害者のスカートの中に手を入れたことを否認しているとのことで，示談の仲介を拒否された。当日，被告人（被疑者）と接見し，認否や示談の問題について説明。
　3日目，勾留決定がされたため，被疑者国選事件に切り換え手続きを行う。
　4日目，被告人（被疑者）の家族（妻）及び兄弟と面会。示談金の準備をして頂くことをお願いする。
　7日目，検察官に対し再度示談の申入れを行うが，検察官より連絡があり，被害者の両親が示談を拒否しているとのことであった。
　10日目，公判請求。起訴後3日目に保釈請求を行った。3日後に刑事第14部にて裁判官と面接。通勤・通学電車内での痴漢行為と言うこともあり，被告人の自宅最寄り駅から一部区間の電車利用を禁止するとの保釈条件が付され

ることになった。同日，保釈許可決定。

▶▶ **決定内容**
A駅とB駅の間及びC駅とD駅の間を利用してはならない。

▶▶ **コメント**
当初接見時の被告人（被疑者）の弁解内容と被害者供述が異なっていたため，一部否認として取り扱われ，初動時の示談交渉がうまく進まなかった。
実際の犯行は，スカートの中に手を入れて陰部に触れるなどしており，被害者を付け狙って複数回痴漢行為を働き，ときには陰部に指を入れるなど，情状も悪かった。
当時高校生であった被害者が登校拒否になってしまったことなども含め，両親が激怒。示談交渉は難航した。
第1回公判期日の2日前にようやく示談が成立。被告人が転職した際は直ちに被害者にその旨を知らせることなどの条件を加えた。
執行猶予付き判決となった。

【事例6】全面否認していた被疑者に対し，電車区間の一部利用禁止を条件に準抗告が認容された事例

報告者：三森敏明
決　定：準抗告認容（原裁判を取り消す。本件勾留請求を却下する），2015（平成27）年12月24日
裁判所：東京地方裁判所刑事第13部（安東章，吉戒純一，須藤晴菜）
罪　名：強制わいせつ

▶▶ **被疑事実**
被疑者は，2015（平成27）年12月某日午後11時頃電車内において，帰宅するため乗車していた女性（当時20歳）に対し，同女の背後からやにわにスカートの中に手を入れて臀部を触った上，同女の股間の陰部にまで手を入れ，さらに自己の陰部を押し付け，もって，強いてわいせつな行為をしたものである。

▶▶ 事実経過

　2015（平成27）年12月某日，被疑者は同僚とともに職場の忘年会に出席後，自宅に向かうために電車に乗っていたところ，被害者から痴漢の嫌疑をかけられ，そのまま駅長室で現行犯逮捕され警察署に留置された。なお，車内が非常に混んでいたこと，被疑者が飲酒をしていたこともあり，被疑者は現場の状況についてよく記憶していなかった。また，被疑者には，前科は全くなかった。被疑者は，逮捕直後に，警察に対し，DNA鑑定に必要な口腔内の粘膜及び手指の付着物の鑑定に必要な資料を任意提出していた。

　被疑者は勾留され，国選弁護人が選任されていたが，途中で同弁護人が解任され，被疑者の親族の依頼で当職が弁護人を引き受けることとなった。すぐに警察署内で被疑者の妻と待ち合わせ，身元引受書に署名押印をもらい，その後，被疑者と接見を行い，事務所に戻った後すぐに準抗告申立書を起案した。

　翌日午前9時，東京地方検察庁に弁護人選任届を提出し，午前10時30分に被疑者の勤務先の社長と面談し，身元引受書に署名押印をもらった。そして，午前11時に東京地方裁判所に準抗告申立を行った。

　妻と社長の身元引受書には，「被害者が利用する電車区間は，被疑者は電車利用しないように監督する」との一文を入れた。

　当日午後3時過ぎに，担当裁判官から弁護人の携帯電話に電話があり，「誓約書の提出がないのですが，被疑者は，被害者と同じ電車区間を利用しないことを誓約していますか」と問い合わせがあったので，「誓約しているからこそ，妻らの身元引受書にはそれと同じ趣旨の文言が入っている」と回答した。同裁判官は，「弁護人との電話内容を電話聴取報告書にしておきます」と述べた。現在の東京地方裁判所刑事部の実務は，①被疑者の誓約書，②親族等の身元引受書（電車区間の一部利用禁止を盛り込む）の提出が不可欠なのだと思われる。準抗告が認容され（罪証隠滅のおそれも逃走のおそれも否定できないが，勾留の必要性がないという理由），同日夕方に被疑者は無事釈放された。

▶▶ コメント

　被疑者釈放後，1カ月以上も補充捜査がなかった。また，検察官から準抗告申立書の提供を求められ，それを検察官に提供した（このような経験は，初めてであった）。

　弁護人が検察官に処分の見通しを問いあわせたところ，担当検察官は「現在も捜査はしている」と回答した。それに対し，弁護人が「どのような捜査をしているのか」と質問したが，検察官は「公判維持が可能かどうかを見極める捜

査をしている」と回答するのみであった。DNA鑑定の実施の有無について尋ねても、検察官は「DNA鑑定をしても、でない場合があるから」などと歯切れの悪い回答に終始していた。

逮捕から約3カ月後、被疑者は不起訴処分となった。

【事例7】権利保釈の認められない殺人事件について、公判前整理手続における予定主張記載書面提出後、公判開始前に保釈請求が許可された事例

報告者：竹内明美
決　定：保釈（保証金：350万円）
裁判所：東京地方裁判所立川支部（岸田二郎）
罪　名：殺人

▶▶ 公訴事実

被告人は、某所自宅において、息子に対し、殺意をもって、その左胸部を出刃包丁で1回突き刺し、よって、その頃、同所において、同人を左前胸部刺創に基づく外傷性心破裂による心原性ショック及び出血性ショックにより死亡させたものである。

▶▶ 事実経過

被告人は、元会社役員（起訴前に辞職）であり、前科前歴はない。持ち家にて妻、娘及び息子（被害者）と同居。

息子は精神疾患を患っており、精神科医師の治療を受けていたが、事件の2年ほど前から家族や他人を恫喝するようになった。事件の数カ月前からは、家族に対し暴力を振るうようになり、暴力は日を追ってエスカレートしていく状況にあった。被告人は、警察や主治医だけでなく、保健所、弁護士等にも対策を相談したが、暴力を防ぐための何ら具体的な解決を見出すことができず、絶望に陥り、被害者の暴力から家族を守るために他に方法がないと思い、本件犯行に至った。

自白事件ではあるが、罪名が殺人であること、自宅内で起こった家族間の事件であり、身元引受人となる妻が証人となる可能性が高かったことから、罪証隠滅を疑うに足りる相当な理由もありとして、起訴後すぐの保釈請求は却下さ

れた。

　しかし，証拠開示を急がせた上で，起訴後3カ月弱で予定主張記載書面を提出し，早期に主張・証拠の整理が行われるよう働きかけ，検察官の立証計画が完成した第2回公判前整理手続き期日後，2回目の保釈請求にて，保釈が認められた。

▶▶ コメント

　2回目の保釈請求書では，既に整理済みの主張・証拠を挙げ，検察官の反論も想定しながら，具体的に，罪証隠滅を疑うに足りる相当な理由がないことを主張した。

　また，殺人事件であっても，犯行に至る経緯に斟酌すべき事情があり，執行猶予付判決が付される可能性がある事件であること，同居の妻や娘が被告人の帰りを強く願っていることなど，保釈の必要性・相当性を強調した。

　なお，検察官の求意見書で「釈放による自殺のおそれ」が指摘されていたため，裁判官に判断を待ってもらい，自殺のおそれがないことについて，補充の報告書を提出し，反論を行っている。

　その結果，特に接触禁止等の条件はなく，制限住居は自宅，身元引受人を妻とする保釈請求が認められた。

　本件は，その後，裁判員裁判が行われ，被告人には，執行猶予付の判決が言い渡された。

【事例8】否認事件ではなかったが，証人尋問が終了した後にようやく保釈が認められた事例

報告者：足立東子
決　定：保釈（保証金：300万円），2012（平成24）年5月27日
裁判所：東京地方裁判所刑事第3部（裁判長：齋藤哲昭）
罪　名：傷害致死

▶▶ 控訴事実

　被告人は，2011（平成23）年12月，被害者の日頃の素行の悪さと態度に激昂した加害者が頭部を殴りつけ，被害者を死亡させた。

▶▶ 事実経過

被告人は，同じ会社の後輩の日頃の素行の悪さに，たびたび注意をし，生活態度の改善を求めていた。しかしながら，昼間から酒を飲む等改善が見られなかった。事件当日，酒を飲んだ被害者と言い争いになり，頭部を殴打したところ，数日後に被害者が死亡した。被告人は，頭部を殴打した行為自体は争っていなかったが，被害者が死に至った原因の一つに被害者がもともと脳に疾患をもっており，その疾患が死に影響をおよぼしたのではないかと主張していた。

逮捕から10日あまりが経過した勾留中，当職が接見し，受任に至った。

起訴状が受理された直後，第一次保釈請求を行ったが，公判前整理手続も未了であって，未だ訴訟における争点が見えないという理由から保釈請求は却下された。

その後，公判前整理手続を終了した2012（平成24）年3月31日に，第二次保釈請求を行った。裁判官面接においては，「因果関係について，被害者の元々罹患していた疾患が影響を及ぼしているのではないかと主張しているが，否認事件ではない」ことを説明し，勤務先会社の代表者の確約書や本人の誓約書を示しながら，罪証隠滅のおそれが無いこと，逃亡の恐れもないことを説明した。しかし，未だ罪証隠滅のおそれ，逃亡のおそれがあるとして，保釈請求は却下となった。

その後，準抗告を行った。準抗告においては，被告人の職場においての立場（現場を管理する立場であったこと）を強調し，早期に職場に復帰する必要が有ること，職場の部下が証人として尋問予定（検察官請求）であったため，保釈後は，一切の接触をしないことは出来ないことを主張し，あくまで業務の範囲内のみでの接触にとどめる旨誓約していることを強調したものの，罪証隠滅のおそれ，逃亡のおそれがあるとして棄却となった。なお，職場の部下に対する証人尋問の立証趣旨は，「事件直後の被告人言動」であった。具体的には，被告人が被害者に暴行を加えた直後，その部下に救急車を呼んでもらった経緯が立証趣旨となった。

公判において証人尋問が終了した同年5月27日に再度保釈請求を行ったところ，保釈が認められた。

判決は，被害者に疾患があったという弁護側の主張は退けられたが，被害者側にけんかの原因があったという点については認定された。しかしながら，若年での死亡であったこと，暴行箇所が頭部であった点等から懲役3年の実刑判決であった。

▶▶ 決定内容
保釈を許可する。保釈保証金 300 万円。

▶▶ コメント
本件は，裁判員裁判事件である。当初より，被告人は罪を認めていた。しかし，被害者が死亡に至った原因の一つに被告人の行為があるとしても，被害者がもともと脳に疾患を持っており，その疾患も死亡の原因の一つだったのではないかと主張していた。

【事例9】高齢の生活保護受給者による暴行事件において，保釈が許可された事例

報告者：永松裕幹
決　定：保釈（保証金：150万円），2014（平成26）年4月1日
裁判所：東京地方裁判所刑事第14部（安藤範樹）
罪　名：暴行

▶▶ 公訴事実
被告人は，2014（平成26）年2月中旬，東京都内の喫茶店において，被害者に対し，その左側頭部を右げん骨で1回殴る暴行を加えたものである。

▶▶ 事実経過
被告人（生活保護受給者，78歳）は，2014（平成26）年2月中旬，都内の喫茶店で，携帯電話で話をしていたところ，近くに座った被害者から注意されて言い争いとなり，被害者の頭を殴ったとの被疑事実により逮捕された。

逮捕から2日目，刑事弁護センターより当番弁護士出動の連絡があり，被告人（被疑者）と接見した。被告人は，被害者と言い争いになりもみ合いになったが，殴ってはいないとして，被疑事実を否認していた。同日，援助制度を利用して受任。勾留決定がなされ，勾留請求却下を求める準抗告を申し立てたが，準抗告は棄却された。

同年2月下旬，公判請求がなされ，3月上旬，被告人国選弁護人に選任された。被告人が生活保護受給者であり，本人や家族には資力がなく，借り入れをするあてもなかったことから保釈保証金の目途が立たず，保釈請求に踏み切れな

かった。
　3月下旬になって，日本保釈支援協会の保釈保証金立替システムを利用することとして，保釈請求を行った。
　4月1日，保釈許可決定。同日，保釈支援協会の立替支援決定。
　6月上旬，保釈支援協会に対して自己負担金及び立替手数料を納め，同日，立替支援が実行され，裁判所に保釈保証金を納付したところ，被告人が釈放された。

▶▶コメント

　本件は，事案自体は重大なものではなかったが，被告人が否認しており，逮捕・勾留の後，公訴提起に至ったものである。
　事案の特性として，被告人が生活保護を受給する高齢者で，資力がなく，保釈保証金を用立てる目途が立たなかったことが挙げられる。
　この点，全弁協（全国弁護士協同組合連合会）は，保釈保証書発行事業を行っているが，生活保護受給者は審査が通らないとのことで，利用することができなかった。
　そこで，被告人の妻を申込人として，日本保釈支援協会の保釈保証金立替システムを利用することとなった。もっとも，立替の実行を受けるためには，自己負担金（10万円）及び立替手数料（4万500円）を同協会に振込まなければならず，生活保護を受給している被告人及び妻にとっては，用立てることが困難であった（なお，立替金を協会へ返還した後に，自己負担金は，申込人に返還された）。そのために，保釈許可決定を受けてから，保釈保証金を裁判所に納付し，実際に釈放されるまでに2カ月以上を要することとなった。
　釈放されるまでに時間がかかってしまったことは遺憾ではあったが，釈放された段階で被告人質問を行うことができ，被告人は，判決言渡までの約3カ月間を，身体を解放された状態で過ごすことができた。
　被告人は，公判段階でも否認を貫き，被告人と被害者の他，第三者である目撃者の尋問も行った。
　2014（平成26）年9月上旬に，罰金15万円の有罪判決が言い渡された。

【事例10】傷害事件において，飲酒による回想不能な部分がある旨の供述をしていたものの，勾留請求が却下された事例

報告者：森本憲司郎
決　定：勾留請求却下，2012(平成24)年1月13日
裁判所：東京地方裁判所刑事第14部(裁判官名不明)
罪　名：傷害

▶▶ 被疑事実
　被疑者は，2012（平成24）年1月10日午後8時頃，A駅の改札外の人通りの多い場所において，被害者に因縁をつけ，暴行を加え，同人に全治約2週間の傷害を負わせた。

▶▶ 事実経過
　1月10日（火）に逮捕され，翌11日（水）に当番弁護士として接見。被疑者は，会社の取引先の新年会に出席し飲酒し，泥酔していたため，被疑事実につき回想不能であると供述していた。もっとも，被疑者が被害者に暴行した様子は，多数の通行人が目撃しており，また，通行人によって現行犯逮捕されているため，被疑者は被疑事実を認めていた。1月12日（木），検察官が勾留請求を行った。
　1月11日（水），被疑者の妻と，実父から身元引受書を取得した。1月13日（金）の午前9時に東京地裁刑事第14部に「勾留請求の却下を求める意見書」をFAX送信し，同日午前11時に裁判官と面接を行った。裁判官からは，「勾留請求は却下するつもりである」と伝えられ，同日午後1時30分頃，勾留請求が却下された。同日午後7時頃，被疑者の妻とともに警察署に被疑者を迎えに行き，無事釈放となった。その後，同月15日，検察官から被害者の連絡先を聞き，同月16日示談が成立した。同月27日，不起訴処分。

▶▶ 決定内容
　勾留請求を却下する。

▶▶ コメント
　被疑者は大手企業に勤務する29歳（当時）の会社員であった。勾留による

失職を避けるためになんとしても勾留請求を却下させなければならないと思い被疑者弁護に臨んだ。被疑者は，飲酒による泥酔で犯行状況等について回想不能であると供述していたものの，自身が逮捕された状況からして，自分が被害者にからみ，暴行を行ったことは間違いないと述べていた。

　本件では，被疑者は被害者の情報を全くしらず接触することは不可能であること，通行人が本件犯行状況を目撃しており既に同人の供述調書が作成されていること，通行人によって現行犯逮捕されていること等から，そもそも罪証隠滅の余地が乏しかったといえる。もっとも，被疑者が，犯行状況及び犯行に至る経緯につき回想不能であるとの供述をしていると，裁判所が「罪証隠滅のおそれ」を肯定する可能性もあるから（新関雅夫ほか『令状基本問題〔増補版〕（上）』〔一粒社，1996年〕240頁〔神垣英郎〕，高麗邦彦＝芦澤政治編『令状に関する理論と実務(1)』〔判例タイムズ社，2012年〕108頁以下〔増尾崇〕），被疑者が犯行状況及び犯行に至る経緯につき，回想不能である旨の供述をしている場合には，同供述を前提としても，客観的な状況から罪証を隠滅すると疑うに足りる相当の理由が認められない旨をしっかりと主張すべきである。

【事例11】大学4年生が先輩男性に対して，ストーカー規制法に基づく警告を無視し，掲示板に書き込みをしたり，勤務先にメールをしたりした名誉毀損及びストーカー規制法違反事件において保釈が許可された事例

報告者：余郷浩
決　定：保釈（保証金：150万円），2013（平成25）年11月5日
裁判所：東京地方裁判所刑事第14部（藤原靖士）
罪　名：名誉毀損及びストーカー規制法違反

▶▶ 控訴事実

　被告人は，2013（平成25）年8月上旬，インターネット上のメル友募集と題する掲示板に，被害者が避妊具を口にくわえているかのような合成画像データを掲載等して，名誉毀損し，被害者の勤務先に対して多数回にわたってメール送信し，同人の名誉を害する事項を告げる等したというストーカー規制法違反行為を行ったというものである。

▶▶ 事実経過

被告人（被疑者）は 2013（平成 25）年 10 月 10 日に逮捕された。

逮捕当日に刑事弁護センターより当番弁護士出動の連絡があり，被告人（被疑者）と接見し，受任した。

10 月 15 日，大学卒業に必要なゼミのレポート提出期限を控えていたため，勾留決定に対する準抗告の申立てを行ったが，棄却された。

被害者と示談交渉を行い，最終的には 100 万円の示談金の支払を提示したが，示談は成立しなかった。

10 月 30 日，起訴された。

10 月 31 日，保釈請求。

11 月 5 日，裁判官と保釈面接，同日保釈が許可された（連休が挟まったため，面接がこの時期となった）。

12 月 24 日，懲役 1 年 6 月執行猶予 4 年の判決となった。

▶▶ 決定内容

保釈を許可する。保釈保証金 150 万円。被害者とは直接接触しないことと被害者の自宅及び勤務先に立ち寄ってはならないということが条件とされた。

▶▶ コメント

被告人（被疑者）は一貫して犯行を認めていたが，ストーカー規制法による警告を受けながらも本件犯罪行為に及んだという点において犯情は軽くはなかった。被害者は同じゼミの一つ上の先輩であった。被告人（被疑者）は逮捕当時，有名大学の 4 年生であり，すでに一流企業から内定も出ていた。被告人（被疑者）と両親との関係は良好であり，保釈にあたっての問題点はそれほどなかったものと思われる。

後日，被害者側代理人と交渉の上，和解が成立している。

【事例12】商品の値札を付け替えてレジを通過する行為と万引き行為が同時に行われた詐欺・窃盗の事案について，保釈請求ですみやかに釈放された事例

報告者：横手聡
決　定：保釈（保証金：150万円），2012（平成24）年前半
裁判所：東京地方裁判所刑事第14部（辻和義）
罪　名：詐欺・窃盗

▶▶ 公訴事実

被告人は，①2012（平成24）年前半，商品の価格を偽って購入の名目で商品をだまし取ろうと考え，東京都内の販売会会場において，傘に取り付けられている販売価格1万1700円の値札を取り外し，販売価格1000円の値札を取り付けてレジに持ち込み，社員Aに対し，取り付けた値札の金額がその商品価格であるかのように装い，同人にその旨を誤信させて傘1本の交付を受け，②同販売会会場においてショルダーバッグ等2点（販売価格約3万円）を窃取した。

▶▶ 事実経過

被疑者は，東京都内に勤務する者であり，現行犯人逮捕された後，当初から被疑事実を認めていた。

犯行現場は，東京都内の展示場に開設された臨時の売り場であり，被害店舗は当該展示場に一時的に設けられていたものであった。そのため，被疑者が身体拘束から解放されたとしても，当該店舗に赴くこと自体が不可能で，目撃者等の関係者に働きかける可能性も存在しなかった。

勾留決定に対しては準抗告を行い，裁判官面接で，被疑者が被害者等に働きかけるおそれはないことを強調したが，「本件の犯行状況，捜査の進捗状況及び被疑者の供述状況等に照らすと，被疑者を勾留しなければ，本件の重要な情状事実について，罪証を隠滅すると疑うに足りる相当な理由がある」という理由で準抗告が棄却された。

勾留期間中，被害会社は，「会社の方針として，裁判が終わるまでの間は一切示談に応じない方針である」と述べていた。また，東京地方検察庁の担当検事は，「詐欺罪で示談ができない場合には，一律に起訴をする方針である」と述べていた。しかし，被疑者に前科はなく（前歴は1件あり），長年にわたり

勤務先で真面目に働いてきたという事情もあったためか，担当検事は，「保釈請求がなされた場合には『しかるべく』の意見を出す」とも述べていた。

起訴日の翌日朝，東京地方裁判所に保釈請求書を提出した。そして，速やかに釈放されなければ被告人に失職の危険があること，担当検事が「しかるべく」の意見を出すと述べていること等を記載して，翌日までに釈放することを求める上申書を刑事第14部にファクシミリ送信した。検察庁に対する電話も行ったところ，迅速に手続が進行し，保釈請求日の翌日に担当裁判官から「弁護人との面接を行うことなく保釈を許可する」との電話連絡があり，同日に釈放された。

▶▶ 決定内容

犯行が行われた展示場に立ち入ってはならない，被害会社関係者に対する接触をしてはならない，等の指定条件が付された。

▶▶ コメント

本件においては，被告人の勤務先との関係で，保釈請求日の翌日までに釈放されなければ被告人に失職の危険があった。そこで，そのような事情を担当裁判官へ伝えるためにファクシミリを利用した。東京地方裁判所では，検察官への求意見の手続に時間がかかることが多く，釈放日が保釈請求日の翌々日以降になることも多いと思われるが，本件では事情に応じた柔軟な対応がなされ，保釈請求日の翌日に釈放された。

なお，本件においては，被告人と同居している配偶者が身元引受人であったため，同居していることがわかる資料として住民票を提出した。

【事例13】実刑判決の可能性が高かったが保釈が許可された事例

報告者：白石桂
決　定：保釈許可1審2013（平成25）年9月11日（保証金：220万円），控訴審2014（平成26）年2月13日（同：250万円），上告審2014（平成26）年6月12日（同：280万円）
裁判所：東京地裁（小池健治），東京高裁（河合健司，藤井俊郎，小川賢司），最高裁（山本庸幸，千葉勝美，小貫芳信，鬼丸かおる）
罪　名：窃盗

▶▶ 公訴事実

　被告人は，2013（平成25）年8月下旬，東京都内の雑貨店において，化粧品等5点（約1万円分）を窃取（万引）した。

▶▶ 事実経過

(1) 第1審での弁護活動

　被告人（主婦）は，2013（平成25）年8月下旬，上記被疑事実により，逮捕された。

　勾留決定の日に国選弁護人として選任され，面会したところ，万引により執行猶予中であることが分かった。

　したがって，今回は実刑可能性が高いことは被告人も理解していたが，被告人は，夫及び子供（就学前）と暮らしており，仕事もあったことから，逃亡のおそれはないといえるので，勾留決定に対する準抗告を行ったが，棄却された。

　その後，被疑者と話をしたところ，万引の原因は自分の精神的な部分にあると考えていること，執行猶予となった前刑の犯行後，当時生活していた関西で心理カウンセリングを受けたことがあること等が分かった。また，被害店舗に被害弁償し，示談も成立した。

　そこで，家族の存在，カウンセリングによる治療の有効性，示談の成立等を訴え，意見書を検察官に提出して面談を行うなど，できる限りの起訴猶予を求める弁護活動を行なったが，同年9月初旬に起訴された。

　被告人の話から窃盗癖[1]であることが疑われたところ，再度の執行猶予を確保するには，身体拘束を解いたうえで窃盗癖専門の医療機関を受診させるなど

の措置が必要であった。そこで，保釈請求をしたところ，許可された。もっとも，面接時，裁判官は，実刑確実だと思うので，子供のことを含め身辺整理をして下さいと述べていた。保釈条件は居住制限，旅行制限，被害店舗への立入り禁止であった。また，保釈保証金については，200万円以下を希望したが，220万円となった。速やかに用意して，地裁の出納課に納付した。

保釈中に，窃盗癖専門医[2]に診てもらったところ，窃盗癖である旨の診断を受け，入院治療が必要との意見を得た。そこで，裁判所に入院治療経過を見ながら審理する必要があること，したがって一回結審しないよう意見書を提出したところ，了解を得られた。治療中は，制限住居を群馬県の入院治療施設をしたこと，子供は関西の両親のもとに預けることにしたことから，数度にわたって旅行の必要が生じたが，その度にきちんと許可申請を提出するようにした（2泊3日でも申請が必要）。

その後，治療経過を見ながら計4回の審理が行われたが，最終的には懲役6カ月の実刑判決であった（前刑と合わせると1年8カ月）。判決宣告後，傍聴席にいた検察事務官がすぐに法廷に入ってきて，被告人を拘束し，検察庁に連れて行った。なお，実刑の想定はしており，被告人にもその際の手続は話してあった。

(2) 第2審での弁護活動

すぐに，検察庁内で面談をし，控訴の意思，保釈請求の意思を確認した。当日は，保釈保証金の用意ができないことから，一旦拘置所に入ったうえで，保釈請求をすることにした。

前の保釈中に細かく旅行許可を取るなど丁寧に対応したためか，保釈は比較的速やかに許可された（1審の裁判官が決定）。他方，保釈保証金については，被告人の家庭の経済状況が苦しかったことから，被告人が仕事ができず収入がないことや今後も必要な治療に多額の費用がかかることなどを訴え，できるだけ金額を低く抑えるよう裁判官に求めたところ，250万円ということになった（なお，通常は，1審の2割増しということであった）。220万円は流用を上申し，許可されたので，30万円を追加で納付した（扱いは当初と同じ地裁の出納課）。

保釈中は，1審の時と同じように，何度も旅行の必要があったが，全て許可申請をするよう心掛けた。

被告人の要望により，引き続き控訴審以降も私選で弁護人を引き受けることになった。控訴審では，窃盗癖のある被告人の弁護に造詣の深い弁護士にアドバイスを受けるなどして，弁護を尽くしたが，1審判決は覆らなかった。

すなわち，実刑判決ということであり，この場合，控訴審においても，理

論的には，保釈の効力が失われることになるが（刑訴法343条，404条。東京高決昭31・2・16判時74-23，最決昭31・4・19裁判集刑113-381），実際には，その場で身体拘束をされることはなかった。この点は，事前に検察庁に電話をして確認してあった。控訴審においては，多くの場合，このような運用がなされているようであるが，これは，控訴審では被告人に公判期日への出頭義務がなく（同法390条），判決宣告の期日に必ずしも被告人が在廷しているとは限らないこと，被告人が上告した場合に再保釈が認められることもあることが，その理由と解されている（『平成22年度最高裁判所判例解説刑事篇』315頁）。判決確定後（上告しない場合）に，7〜10日後に令状担当から出頭命令が届くということであった。

(3) 上告審での弁護活動

判決後，被告人と話し，上告意思を確認して，上告するとともに，保釈請求をした。控訴審の時と同じく，経済的に苦しいことから，保釈保証金を低く抑えるよう求めたところ，保釈保証金は，280万円ということになり，再度300万円を追加納付した（高裁の出納課）。

その後，2014（平成26）年8月下旬，最高裁で上告棄却決定が出た。

上告審決定後の身体拘束手続はかなりゆっくりとしており，出頭日が指定されたのは10月に入ってからであった。しかも，指定された10月中旬に被告人が体調を崩してしまい，出頭を延期してもらったので，最終的に収監されたのは10月下旬となった。

* 1 窃盗癖：物を盗みたいという強い衝動を制御できなくなる精神的な疾患。クレプトマニア、病的窃盗ともいわれる。
* 2 窃盗癖専門医：赤城高原ホスピタル院長精神科医竹村道夫氏。赤城高原ホスピタルは、アルコール依存症、薬物乱用、摂食障害、窃盗癖等の治療を専門とする病院である。国内において窃盗癖患者を受け入れて治療する施設がほとんどない状況で、最大数のクレプトマニア患者の治療を行っている。

▶▶ 決定内容

第1審での保釈許可時の条件は，制限住居，旅行制限（海外旅行又は3日以上の国内旅行をする場合には，前もって申し出て，許可を受けなければならない），被害店舗への立入り禁止であり，第2審及び上告審の条件は，制限住居と旅行制限であった。

▶ **参考**

　実刑判決の可能性が高い事案でも，家族（特に幼児）がいるなど逃亡のおそれが低く，また保釈の必要性が高いと判断される事情があれば，保釈は認められ得る。

　控訴審や上告審の保釈請求では，前審での保釈中の事情が考慮されるので，旅行に際しての裁判所の許可申請など保釈条件を厳密に遵守することが，上訴審での保釈許可を得るためには必須であることは当然である。

　なお，上記は，あくまで東京地検，東京高検での状況であり，身体拘束に関する対応は，各検察庁で異なるということなので，事前に担当の検察庁に確認する必要がある。

■コラム■

参考事例：保釈された者が逃亡したが判決確定までに解消された場合における保釈保証金没取の可否（最二決平22・12・20判時2102-160）

　本件は，第1審において懲役刑の実刑判決を受けた者が，控訴棄却判決を受けた後，判決確定までの間に逃亡していたとして，検察官が刑訴法96条3項の適用ないし準用により保釈保証金没取を求めていた事例である。

　被告人は，第1審において懲役2年6月の実刑判決を受けた後，控訴する一方，保釈許可決定を受けて釈放されたが，控訴審において控訴棄却判決を受け，上告したが，控訴棄却判決後の保釈請求が却下された後も勾留のための呼び出しに応じなかった。その後，被告人は，身柄を確保されて収容されると，上告を取り下げ，その収容中に判決が確定した。

　上記のような事案において，最高裁は，保釈された者が実刑判決を受け，その判決が確定するまでの間に逃亡等を行ったとしても，判決確定までにそれが解消され，判決確定後の時期において逃亡等の事実がない場合には，刑事訴訟法96条3項の適用ないし準用により保釈保証金を没取することはできないと判示した。

【事例14】同種前科のある万引き犯に保釈が許可された事例

報告者：内村涼子
決　定：保釈（保証金：200万円），2013（平成25）年6月6日
裁判所：東京簡易裁判所刑事2室（瀬尾豊治）
罪　名：窃盗

▶▶ 公訴事実

被告人は，2013（平成25）年5月下旬，東京都内のホームセンターにおいて，同店店長管理のレインスーツ2着等5点（販売価格合計約1万3000円）を窃取したものである。

▶▶ 事実経過

被疑者は70代の男性で，2013（平成25）年5月下旬，陳列棚から商品を持参した手提げバッグへ直接入れているところを警備員に現認され，店内から駐車場へ出たところで現行犯逮捕された。

翌日当番弁護出動要請，午後8時頃から接見し，受任した。

被疑者は当初から被疑事実を認めており，事件内容や捜査状況から勾留延長はないと思っていたが，一方で前科2件前歴4件もあり，直前の事件がおよそ1ヵ月前に確定したばかりであったため，公判請求は免れないと思い，保釈に向けて弁護活動をすることとした。

被疑者は，事件直前まで家族と10年ほど別居しており，関係は良好とは言えないようであったが，妻に連絡を取り現状を説明，被害弁償をしたいことや，保釈保証金のためのお金の準備等をお願いした。

被害店舗は，会社の方針として示談はしない，とのことだったが，店長と被害品の買取りの交渉をし，領収書をもらうことはできた。

勾留満期日に起訴されたため，起訴翌日に妻から身元引受書を取得，起訴から3日後に保釈請求した。

保釈請求書には，①本人が公訴事実を認め反省していること，被害店舗に対する謝罪文及び誓約書を書いていること，罪証隠滅のおそれはなく，また被害者等に害を加える等の行為をするおそれもないことから権利保釈が認められるべきであること（下記コメント参照），及び②身元引受人の存在，仕事の継

続を希望していること等から逃亡のおそれがないことから裁量保釈が認められるべきであること，を記載した。

保釈請求から3日後になって裁判官と面談。裁判官は，調書に家族との関係が良好でない旨の記載があることから，身元引受に不安があること，また同種前科の存在から保釈中の再犯のおそれを指摘し，保釈には否定的な雰囲気だった。また，「公判まで1カ月もないんでしょ，もう少し入っててもらってもいいんじゃないですか」というような発言もあった。

そこで「本件は権利保釈が認められるべき事案であり，再犯のおそれについては，保釈の考慮要素とすべきでない」「家族と不和であるからこそ，警察官が同席する面会の席ではなく，保釈後に弁護人も含めて家族で話し合う場を設け，本人のみならず家族にも考えてもらう時間を作るべきである」などと話したが，その場では結局保釈保証金の話は一切出なかった。事務所に帰って猛然と準抗告申立書を起案していると，裁判所から電話があり，「さっき聞き忘れたんですが，保釈保証金はいくらまで用意できますか，一応聞いておこうと思いまして」とのこと。交渉すべきかな，と一瞬思ったものの，この流れを無駄にしたくないと思い，「今朝200万円を振り込んでもらっているので，200万円でしたら今日中に納められます」と回答。1時間後に保釈決定の連絡がきたため，すぐに銀行に走り，その日のうちに釈放された。

懲役1年，執行猶予3年の判決となった。

▶▶ 決定内容

被告人の保釈を許可する。保釈保証金額は金200万円とする。

指定条件：居住場所（自宅），出頭すること，逃亡・罪証隠滅をしないこと，3日以上の旅行の際には裁判所の許可を得ること。

▶▶ コメント

本件では，被告人に同種前科があったため，刑訴法89条3号に規定する必要的保釈例外事由（「常習として長期3年以上の懲役又は禁錮に当たる罪を犯したものであるとき」）に該当するか否かが問題となる事案であった。

同号にいう「常習として」とは，罪質を同じくする犯罪が一種の習癖として反復して行なわれたと認められる場合をいうとされる（高松高決昭30・6・18高刑裁特2-13-656）。

ただし，常習性の判断に際しては，被告人が短期間内に同種犯罪を反復累行した事実，本件犯罪の性質，犯行の動機，態様，被告人の環境，被告人に同

種の前科のないことその他諸般の事情一切を斟酌するため，単純に同種犯罪を反復累行したとしても，同号にいう常習性が認められない可能性もある（東京高決昭46・9・2判タ274-345）。

本件では，あえて権利保釈を主張した。

【事例15】当初の勾留期間中に捜査を遂げるべきであったとして，勾留延長が取り消された事例

報告者：菅野律哉
決　定：勾留延長請求却下，2011（平成23）年6月15日
裁判所：東京地方裁判所立川支部刑事第1部（福崎伸一郎〔裁判長〕，日野浩一郎，澤田博之）
罪　名：窃盗

▶▶ 被疑事実

被疑者が，2011（平成23）年6月にコンビニエンスストアにおいてラムネ2個（販売価格合計約500円）を窃取したというもの。

▶▶ 事実経過

被疑者は万引きを現認されて，その場から逃走しようとするも通行人に取り押さえられた。

被疑者には同種前科（罰金）があり，当初，本件の犯行動機についてあいまいな供述をしていたが，再犯をしないようカウンセリングを受けることなどを記した反省文を作成した。また，最初の勾留期間の最終日に示談が成立した。

示談に時間を要したため，勾留延長がなされていなければ公判請求されていた可能性もあったが，示談成立を受けて勾留延長後直ちに準抗告を申し立て，認容された。

▶▶ コメント

決定では，勾留の理由及び必要性はあるものの，本件の捜査（特に被疑者供述の裏付け捜査）は10日間の勾留期間中に実施すべきであり，それを妨げる特段の事情はなく，検察官が当初の勾留期間中に捜査できなかったことにつきやむを得ない事由はない旨の指摘がなされている。

【事例16】保釈許可決定に対し，被告人の供述に食い違いがあることなどを理由としてなされた準抗告が棄却された事例

報告者：舛田正
決　定：準抗告棄却（保証金：160万円），2011（平成23）年7月6日
裁判所：東京地裁（田村政喜，香川徹也，米原友美）
罪　名：窃盗，恐喝未遂

▶▶ 公訴事実
第1　被告人は，スポーツジム更衣室内において，無施錠のロッカーから携帯電話等を窃取した。

第2　被告人は，上記携帯電話の所持者の夫に電話をかけ，現金を要求し，現金の交付に応じなければ上記携帯電話に記録された情報を流布する等して名誉，財産等に危害を加えると怖がらせ，現金を脅し取ろうとしたが未遂に終わった。

▶▶ 事実経過
被告人は，本件時は無職で生活保護受給中であった。前科前歴はない。

被告人は，友人と自宅近くのスポーツジムへ行った際，女子更衣室の無施錠のロッカー内から携帯電話を窃取した。

その後，携帯電話のメール等を確認したところ，被告人は，携帯電話の持ち主がその夫と離婚協議をしていること等を知った。

被告人は，その携帯電話で持ち主の夫へ電話をかけ，離婚協議中であることや行動予定を知っていること，携帯電話に保存された情報（妻の行動，第三者とのメール等）があれば「慰謝料や弁護士費用がかからなくなる。養育費だけで済む」などと言って現金を脅し取ろうとしたが，被害者から相談を受けて待機していた警察官に現行犯逮捕された。

事実関係に争いはない。

弁護人は，起訴後，被告人の近所に住んでおり，被告人を実の娘のように可愛がっている夫妻や被告人の友人の身元引受書等を疎明資料として保釈請求をしたところ，保証金160万円として保釈許可決定が出たが，検察官が準抗告した。

▶▶ 決定内容

2011（平成23）年7月6日，準抗告棄却。

決定は，罪証隠滅を疑うに足りる相当な事由はあるとしたが，次のとおり判示して保釈を認めた原裁判を相当であるとした。すなわち，「本件事案の内容・性質，捜査段階の被告人の供述状況などに照らせば，被告人が罪体や重要な情状事実について罪証を隠滅すると疑うに足りる相当な理由が認められることは否定できない（なお，5号該当事由があるとまでは認められない）。

しかし，被告人はおおむね事実を認めており，現段階において，被告人が関係者等に働きかけて罪証を隠滅する可能性はそれほど高くなく，また，既に被告人及び被害者らの供述調書が作成され，これに沿う客観的な証拠も収集されていることに照らせば，それが奏功するとも思われない。そして，被告人と親子のように接してきた旧来の知人が被告人の身柄を引き受けていること，被告人には前科・前歴がないことなどを併せ考慮すれば，検察官の指摘する諸点を踏まえても，被害者らに対する接触を禁止する旨の条件を付した上で保釈を許可した原審の判断は相当というべきである」。

▶▶ コメント

被告人は捜査段階で「恐喝はしていない」と供述していた。そのため，弁護人は当初は否認方針であった。しかし，よく話を聞いてみると，害悪を明言していなければ恐喝に当たらないと誤解しているに過ぎず，被害者に告知した文言に争いはなかったため，起訴後は自白に転じた。

検察官は，上記のとおり捜査段階で否認していたことや被害者らと若干供述に食い違いがあること等をもって準抗告の理由とした。

検察官は，それに加え，捜査段階で弁護人が可視化申入れをし，可視化されない場合は任意性を争う可能性もあると述べたことを捉えて，「現時点で自白していても第1回公判期日までに否認に転じるおそれがある」と述べた。この点については可視化申入れをしたら権利保釈事由がないというがごとき主張は不当であると反論した。もっとも，決定ではこの点につき言及はない。

▶▶ 参考

本件は，第1回公判期日で結審し，懲役2年，執行猶予3年保護観察付判決が言い渡され，確定した。

【事例17】強盗未遂事件において，勾留請求が却下された事例

報告者：髙遠あゆ子
決　定：勾留請求却下，2015（平成27）年1月19日
裁判所：東京地方裁判所立川支部（裁判官名不明）
罪　名：強盗未遂（処分時の罪名は暴行）

▶▶ 被疑事実

被疑者は，2015（平成27）年1月中旬，酔ってタクシーに乗車し，運転手と口論となり，その中で運転手の財布を奪おうとし，奪い返そうとした運転手を殴った。

▶▶ 事実経過

犯行時，本人は酩酊状態で当時の記憶なし。被害者に怪我はなく，その場で現行犯逮捕されたため，財産的損害もなかった。

逮捕の翌々日，勾留請求後に接見要請があり，夜間に接見，親族と面会し，示談金を用意する旨明記した身元引受書，本人の謝罪文を準備。

翌日，意見書，本人の勤務先ホームページ，本人の名刺を追加で準備のうえ，裁判官と面会，勾留請求却下。

▶▶ コメント

本人には犯行時の記憶がなく，認否が曖昧な部分があったが，本人も親族も速やかな身体拘束釈放を最優先としたいとの希望だったため，示談に向け準備を進め，勾留請求に対する意見書を提出した。

後日被害者と示談が成立し，最終的には暴行の罪名で略式罰金となった。

【事例18】振り込め詐欺の否認事件において，保釈請求が許可された事例

報告者：竹内明美
決　定：保釈（保証金：250万円），2013（平成25）年9月6日
裁判所：東京地方裁判所立川支部（香川礼子）
罪　名：詐欺未遂

▶▶ 公訴事実

被告人は，他人の親族になりすまし，その親族が現金を至急必要としているかのように装って現金をだまし取ろうと考え，A，B及び氏名不詳者らと共謀の上，2012（平成24）年10月某日，数回にわたり，氏名不詳者が，被害者方に電話をかけるなどし，被害者に対し，同人の息子を装って，○○等のうそを言った上，前記Aが，被害者方において，被害者に，電話の相手が同人の息子であり，同人が現金を至急必要としており，Aに現金を交付させる必要があるものと誤信させ，被害者から現金の交付を受けようとしたが，通報により同所で警戒していた警察官に逮捕されたため，その目的を遂げなかったものである。

▶▶ 事実経過

被告人は，自営業者であり，罰金前科が1件あるのみ。内妻，内妻の連れ子（父親として接していた）と同居中であった。

被告人は，いわゆる振り込め詐欺の中間的役割であるとして，起訴された。

本件に関して，検察官は，Aが取り子，Bが取り子への指示役，被告人が，Bと上位者C（起訴状では氏名不詳者とされている）との間の連絡役であると主張していた。

被告人より前に，A，Bが逮捕され，それぞれ自白しており，主にBが，検察官の主張どおり，被告人が中間的役割の連絡役であるという供述をしていたが，被告人は，Bの供述の信用性を争い，共謀について否認していた（友人であったCが仕事を頼む相手を探していたため，知人の息子で仕事を探していたBを紹介した。伝言を頼まれたことはあるが，振り込め詐欺に関わっているという認識はなかった等）。

一旦逮捕されたものの，上位者Cについては証拠不十分にて釈放，Bも早々

に裁判を進め，執行猶予付判決を得て釈放されていた。

　2013（平成25）年3月に起訴され，すぐに保釈請求をしたが，否認事件である上，共犯者とされる人物が外にいることで，罪証隠滅を疑うに足りる相当な理由あり，証人威迫をすると疑うに足りる相当な理由ありとのことで，保釈は認められなかった。

　本件では，起訴後も接見等禁止決定が付され，長らく家族との面会も認められなかった。被告人と内妻・内妻の子との間の手紙の授受（特定の手紙を添付しての申請）及び内妻との日時限定の接見を求め，接見等禁止決定の一部解除申請を合計7回行い，2013（平成25）年7月にようやく家族との一部接見等禁止決定解除が認められたという経緯がある。

　2013（平成25）年5月から9月までの間，計6回の公判で，検察側申請証人2名（A及びB），弁護側申請証人2名（内妻含む）の証人尋問を行い，被告人質問前に2回目の保釈請求をし，保釈が認められた。

▶▶ コメント

　2回目の保釈請求書では，証人尋問が終わり，検察官立証はすでに終了していたことから，もはや罪証隠滅の対象がないことを，具体的に主張した。

　接見等禁止決定の一部解除後の内妻とのやり取りを具体的に挙げ，何ら罪証隠滅の働きかけがないことを主張し，上位者Cに関しては，むしろ警察に保護を申し出ることで，被告人から接触することが現実的にあり得ないことを強調した（実際，Cは被告人の公判を傍聴するなどし，被告人に対し圧力をかけていた）。

　何より，追起訴の可能性があるとして公判を引き延ばされ，Bの不出頭のため公判期日が空振りするなど，被告人には何ら落ち度のない事情で審理が長期化していた。内妻及び内妻の子との断絶の期間が長くなっていることを指摘し，保釈の必要性を強く訴えた。

　その結果，被告人質問の公判期日の前に，制限住居は自宅，身元引受人を内妻とする保釈請求が認められた。

　その後，被告人の主張は認められず有罪判決が言い渡されたものの，執行猶予付の判決であった。

▶▶ 決定内容

1〜4（略）

5　A，B，Cその他事件関係者との接触禁止

【事例19】勾留延長決定に対する準抗告が認容された事例

報告者：贄田健二郎
決　定：原裁判取消，勾留延長請求却下，2013（平成25）年7月29日
裁判所：東京地方裁判所立川支部刑事第3部（佐藤卓生，香川礼子，舘洋一郎）
罪　名：恐喝

▶▶ 被疑事実
被疑者（少年）は，共犯者4名と共謀し，共犯者1名の中学の同級生に因縁をつけて金員を喝取しようとして，2013（平成25）年7月，被害者を取り囲んで脅迫し，被害者から現金20万円の交付を受けた。

▶▶ 事実経過
主犯格は共犯少年で，被疑者は当日呼び出されて，何をするのかわからずついていったところ，現場で恐喝事件が起こったという事案であった。被疑者は周りで見ていただけで，直接実行行為には及んでいない。

逮捕当初から事実を認めており，逮捕当日に分け前の4万円を捜査機関に提出していた。示談交渉も進める予定で活動をしていた。

準抗告にあたっては，延長する「やむを得ない事由」がないことを主張するとともに，両親の身元引受書，母親の陳述書，職場からの聴取報告書（勤務態度が良好であること，引き続き雇う意向があることなど）を資料として提出し，勾留の理由も必要性もないことを主張した。

▶▶ 決定内容
原裁判を取り消し，勾留延長請求を却下する。

▶▶ コメント
当初の勾留期間内において，被疑者及び共犯者らの供述調書が相当数作成され，内容も概ね合致しており，今後もなお取調べを行う必要性が見出し難いこと，他の捜査を終えることが困難な事情があったとは認められないこと，を理由に「やむを得ない事由」があるとは認められないと判断された。

被疑者が少年であったこともあり，不要な身体拘束は避けるべきという裁判所の姿勢が見られた事案であったと思われる。

その後，被害者との間で示談が成立し，被疑者の少年は審判の結果，不処分となった。

【事例20】判決後の再保釈請求が却下されたが高裁で保釈が許可された事例

報告者：贄田健二郎
決　定：保釈（保証金：300万円），2012（平成24）年5月23日
裁判所：東京高等裁判所第4刑事部（小川正持，川口政明，任介辰哉）
罪　名：恐喝

▶▶ 公訴事実

被告人は，2011（平成23）年2月，被害者に対し，2度にわたり電話で脅迫するなどして金員の交付を要求し，現金50万円の交付を受けこれを脅し取ったとされる事案。

▶▶ 事実経過

被告人は，上記被疑事実で，2011（平成23）年7月に逮捕された。当初，当番弁護士として派遣された弁護人に加わって，報告者も弁護人として選任された。

被告人は，捜査段階から一貫して事実を否認し，公判でも無罪を主張した。第1審では，被害者とその関係者2名の証人尋問，被告人質問などが実施された。公判中に2回保釈請求をしたものの，いずれも却下された。もっとも，弁論終結後，判決言い渡し前に行った保釈請求で，判決の1週間前にようやく保釈された。ところが，1週間後の第1審判決は，被告人を有罪とし，懲役2年の実刑判決を言い渡した。即日控訴するとともに，再保釈請求をしたが，却下された。翌日抗告を申し立てたものの，抗告も棄却され，被告人は再び収容された。

控訴審に移り，控訴趣意書提出前の2012（平成24）年5月，東京高裁に対し保釈請求を行った。すると，同月23日，東京高裁は保釈を許可した。

控訴審では，再度の被害者尋問などをしたのち，2013（平成25）年9月に逆転無罪判決が言い渡された（上告なく確定）。

▶▶ 決定内容
300万円で保釈許可。

▶▶ コメント
　本件は，公訴事実を否認しているとはいえ，前科はなく，扶養すべき子どももいる被告人であった。にもかかわらず，判決間際にならないと保釈を許可しないばかりか，実刑判決にした上に再保釈請求が却下されてしまった。裁判所の否認事件に対する態度の厳しさを改めて痛感させられた事件であった。

　もっとも，控訴審に移り，高裁裁判官の賢明な判断により保釈が許可された。一度却下されたとしても諦めずにトライすることの重要性が認識できた。また，結果として無罪が確定したことでも，印象深い事件であった。

　保釈中に禁錮以上の刑に処する判決の宣告があったとき，その時点で保釈の効力が失われる（刑訴法343条第1文）ため，再保釈等の決定がされない場合は，当日のうちに刑事施設に収容される（同条第2文，98条）。

　しかし，判決の宣告日に再保釈請求をして，再保釈が許可され，当日中に保釈保証金の納付を完了させることができれば，刑事施設へ収容されずにすむ（再保釈請求中は，拘置所への集団押送の時間まで，被告人は検察庁内の一室に留め置かれる）。

　上記の事案では，再保釈請求が却下されたため，判決宣告当日に拘置所に収容された。

　なお，本書58頁（「被疑者・被告人の身体拘束解放手続案内」4⑾第1審実刑判決後の対応）も参照されたい。

■コラム■
参考事例：弁護人の証人テストに同席して証人予定者に直接話しかけ自己の意に沿うような証言をするよう圧力をかけた行為が保釈の面接禁止条件違反に該当するとして，保釈を取り消した原決定が維持された事例（東京高決平15・12・2 東高刑時報54-1〜12-82，高検速報平15-111）

　本件は，出資の受入れ，預り金及び金利等の取締りに関する法律違反幇助被告事件において，共同被告人ら及び暴力団X組関係者全てに対し，直接又は弁護人を除く他の者を介して面接，通信，電話等による一切の

接触をしてはならない等の指定条件が付された保釈許可決定を得て釈放された被告人が，弁護人の事務所において，弁護人による共同被告人Aの証人テストに同席し，Aに対して「自分はAの供述調書に記載されているようなことは言っていない」などと申し向けたことが，刑事訴訟法96条1項3号所定の罪証隠滅行為に該当すると共に，上記指定条件に違反するとして，保釈を取り消した原決定を支持した決定である。

　弁護人は，被告人が，弁護人によるAの証人テストに同席したのであって，弁護人を介してAと接触したというべきであるから，弁護人立会の下での接触が罪証隠滅・証人威迫等の防止等を趣旨とする上記指定条件に違反・抵触するとはいえず，被告人は弁護人の指導に基づいて証人テストに補助的に同席したにすぎないのであるから，被告人の責めに帰すべき事由はないなどと主張した。

　これに対し，本決定は，当該保釈指定条件は，被告人が直接面接することなく，弁護人が被告人に代わって面接することを除外するという意味であって，弁護人同席の下であれば面接等の接触が許されるという趣旨ではないし，弁護人同席の下であっても，被告人の言動によって罪証隠滅等が行われるおそれがないとはいえないなどとして，弁護人の主張を排斥した。

　共犯事件においては，共同被告人が同時期に保釈され，本件と同様の保釈指定条件が付されるケースが多い。

　共同被告人双方の主張や証言内容の確認のため，被告人相互間の連絡や打合せ等が必要になる場合があるが，上記のような保釈指定条件下では，共同被告人間の直接の接触はいかなる理由があっても許されないことになる。

　弁護人としては，うかつに被告人らを打ち合わせに同席させて保釈が取り消されることのないよう，留意が必要である。

【事例21】全面的否認事件で約2年4カ月にわたる公判（第1審）の途中，起訴から，約1年半後に保釈が最終的に認められた事例

報告者：大森顕
決　定：保釈（保証金：1000万円，地裁），2007年12月21日
　　　　抗告棄却（高裁），2008年1月10日
裁判所：東京地方裁判所刑事第15部（三好幹夫，深沢茂之，佐藤智彦），東京高等裁判所第6刑事部（永井敏雄，稗田雅洋，兒島光夫）
罪　名：業務上横領

▶▶ 公訴事実

健康保険組合の常務理事と共謀し，同組合が取得しようとしていた保養所の取得交渉に関与した形にして，同組合から報酬名目で数億円を受領し，もって横領したもの（被告人はいわゆる身分なき共犯）。

▶▶ 事実経過

弁護側（被告人）は，健康保険組合（以下「組合」という）から，正式な組織決定に基づき保養所取得交渉の委任を受けたと主張し，共犯者ともども無罪を主張した。

組合内部の者，保養所取得に関係した外部の者，被告人らと非常に多数の当事者がおり，証人尋問も多数行われた。書証も膨大であり，検察官から証拠請求されたものだけでも200点ほど，開示を受けた証拠等から弁護側で請求した証拠も50点ほどになった。

公判自体も20回ほど行われる中で，起訴直後の勾留停止申立を含めると，被告人の身体解放に向けた手続きは11回ほどにわたったが，原審裁判所（原決定裁判所）は，検察官立証が終了した段階で保釈を許可する決定を出し始めた。しかしながら原審裁判所が保釈を許可する度に，ことごとく検察官が抗告を申し立て，高裁で原決定が覆されるということが繰り返された。ようやく，10回目の保釈許可申立てにおいて，前記のとおり，検察官の抗告が棄却され，被告人は，身体拘束から解放された。このような経過の中で，被告人が保釈されたのは，すでに弁護側立証がはじまって数か月経過した後であり，被告人質問の期日（すでに指定されていた）の約3カ月前であった。

原審では，組合による被告人への交渉の委任があり，被告人に支払われた金員はその報酬であるという疑念は払しょくできないとの理由から，被告人（および共犯者）は無罪とされた。ところが，検察官による控訴がなされ，控訴審では逆転で有罪とされ，最高裁でも有罪との結論が維持された。

▶▶ 決定内容
抗告棄却（東京高等裁判所）。

保釈を許可した原審裁判所（東京地方裁判所）の決定に対して，検察官が抗告を申し立て，抗告審裁判所（東京高裁）が検察官の上記抗告を棄却したもの。

原決定（東京地裁）は，保釈金を1000万円とし，共犯者等と弁護人を介さない接触を禁止する条件を付したうえで保釈を許可した。

抗告棄却決定では，①検察官立証はすべて終わっていること，②弁護人が冒頭陳述を行い被告人の主張が相当程度明らかにされていること，③弁護側立証も共犯者の証人尋問と，被告人質問だけとなっている段階であることなどから，本件の証拠構造に照らし，この時点で実効性のある罪証隠滅が行われる余地は，必ずしも大きくない，として検察官の抗告を棄却した。

▶▶ コメント
原審では，「高齢のため」との理由で出廷を拒んでいた事件当時の理事長に対して，自宅での出張尋問が行われるなど，保釈手続きを含め，刑事裁判に関する多くの事を経験した。東京地裁で無罪判決が出たこともあり，最終的に有罪とされたことが非常に残念でならない。

【事例22】捜査段階から一貫して犯行を否認しつつ示談を希望していた被告人について，同居していない兄が身元引受人になり保釈が許可された事例

報告者：余郷浩
決　　定：保釈（保証金：150万円），2011（平成24）年5月2日
裁判所：東京地方裁判所立川支部（櫻井真理子）
罪　　名：器物損壊

▶▶ 公訴事実

被告人は，2011（平成24）年4月上旬，市役所正面出入り口の自動ドアガラスを蹴って割った（被害額10万円）という器物損壊行為をしたものである。

▶▶ 事実経過

被告人（生活保護受給中）は，市役所の出入口から出たところで，警備員に呼び止められて，そのまま警察官に引き渡されて現行犯逮捕された。

勾留決定日に刑事弁護センターより当番弁護士出動の連絡があり，被告人（被疑者）と接見し受任。犯行を否認していた。

数回接見を行ったが，被告人（被疑者）は，犯行を否認したまま示談を希望していた。

市役所に電話で確認をしたところ，否認をしたままであれば，示談はありえないと言われた。

4月24日，被告人の兄と事務所で面会し，念のため示談金を預かった。

4月27日，公判請求。

5月1日，兄から身元引受書を受領した。

5月2日，兄が申込人となり保釈支援協会の支援決定が出たため，保釈請求を行った。

5月3日，保釈許可決定が出た。検察官が刑訴法89条4号に該当する事由がある等として準抗告の申し立てを行ったが，同日棄却された。

▶▶ 決定内容

保釈を許可する。保釈保証金150万円。市役所を訪れる際には兄または弁護人を同伴すること。

▶▶ コメント

　被告人（被疑者）は一貫して犯行を否認していたが，他方示談を希望していた。被告人（被疑者）の態度は変わらないまま，起訴された。但し，市役所の防犯カメラに犯行を行った直後と思われる被告人（被疑者）の姿が映っていた。
　2名の証人尋問を行った結果，有罪判決（罰金15万円）となり，控訴することなく，確定した。
　なお，保釈許可決定後，制限住居が被告人が賃借をしていたアパートであったところ，建物の取り壊しにより，転居を余儀なくされ，8月6日，制限住居変更の許可申請を行い，許可された。
　準抗告に対する棄却決定を見ると，本件事案の内容，性質や目撃者，関係者及び被告人の供述状況等に鑑みれば，罪体や経緯等の重要な情状事実に関する罪証を隠滅すると疑うに足りる相当な理由があると一応認められるとしながら，本件に関する証拠関係に照らせば，実効的罪証隠滅のおそれがそれほど高いとはいえない，また，本件事案の軽重，被告人に前科がないこと，兄の身元引受，被告人が68歳と高齢であること，保釈条件から，保釈を許可するのが相当であるとした。

【事例23】同種余罪がある事案で勾留延長決定に対する準抗告が認容された事例

報告者：菅野律哉
決　定：原裁判取消，勾留延長請求却下，2011（平成23）年2月22日
裁判所：東京地方裁判所立川支部刑事第3部（池本壽美子〔裁判長〕，岡村英郎，吉岡透）
罪　名：器物損壊

▶▶ 被疑事実

　被疑者が，被害者所有の自動車のフロントガラスにマジックで落書きをしたというもの。

▶▶ 事実経過

　被疑者は本件以前にも同一被害者に対し同様の行為をしており，再犯を警戒して待ち伏せていた被害者に現行犯逮捕された。

逮捕後は素直に犯行を認め，捜査に協力した。示談のため，被害者との連絡を取ることと並行して，被疑者の謝罪文や親族の身元引受書を作成した。

準抗告を申し立てた段階では，被害者と何度か面会してはいたものの，示談成立には至っていなかったため，示談資金の預かり証を疎明資料として添付した。

▶▶ コメント

被疑者には同種余罪があったが，それも含めて被害弁償の資金として弁護人らに120万円を預託していることを，預かり証を添付して主張した（その後，余罪の被害者も含めて示談が成立した）。

被疑者は余罪についても自認し，詳細な調書が作成されていることなどから，延長請求の時点では身体拘束を継続してまで捜査を遂げる必要はなかったと判断された。

余罪まで意識をした活動が功を奏したと思われる事案であった。

【事例24】覚せい剤自己使用事件（初犯）について，共同使用した者との接触禁止を条件として保釈が許可された事例

報告者：檜垣直
決　定：保釈（保証金：150万円），2013（平成25）年7月22日
裁判所：東京地裁刑事第14部（加藤雅寛）
罪　名：覚せい剤取締法違反（自己使用）

▶▶ 被疑事実

被疑者は，法定の除外事由がないのに，2013（平成25）年6月3日頃，自宅マンション室内において，覚せい剤であるフェニルメチルアミノプロパンの塩類若干量を飲み込み，もって覚せい剤を使用したものである。

▶▶ 事実経過

被疑者（女性）は，交際相手（男性）が購入・使用していた覚せい剤粉末が自室に残置されているのを見て，これを右手人差し指に付け，舐めて使用した（と供述している）。交際相手が覚せい剤を使用し，寝入ってしまったあとに，

興味本位で舐めてしまった（と供述している）。

被疑者にはまったく前科がない。そして，被疑者は，逮捕直後から一貫して自白している。今回が最初で最後の使用である（と供述している）。

被疑者は，交際相手が経営する会社の従業員であったが，逮捕されたことをきっかけに，退職している。また，交際相手との交際を終わらせ，今後は二度と会わない旨誓約し，かつ，交際相手にその旨を書いた手紙を送っている。

被疑者には，年齢の近い妹がおり，この妹が身元引受をした。妹は，被疑者のマンションの隣室に住んでおり，不在中の被疑者宅にいるペットの世話をし，連日面会にも足を運び，励まし，今後の相談をし，差入れをするなど妹との関係は大変良好である。

被告人には，近県に，癌で入退院を繰り返し，今も入院中である70代の父のほか，母，さらには以前婚姻していた際に出産した22歳と20歳の息子2人がいる。

▶▶ 決定内容

2013（平成25）年7月22日，保釈許可決定。制限住居は，妹宅。保釈保証金は150万円。弁護人を介する場合を除き，交際相手との接触禁止条項が付いた。

▶▶ コメント

保釈許可決定が出るのは，覚せい剤自己使用の初犯ということなので，いわゆる「相場」通りだと思う。また，保釈保証金150万円というのも「相場」通り。

交際相手との接触禁止条項も，交際相手と共同使用している以上，付されるのは通常通りだとは思うが，裁判官面接の際，裁判官は，交際相手との接触，さらには再使用を懸念すると述べていた。

▶▶ 参考

取り立てて特殊な事案ではなく，保釈が出るべくして出た，そして保釈保証金も通常どおりといえる。

【事例 25】保釈許可決定に対する準抗告を棄却した事例

報告者：山田守彦
決　定：準抗告棄却，保釈（保証金：250万円），2014（平成26）年6月18日
裁判所：東京地裁立川支部（矢数昌雄，青木美佳，舘洋一郎）
罪　名：覚せい剤取締法違反

▶▶ 公訴事実

被告人は，法定の除外事由がないのに，2014（平成26）年1月ころ，東京都新宿区被告人方において，覚せい剤であるフェニルメチルアミノプロパンの塩類若干量を含有する水溶液を自己の身体に注射し，もって覚せい剤を使用したものである。

▶▶ 事実経過

被疑者は，東京都内の飲食店に勤務する者であり，逮捕後，当初から被疑事実を認めていた。

被告人には，同種の前科があったが，前刑（懲役刑の実刑）の終了後7年以上経過していた。被告人は，かつて保釈中に覚せい剤を使用し逮捕されたことがあり，保釈の審理において事実上不利益になることが予想された。

また，押収された被告人の携帯電話には，常習性，覚せい剤の取引（売り手としてのもの含む）や暴力団との関係を疑わせる内容のメールがあった。ただし，被告人はそれら常習性等については否認していた。

保釈の請求にあたっては，被告人に頼れる親族がいなかったため，当初は同居人を身元引受人にと考えた。しかし，同人の行動や精神状態からして難しいと判断し，職場の上司に身元引受人を依頼した。当該職場の上司も同種の前科があることなどもあって，当初身元引受に消極的だったが，最終的には引き受けてもらった。保釈保証金については，被告人の友人（薬物とは無縁）に依頼した。没収のリスクについては十分に説明した。

裁判官との面談においては，当初から許可を前提に話が進んだ。起訴後は身体拘束からの解放が原則で勾留は例外という裁判官の姿勢が見て取れた。

保釈保証金については，実刑の可能性や組織的犯罪の疑い，検察官から準抗告が出る可能性などが指摘され，当初の予定金額より上積みを余儀なくされたが，250万円にて許可がされた。

許可決定後，想定通り検察官から準抗告がなされた。裁判官から暴力団との関係について尋ねられたが，被告人の主張通り，事実でないことを主張した。

▶▶ 決定内容
本件の罪質及び内容に加え，被告人には同種前科があること等に照らせば，被告人が常習として長期3年以上の懲役又は禁錮に当たる罪を犯したものであるといえ，刑事訴訟法89条3号に該当する事由が認められる。また，本件の証拠構造等に照らせば，被告人が関係者に働きかけるなどして常習性などの重要な情状事実について罪証を隠滅すると疑うに足りる相当な理由があるといえ，同条4号に該当する事由も認められる（なお，検察官が指摘する点を踏まえても，同条5号に該当する事由は認められない）。

しかしながら，原裁判時の証拠の収集状況，被告人の供述状況等に照らせば，上記罪証隠滅のおそれは高いとまではいえない。このことに加え，被告人の勤務先の上司が身元引受書を提出していることなどの諸般の事情に鑑みれば，検察官が主張する事情を考慮してもなお，保証金額を比較的高額な250万円と定め，被告人の保釈を許可した原裁判に裁量の逸脱があるとはいえない。

▶▶ コメント
懲役3年執行猶予5年の判決となった。

なお，判決宣告の数時間後，被告人から弁護人宛てに，帰宅中に警察官から採尿を求められていると電話があった（捜査機関にマークされていたものではなく交通法規違反が発端）ため，警察官に解放を要求し自宅に帰宅させた。しかし，所持物などから令状が発付され逮捕された。判決宣告後であったため，保釈保証金の返還には影響を与えなかった。

【事例26】運動員に対する買収を公訴事実とする公職選挙法違反被告事件で，公判前整理手続が採用されたが，第2回公判期日に検察官請求の最重要証人の証人尋問が終了した後，ようやく保釈が許可された事例（身体拘束期間1年）

報告者：西畠正
決　　定：検察官抗告棄却決定，2010(平成22)年7月15日，保釈(保証金：合計1000万円)
裁判所：仙台高等裁判所秋田支部(裁判官名不明)
罪　　名：公職選挙法違反(運動員の買収)

▶▶ 公訴事実

被告人は，○市市長選挙に際し，立候補届出前に2回にわたり，選挙運動者であるAに対し，自己のための投票及び選挙運動をすることの報酬として合計30万円を供与した。

▶▶ 事実経過

被告人は，上記の公訴事実と同じ被疑事実により，○市市長選挙（被告人は落選）の投票日の3カ月後に令状逮捕され，完全黙秘のまま起訴された。被告人から現金の供与を受けたAも同時に逮捕され，被告人のために選挙運動をしたこと，起訴状記載の各日に金銭を受け取ったことを認める供述調書を作成されて起訴され，1審では事実を争わず，有罪・執行猶予判決を受けたが，その後，別の弁護人がついて控訴し事実を争ったものの，控訴，上告とも棄却された。Aに有罪判決を下したのと同じ裁判官が被告人の公判担当となった。

被告人は，現金供与の日時に現場にはいなかったとアリバイを主張して否認したため，公判前整理手続に付された。約1年後に公判が開始されたが，予定主張が提出された後の2回にわたる保釈請求は，いずれも却下。公判前整理手続が終結した2010（平成22）年7月5日の保釈請求に対しては保釈許可決定が出たが，検察官準抗告により，準抗告審で取り消された。

その後，第1回，第2回公判期日が連続して開かれ，検察官請求の最重要証人Aほか1名の尋問が終了した時点で，4度目の保釈請求。係属裁判所が保釈許可決定，その後の検察官抗告に対して本件決定は抗告を棄却し，被告人は1年ぶりに身体拘束を解かれた。

なお，公判では，全面的に事実を争い，Aのほか，証人のほとんどが被告人の主張を裏付ける証言をしたが，検察官が請求した各証人の2号書面（検察官調書）をほぼ唯一の証拠として，有罪判決（懲役1年，未決200日算入，執行猶予2年）が言い渡され，双方控訴。控訴審でも無罪（事実誤認）を主張したが，結局，控訴審判決は，執行猶予期間を5年に延長する有罪判決だった。

▶▶ 決定内容

被告人を保釈する原決定に対する検察官抗告を棄却。

保釈保証金は，2件（2回の授受ごとに逮捕・勾留されたので，保釈請求も2件に数えられた）で各500万円，合計1000万円（弁護人が遠方で，即日納付できない事態に備え，被告人の妻の代納許可決定も受けていたが，抗告棄却の直後に弁護人が現金納付した）。

保釈許可条件は，弁護人を介してする場合を除き，取調未了の検察官請求の証人5人との接触禁止。

▶▶ コメント

否認事件でも，公判前整理手続の終了が見込まれる段階で保釈を認める裁判例がある中で，本件は，検察官請求の主要証人の尋問が終了しなければ保釈を認めないという旧来の保釈実務が，そのまま踏襲され，有罪でも執行猶予が確実な事案で，1年間もの長期間の身体拘束が行われた事案である。

検察官開示が開示した証拠の細部にわたる検討が必要な本件のような事案では，被告人の身体拘束を続けられること自体で防禦権行使が十分にできないと痛感した。

【事例27】検察官立証後も保釈が許可されず，弁護側の立証計画発表後，条件付きで両罰規定により法人と共に起訴された代表取締役に6回目の保釈請求が許可された事例

報告者：西嶋勝彦
決　　定：保釈（保証金：500万円），2015（平成27）年10月23日
裁判所：釧路地方裁判所（三輪篤志）
罪　　名：廃棄物の処理及び清掃に関する法律違反

▶▶ 公訴事実

被告人は2014（平成26）年4月17日頃請負った家屋解体工事現場において，コンクリート片等を搬出せずに従業員と共謀して土中に埋める等して約11.6トンの廃棄物を捨てたものである。

▶▶ 事実経過

被告人は建築物解体を業とする釧路市内でも1，2を争う会社にあって，代表取締役をつとめる76歳の高齢者であるが，建物の解体工事にあたり，通常なら同人が専らフォークリフトで解体し，待機する従業員4人が解体された廃棄物を別のダンプに積み込んで会社が保有する土場（分別処理場）に運び，同所でコンクリート，材木その他に分別して，各引取施設へ持ち込んで処理していたが，A社から請け負った本件現場ではコンクリート等を搬出せず，現場に放置又は埋めた，という事案である。同年11月頃敷地（更地）を買い取った所有者が新築工事を依頼されたB社が基礎工事のため敷地を掘り返したところ，前記不法投棄が発覚したというもので，B社の専務，元従業員4人（全員発覚前に退職。全員罰金30万円の略式で身体拘束なし）の供述が主要な証拠。

被告人は1年後の2015（平成27）年5月11日に逮捕されて以来，5度の保釈請求を斥けられていたが，この間，上記関係人の証人尋問は終了し（第4回公判），弁護側唯一の証人としてA社の常務取締役と被告人本人尋問を申請し（第5回公判）かつ，高齢，長期の拘束で健康上の不安がつのり，会社の運営にも支障が出るなどの苦況も訴えてようやく5カ月半後，弁護側立証直前に保釈が認められた。

第2回公判から西嶋が加わり，保釈に関する最高裁3件の最新決定（最三小決平27・4・15／最一小決平26・11・18／最一小決平26・11・17）を引用す

るとともに，被告人と東京の弁護人の打合わせに保釈は必須であることを説いた。

なお，保釈に付された指定条件のうち，問題となるのは後掲「決定内容」の5項であるが【5項のa′ a″はA社の専務と常務，bは検察側証人として尋問終了したB社専務，①～④は，同じく尋問終了した被告会社の元従業員である】，あえて抗告せず受けいれた。

▶▶ 決定内容

1～4（略）

5　被告人は，b，①，②，③，④，a′及びa″に対し，直接又は弁護人を除く他の者を介して面接，通信，電話等による一切の接触を行ってはならない。

【事例28】被害者不明のため示談不能の迷惑防止条例違反事件において，勾留請求が却下された事例

報告者：五十嵐佳子
決　定：勾留請求却下, 2013（平成25）年6月21日
裁判所：東京地方裁判所立川支部（裁判官名不明）
罪　名：公衆に著しく迷惑をかける暴力的不良行為等の防止に関する条例違反

▶▶ 被疑事実

被疑者は，2013（平成25）年6月中旬，A駅構内に設置されたエスカレーターにおいて，上段に立っていた被害者（女子高校生）のスカート内を被疑者所有の携帯電話のカメラ機能を用いた上で被害者の許可なく撮影したものである。

▶▶ 事実経過

被疑者（会社員）は，本件逮捕の2年前にも同種事件（女子高生のスカート内を盗撮する）で逮捕されていた。その際は，被害者と示談が成立したため，不起訴処分となっていた。

本件では，不審な動きをしている被疑者を目撃した駅の乗客が駅員に通報し，現行犯逮捕された。被疑者は，逮捕当初から自白し，携帯電話画像も押収された。なお，押収された携帯電話には，本件とは別件の複数の盗撮画像と思

われる画像が保存されていた。

　本件の被害者は盗撮に気がついておらず，逮捕時には既に現場にいなかった。

　逮捕翌日に接見要請があり，接見に向かう直前に被疑者の妻と面談し，身元引受書を作成した。

　逮捕から2日後に検察官へ在宅での捜査が相当とする内容の意見書を提出するも，検察官が勾留請求を行ったため，翌日，裁判所へ意見書を提出。同日，勾留請求却下。

▶▶ コメント

　接見に行った逮捕翌日の段階で，既に被疑者の自白調書，目撃者の供述調書が作成されていたほか，客観的証拠である画像も押収されていた。また，持ち家，定職があり，未成年の子2名と両親及び妻と生活していたため，勾留の必要性がないことは明らかであった。

　被疑者の身体拘束が長引き失職した場合，持ち家のローンが返済できなくなり，年金暮らしの両親を含む家族6名が住む家を失うことになるため，本件では，一日も早い身体拘束からの解放が必要であった。

　そのため，検察官には勾留の必要性がないこと及び失職した場合の不利益を記載した意見書と妻の身元引受書を提出したが，勾留請求がなされてしまった。

　翌日，裁判所にも勾留却下を求める意見書及び身元引受書を提出した。内容としては，検察官に提出したものとほぼ同様であるが，すみやかに却下決定が出たため，勤務先に本件が発覚することもなかった。

　釈放後については，被害者の特定は出来ないままで示談は出来なかった。2年前に同種前歴があったため，釈放後は，被疑者の妻とも相談し，性犯罪等の依存症治療の実績がある精神科の病院へ通院をしてもらった。

　再犯防止の努力をしている資料として，通院先の病院の資料，通院履歴及び本人の反省文と共に，検察官へ意見書を提出したが，略式起訴され，罰金20万円となった。

【事例29】児童買春（いわゆる援助交際）事件において，約半年前の出来事であることから犯行の具体的な内容について回想不能である旨の供述をしていたが，勾留請求が却下された事例

報告者：森本憲司郎
決　定：勾留請求却下，2013（平成25）年4月24日
裁判所：東京地方裁判所刑事第14部（裁判官名不明）
罪　名：児童買春，児童ポルノに係る行為等の処罰及び児童の保護等に関する法律違反

▶▶ 被疑事実

　被疑者は，2012（平成24）年秋頃，インターネット上のチャットで知り合った児童に対し，同人が18歳に満たない児童であることを知りながら，現金の対価を供与することを約束して，同児童と性交類似行為をし，もって児童買春をした。

▶▶ 事実経過

　4月21日（日）に逮捕され，同日当番弁護士で接見。被疑者は，同児童とインターネット上で知り合い，自宅で性的なことをした記憶はあるがその詳細についてははっきりと覚えていないと供述していた（弁護人から被疑者に何度も確認したが，「明確な記憶がない」というのは，被疑事実を否認する趣旨ではなかった）。4月22日（月），検察官が勾留請求を行った。

　4月22日（月），関西在住の実母から身元引受書を取得した。4月24日（火）の午前9時に東京地裁刑事第14部に「勾留請求の却下を求める意見書」をFAX送信し，同日午前11時に裁判官と面接を行った（裁判所の司法修習生が3名同席）。裁判官からは，「犯行の経緯等につき，供述に曖昧な部分があるが，被疑事実を否認する趣旨ではないということでよいか」と聞かれたので，「そのとおりである」と答えた。私からは，「4月21日に自宅の捜索差押が行われ，携帯電話（旧機種も含む全て），デジタルカメラ，パソコン，手帳等が押収されており，証拠隠滅の対象がそもそもない」と補充した。裁判官は，「現時点の私の心証では在宅で足りると思う」と述べた。また，裁判官からは，「身元引受人が遠方に居住しているため，弁護人が警察署まで迎えに行くことは可能

か」と尋ねられたので、「当然私が迎えに行くつもりである」と回答した。同日午前1時30分に裁判所から勾留請求を却下した旨の連絡があった。同日、午後6時30分頃、被疑者を赤羽警察まで迎えに行き、タクシー代を渡して帰宅してもらった。

▶▶ 決定内容
勾留請求を却下する。

▶▶ コメント
　被疑者は安定した職業に就いている会社員であったことから、勾留による失職を避けるためになんとしても勾留請求を却下させなければならないと思い被疑者弁護に臨んだ。犯行状況及び犯行に至る経緯につき、被疑者の記憶が曖昧であったことから、「罪証隠滅のおそれ」が認められてしまうのではないかとの懸念があった。被疑者は、供述が曖昧な理由について、「半年以上前のことなので明確には思い出せないだけである。犯行を否認する趣旨ではない」と繰り返し述べていたことから、弁護人から裁判官にその趣旨を伝えたことが勾留請求却下に繋がったと思う。

　本件においては、被疑者が被害児童の連絡先等を知らないこと、既に自宅の捜索差押が実施され証拠が押収されていることから、そもそも罪証隠滅の余地が乏しかったといえるが、被疑者が、犯行状況及び犯行に至る経緯につき回想不能であるとの供述をしていると、裁判所が「罪証隠滅のおそれ」を肯定する可能性もある（新関雅夫ほか『増補令状基本問題〔増補〕（上）』〔一粒社、1996年〕240頁〔神垣英郎〕、高麗邦彦＝芦澤政治編『令状に関する理論と実務(1)』〔判例タイムズ社、2012年〕108頁以下〔増尾崇〕）。被疑者が犯行状況及び犯行に至る経緯につき、曖昧な供述をしている場合には、弁護人は接見においてその真意を十分に確認し、他の疎明資料とともに罪証を隠滅すると疑うに足りる相当な理由がないことをアピールすべきである。

書式集

勾留の却下を求める

勾留に関する意見書

〇年〇月〇日

〇地方裁判所裁判官　殿

被疑者　A

　上記の者に対する傷害被疑事件について，下記の理由により，検察官の勾留請求を却下し被疑者を直ちに釈放することを求める。
　なお，本件についての事実関係その他当職の見解については，別紙「即時釈放を求める意見書」を引用する。

弁護人　〇〇

記

第1　勾留の理由と相当性がない

1　勾留の理由がない
　罪証隠滅のおそれは全くない。
　本罪は，警察官によって現行犯逮捕された事案の上，被疑者は警察官の取調べ段階からすすんで本件被疑事実における事実関係をすべて認めている。
　また，当職を通じて被害者らと示談し誠実に謝罪する予定であるから，本件の罪証を隠滅するような意思など全く持っていない。

2　逃走のおそれは全くない
　既述のとおり，被疑者は，〇病院の内科・消化器科に勤務する医師として責任ある立場で仕事をしている。また，都内で妻と3歳の長女と暮らしていること，その妻が被疑者を十分に監督し出頭確保を誓約していることから，被疑者が仕事や家族を遺棄してまで逃走することなど有り得ない。

したがって，本件を在宅のまま捜査することは十分に可能である。

3　身体拘束の弊害
　被疑者は，患者18名の主治医として患者の生命や身体の安全を守る社会的意義のある職務に従事する内科医であり，逮捕時から終始一貫して自白している本件において勾留してまで身体拘束することに全く意味はない。
　その反面，このまま長期間の身体拘束状態が続くと，医師としての診察行為に重大な支障が生ずるのみならず，将来にわたって多大の悪影響が出ることは避けられない。
　いうまでもなく，未決拘禁は必要最小限度に限られるべきであり，必要がないにもかかわらず懲罰的に執行されるべきではない。

第2　結論

　よって，被疑者に対して勾留状を発付する必要はなく，検察官の勾留請求を却下して被疑者を直ちに釈放することを求める。

添付書類
1　〇年〇月〇日付け即時釈放を求める意見書写し　1通
2　身元引受書写し（配偶者）　1通
3　被疑者が勤務する〇病院の概略を示すホームページ写し　2枚

以上

即時釈放を求める意見書

〇年〇月〇日

〇地方検察庁検察官　殿

被疑者　A

　上記の者に対する傷害被疑事件について，弁護人は下記のとおり意見を述べる。

　　　　　　　　　　　　　弁護人　○○
　　　　　　　　　　　　　（弁護人選任届は後日持参する）

　　　　　　　　　　　記

　被疑者の処分については，以下の事実を十二分に考慮し，直ちに被疑者を釈放し在宅による捜査に切り替えることを求める。

第1　本件犯罪の成立について

　被疑者に傷害罪が成立するかについては，被疑者と同様，特段争うつもりはない。

第2　情状について

1　被疑者の身上経歴について
　被疑者は○年○月○日に東京都○市にて出生し，地元の小学校，中学校を卒業後，私立○高校を経て私立○大学医学部に進学した。
　○年○月に○大学医学部を卒業後，○年に医師国家試験に合格し，○大学医学部第○内科に所属し，同内科及び出向先の○大学医学部付属○病院（住所，電話，FAX）及び○病院（住所，電話，FAX）にて約○年間勤務し，○年○月より○病院（住所，電話，FAX）院長で大学の先輩であるBの勧めで同病院内科・消化器科に勤務し，以来，現職に至っている。
　被疑者は，同病院の内科・消化器科にて週5日（月・火・木・金・土）の午前9時から午後5時30分まで働き，主治医として治療を担当する患者18名のほか，病棟の患者約50名を他の医師2人とともに治療している。
　被疑者は，○年に約○年間の交際を経て妻と入籍し，○年には長女が誕生し，現住所にて家族とともに幸せな家庭生活を送っている。
　被疑者は，勤務する病院の医師からも信頼され多くの患者のため日夜診療行為に従事している者であり，自ら積極的に傷害行為に及ぶような危険人物でもなく，普段は医師として院長（追って，院長からの身元引受書を提出する予定である），同僚医師ら及び患者らから信頼された善良な市民である。

被疑者には，交通違反歴が〇件あるが，その他本件に類似する前科前歴はない（なお，以前，〇警察署にて事情聴取を受けたことがあるが，それは自称被害者の虚偽申告が原因であり，実際には何もやってない）。

2　被疑事実の発生状況について
　本件は，要するに以下のような経緯で発生したものである。すなわち，
(1)　〇年〇月〇日午前1時35分頃，JR〇駅西口付近のタクシー乗り場そばにおいて，被害者2名のうちの1人（被害者のうちの年上の方。以下，Xとする）から「何だお前は」などと語気強く述べて因縁をつけられた。被疑者には，Xは最初から興奮しているように見えた。
(2)　被疑者はどうしてXから上記のような因縁をつけられたか分からなかったところ，因縁をつけたXを諭すようにもう1人の被害者（被害者のうちの年下の方。以下，Yとする）が2人の間に割って入り仲裁を始めた。
(3)　ところが，Yは被疑者とXとの仲裁行為の最中に被疑者の襟首を掴んできた。また，Y越しに被疑者はXから顔面を1発殴られた。この状況から，被疑者はXとYから暴行を受けていると考え，とりあえず自分の襟首を掴んでいたYを払いのけようと思い（たぶん）右手でYに手を出した（おそらく，空手の裏拳のような形で被疑者のこぶしがYの顔面にあたったと思われる）。
(4)　被疑者の手が鼻に当たったYは，鼻から出血した。
(5)　Yの負傷に気がついた被疑者は，Xに対し，「自分を殴れ」と話しかけた。これは，成り行きでYを殴ってしまったために，罪悪感から自分も1度くらいはXに殴られるべきだと考えたからに他ならない。
(6)　すると，被疑者はXから自分の予想をはるかに超える複数回も顔面を殴られ続けたので，Xの振る舞いに我慢が出来なくなり揉み合いに発展してしまった。もみ合いの結果，被疑者は右肩脱臼の傷害を，Xは歯に傷害を負った。
(7)　その後，通報により現場に駆けつけた警察官により〇警察署に連行され，まもなく現行犯逮捕された。
(8)　被疑者及びXは，〇警察署に自己を被害者とする被害届をそれぞれ提出した。
　本件事件当時，被疑者は日本酒2合，焼酎水割り2杯，ウイスキー2杯程度を飲んでいたが，被疑者は相当酒に強いため，泥酔状態にはいたっていなかったと思われる。

本件は，被疑者が全く面識のない2人組に絡まれ，最初にXに手を出されたことがきっかけとなって発生した事件である。

被疑者及び加害者らは，飲酒の影響下にあったためか最終的にはずいぶんと暴れお互いに傷害を与えてしまったようであるが，どちらにも相手を狙って怪我をさせてやろうなどの確定的故意があったわけではなく，要するに，偶然のささいな成り行きから発生した喧嘩に過ぎない。

また，被疑者は被害者らに対して，自分からすすんで（好んで）暴行行為に及んだのではなく，Yに対しては自己への暴行行為（襟首を掴む）及びXの暴行に対する避難行為として，Xに対してはXによる複数回の暴行行為への反撃行為としてなされたのであって，被疑者には同情すべき点がありこれを見逃して刑事責任を決めつけるのは酷に過ぎる。

第3 勾留の理由と相当性がない

1 勾留の理由がない
罪証隠滅のおそれは全くない。
本件は，警察官によって現行犯逮捕された事案の上，被疑者は警察官の取調べ段階からすすんで本件被疑事実における事実関係をすべて認めている。

また，後日，当職を通じて被害者らと示談して本件について謝罪する予定であるから，本件の罪証を隠滅するような意思など全く持っていない。

2 逃走のおそれは全くない
既述のとおり，被疑者は〇病院の内科・消化器科の勤務医師として責任ある立場で仕事をしている。また，都内にて妻と3歳の長女と暮らしていること，その妻が被疑者を十分に監督し出頭確保を誓約していることから，被疑者が仕事や家族を遺棄してまで逃走することなど有り得ない。
したがって，本件を在宅のまま捜査することは十分に可能である。

3 身体拘束の弊害
被疑者は，患者18名の主治医として患者の生命や身体の安全を守る社会的意義のある職務に従事する内科医であり，身体拘束時から終始一貫して自白している本件で，あえて勾留してまで身体拘束することに全く意味はない。

その反面，このまま長期間の身体拘束状態が続くと，被疑者の医師としての診察行為に重大な支障が生ずるのみならず，将来にわたって多大の悪影響が出ることは避けられない。

いうまでもなく，未決拘禁は必要最小限度に限られるべきであり，必要がないにもかかわらず懲罰的に執行されるべきではない。

第4　結語

本件は，要するに飲酒の影響下によりなされた喧嘩であって，被害者も加害者であることから，被疑者も被害者も責められるべき事案である。

Xに挑発されたとはいえ，逃げる事もせずに暴力行為に及んでしまった被疑者に対しては，社会人として反省すべき点があることは確かである。

しかし，被疑者は人生で初めて身体拘束を受け，自分の行動について充分冷静に反省する機会を得たのであり，あえて，今後も身体拘束を継続する必要性などない。

以上から，被疑者に対する勾留は不必要かつ不当なものであるから，当職は直ちに被疑者を釈放し在宅による捜査に切り替えることを求める。

なお，当職は，本日，令状当番である○地方裁判所裁判官に宛てて検察官の勾留請求を却下し被疑者を直ちに釈放することを求める「勾留に関する意見書」を提出するが，万が一，貴職から勾留請求がなされ○地方裁判所裁判官による勾留決定がでた場合には，○月○日に配偶者及び○病院院長Ｃ氏の身元引受書を添付して準抗告申立を行うことを予めお伝えしておく。

なお，被疑者は医師であるところ，医師は罰金以上の刑に処せられると医師免許の取消し・医業停止の処分を下されることがある（医師法7条2項・同法4条3号）。これは，被疑者にとってあまりに気の毒である（被疑者が医師免許を取得したのは，平成○年の○歳を過ぎたころである）。

添付書類
1　身元引受書（配偶者）　1通
2　被疑者が勤務する○病院の概略を示すホームページの写し　2枚

以上

勾留決定に準抗告を申し立てる

準抗告申立書

○年○月○日

○地方裁判所　御中

被疑者　A
代用監獄亀有警察署在監

　上記の者に対する住居侵入被疑事件について，○地方裁判所所属裁判官が○年○月○日になした勾留の裁判に対し，不服があるので，準抗告を申し立てる。

弁護人　○○

記

第1　申立の趣旨

1　原裁判を取り消す。
2　検察官の勾留請求を却下する。

との決定を求める。

第2　申立の理由

1　本件の概要
　本件は，被疑者が○月12日夜から13日未明にかけて友人宅他で飲酒をし，記憶を失うほど泥酔した状態で，X方（葛飾区○）に立ち入ったところ，警察官に現行犯逮捕されたものである。
　被疑者は，事件当時の記憶を全く有していないことを一貫して述べている。このことは，事件当時，被疑者が他人の管理する敷地に不法に立ち入

る認識がなかったことを示している。つまり，本件事件において，被疑者が事件当時，当該被疑事実についての故意を有していなかったことを示しているのである。そもそも被疑者は月収約40万円ほどあって，生活が困窮していたわけでもなく，窃盗に入る必要性も無かった。また，もし本当に窃盗目的で，他人の家に入ろうとするのであれば，泥酔するまで多量の飲酒をすることは極めて不自然であると言わざるを得ない。弁護人との接見に対する真摯な態度や，本件事件以後の被疑者の態度からしても，本件事件について全く記憶が無い旨の被疑者の供述には，非常に高い信憑性がある。

　被疑者は，窃盗目的で被害者方に侵入したという被疑事実を認める旨の弁解録取書に署名押印しているが，これは，被疑者が，捜査機関が推測したに過ぎない事件の展開を，過度の自責の念や身体拘束されたことによる動揺等により認めてしまった結果に過ぎない。

　このように，本件事件は勾留をしてはならない事件である。以下において，本件勾留に理由がなく，また勾留の必要性もないということについて，具体的に述べる。

2　被疑者には「逃亡すると疑うに足りる相当の理由」もなく，「罪証を隠滅すると疑うに足りる相当の理由」もない
(1)　被疑者には，「逃亡すると疑うに足りる相当の理由」はない

　被疑者は，現在，葛飾区○の自宅において，同居している元妻及び2人の子供（長男4歳，長女3歳）とともに生活している。釈放された際には，同居している元妻が身元引受人となり，被疑者の裁判所への出頭確保を約束しており，被疑者本人も元妻が身元引受人となることを希望している。また，被疑者の母親も身元引受人になると申し出ている。このように，被疑者には，確実な身元の引受先がある。

　さらに，被疑者は自宅において自営のカーテン販売取付け業を営み，そこでの収入約40万円が離婚後も同居している元妻と2人の子供の生計の基礎となっている。元妻の月収は3万円足らずであり，被疑者が逃亡すればたちまち母子3人の生活は困窮してしまう。このような状況で子煩悩の被疑者が逃亡するとは考えられない。このように，逃亡した場合の不利益は甚だ大きなものである。被疑者が，事件当時，住居侵入の故意を有していなかったことを勘案すれば，被疑者がこのような不利益を生じさせてまで逃亡を図る可能性は全くない。

加えて，被疑者は，飲酒の結果，他人に多大な迷惑をかけたことを深く反省しており，被害者への謝罪の気持ちも有している。
　このように，被疑者には，逃亡する可能性が全く無い。
(2)　被疑者には，「罪証を隠滅すると疑うに足りる相当の理由」はない
　上記で述べたように，本件事件は，泥酔した被疑者が，住居侵入の認識なく，他人の管理する敷地に，立ち入ってしまったというものであり，被疑者は事件当時の記憶を全く有していないのである。また，事件当時，被疑者が他人の敷地の中で逮捕されたという事実は明らかであって，証拠の隠滅の余地がない。このことから考えると，被疑者があえて罪証を隠滅する必要性も利益もない。また，同様に，証拠の捏造，変造の恐れも無い。
　さらに，被疑者は上記で示したように，本件について真に反省し，被害者への謝罪の気持ちも有している。
　このことから，被疑者には，罪証隠滅すると疑うに足りる相当の理由もない。

3　釈放の必要性が高い
　上記で述べたように，被疑者は，自責の念等から，捜査機関の推測した事件の展開を認める旨の弁解録取書に署名押印している。しかし，実際には，被疑者は，泥酔していたことから，事件当時の記憶を有していない。このように，事件当時の記憶を有していない被疑者を捜査機関の下に留めておくと，捜査機関の誘導や早期の釈放への期待から，虚偽の自白がなされる危険性が高く，本件事件についての真実の発見をより困難なものとするおそれが非常に高い。本件事件についての真実の発見のためには，被疑者を捜査機関の下から釈放する必要がある。
　また，被疑者を拘束する勾留は，被疑者の人権侵害の程度が極めて強い。従って，拘束するべき理由が相当程度に強くなければ容易に認められるべきではない。本件のように，被疑者が逃亡すると疑うに足りる相当の理由もなく，罪証隠滅すると疑うに足りる相当の理由もない事案において，一方で釈放すべき強い理由がある場合に，被疑者の勾留を続けることは認められるべきではない。
　本件被疑者は事件について深く反省しており，上記のように逃亡の恐れも罪証隠滅の恐れもない。このような本件では，在宅にて捜査を進めることが十分に可能であり，またそうするべき事案である。
　したがって，被疑者を直ちに釈放すべきである。

添付書類
1　身元引受書（元妻）　1通
2　供述調書（元妻）　1通
3　身元引受書（母）　1通
4　供述調書（母）　1通
5　誓約書（被疑者A）　1通

　　　　　　　　　　　　　　　　　　　　　　　　　　以上

勾留延長決定に準抗告を申し立てる

準抗告申立書

○年○月○日

○地方裁判所第○刑事部　御中

被疑者　A

　上記の者に対する（東京都）公衆に著しく迷惑をかける暴力的不良行為等の防止に関する条例違反被疑事件について，○地方裁判所裁判官○○が○年○月○日になした勾留延長の裁判は違法であるので，次のとおり準抗告を申立てる。

弁護士　○○

記

第1　申立の趣旨

　被疑者に対する（東京都）公衆に著しく迷惑をかける暴力的不良行為等の防止に関する条例違反被疑事件（以下，迷惑防止条例違反被疑事件という）につき，○月○日，○裁判所裁判官○○がした勾留延長決定を取消し，検察官の勾留延長請求を却下する，との決定を求める。

第2　申立の理由

1　原判決は，「関係人の取調べ未了」，「被疑者取調べ未了」，「再現実況見分未了」，「被疑者方の捜索未了」を理由に10日間勾留延長をした。
　しかしながら，以下述べるとおり，被疑者には罪を犯したと疑うに足りる相当な理由がなく，罪証隠滅のおそれも逃亡のおそれも全くない。また，勾留期間の延長を認める「やむを得ない事由」も存在しない。

2 本件の争点

本件は、「被疑者は、○年○月○日午後9時57分ころから同日午後9時59分ころまでの間、東京都○市○丁目○番地所在○電鉄株式会社○駅から同都○市○丁目○番地所在同社○駅に至る間を進行中の○線○行き電車内において、女子高校生（18歳）に対し、所持していたカメラ付携帯電話を使用し、同女の足元から、通常衣服で隠されている同女のスカート内の下着を撮影しようとし、もって、公共の乗物において、人を著しくしゅう恥させ、かつ、人に不安を覚えさせるような卑わいな行為をしたものである」との被疑事実によって勾留されているものであるが、これに対し被疑者は、「所持していたカメラ付携帯電話を使用し、同女の後方足元から、通常衣服で隠されている同女のスカート内の下着を撮影しようとしたことはない」旨供述している。

3 被疑者は被疑事実に該当する罪を犯していない

被疑者が、事件当時所持していたカメラ付携帯電話は既に押収されているが、同カメラで女子高生を撮影していない。被疑者は、電車内の吊革に左手で掴まり、右手にその携帯電話を所持していただけであって、それは同僚らと連絡をするためのものであった。

しかもこの被疑事実について、女子高生には、「著しくしゅう恥し、不安を覚えている」という認識が全く存在していなかったのである。

本件は、被疑者と同じ車両にいた他の男性乗客による目撃証言に端を発したものであるが、被疑者は揺れる電車内に立ち左手で吊革に掴まり、携帯電話をもっていた右手を下に伸ばした状態から、その右手がブラブラして見えたのかもしれない。しかも、女子高生は、ミニスカートで、丈が短く、下着が見える位のものであった。そうすると、目撃者は被疑者の行動を誤認したものと言わなければならない。

つまり、上記の状況のもとでは、写真の撮影の事実も「被害者」の被害認識も被疑者の犯行を疑わせる行動も、外形的な事実がすべて存在していないのであるから、目撃者の供述は、目撃者の単なる想像に基づくものにほかならない。いかなる市民も他人の単なる想像によって逮捕され、しかも10日間以上も勾留されるということなどあってはならない筈である。

また、被疑者は、○月○日の勾留質問では、「撮影しようとしたかどうか、飲酒のためよくわかりません」と答えているが、それはその前日の検察官による取調べの際、被疑事実を認めなかったことから、検察官から激しく

尋問されたため被疑者が萎縮してしまい，十分かつ適切な弁解ができなかったものである。その際，裁判官から「あなたに写す気持ちがあったのかどうかだけが問題だ」と言われ，被疑者は「そういう気持ちはなかった」とはっきり言ったが，その他のことはあまり憶えていないとも言ったことから，この後者について勾留質問調書の記載内容になったものと思われる。

実際にも被疑者は，警察での取調べにおいて女子高生のスカート内を写す気持ちはなかった旨答え，それが調書の内容となっている。

このように被疑者が被疑事実を認めていないことにはもっともな理由があり，自己の罪責を免れようとして弁解しているものではない。

4　被疑者には罪証隠滅のおそれも，逃亡のおそれもない

そもそも被疑者は，当該女子高生の住所も知らないし，もちろん目撃したという者たちの名前，住所も知らない。被疑者が同人らに接触する可能性はないし，もちろんその意図すらない。

すでに，被疑者が事件当時所持していたカメラ付携帯電話は押収されている。

それ故，そもそも被疑者が隠滅できる証拠が残されていないのであるから，被疑者には罪証隠滅のおそれは皆無である。

被疑者は，大学卒業後の○年○月に○会社に入社し，その間商品開発，海外勤務を経て，現在，○部役付という○会社の最中枢部の幹部である。被疑者は，○会社の本社に勤務し，部下約○名を有している。

その自宅は，勤務先の寮住まいであるが，寮には同僚ら○名が住み，管理人も常駐している。

しかも，今回，被疑者の上司やその実姉のみならず伯父も被疑者の身元引受人となっている。

このような被疑者の環境からすれば，被疑者が本件を理由に逃亡するおそれも皆無である。

ところが，検察官は，被疑者について勾留延長請求を行ったが，その理由とするところは，被疑者が被疑事実について認めず，目撃者との供述と不一致ということに尽きる。

しかし，そのような不一致点について今後捜査する必要が存するとしても，なぜ被疑者の身体拘束をこれ以上継続する必要があるのか，極めて疑問である。

5 「やむを得ない事由があると」は認められない

　確かに，刑事訴訟法では，「裁判官は，やむを得ない事由があると認められるときは，検察官の請求により，前項の期間を延長することができる。その期間の延長は，通じて10日間を超えることができない」(刑訴法208条2項，刑訴規則151乃至154条) と規定している。

　この「やむを得ない事由があると認められるとき」とは,事件の複雑困難，あるいは証拠蒐集の遅延若しくは困難等により，勾留期間を更に延長して取調べをするのでなければ起訴若しくは不起訴の決定をすることが困難の場合をいう (最判昭37年7月3日判時312号200頁) と解釈されている。

　本件では，〇年〇月〇日に逮捕され，警察官の弁解録取書 (検察官の弁解録取書でも同じ) では，被疑者は「私はやっていません。誤解です」と述べている。

　その翌日の〇月〇日に警察官の取調べがあり，調書が作成されている。その内容は，被疑者には盗撮しようとの意図がなかった旨の調書となっている。

　〇月〇日に被疑者は送検されて検事調べがあった。この検事調べの際,被疑者が被疑事実は，違う旨答えたところ，検事は「認めないのだな」と言い「では，勾留だ」と怒鳴られた。被疑者は，今まで経験したことがない程怒鳴られてしまい，かなり萎縮したとのことであった。

　〇月〇日には，勾留質問があった。勾留質問調書の記載については前述のとおりである。勾留期間は，10日間であった。

　〇月〇日から〇日の間は，取調べはなかった。

　〇月〇日の午後から警察官の取調べがあった。取調べでの被疑者の話が前記の〇月〇日の警察官の取調べのとおりであったことから，警察官も話の内容は同じだなということで，調書は取らなかった。

　〇月〇日に，検事調べがあった。検事調べで，被疑事実を認めない被疑者に対し，検察官は「認めれば大目に見ることも出来るのに，何故認めないのか」「勾留延長になるよ」等と述べて，僅か15分から20分で取調べを終了している (接見メモのとおり)。

　被疑者が被疑事実を認めていないことが正に勾留延長の理由であることは明らかというべきである。しかも，上記のとおり，勾留決定後の10日間被疑者の身体を拘束しながら，ほとんど取調べらしい取調べを行っていない。

　このような状況からして勾留延長決定の理由としての「被疑者取調べ未

了」は全く理由にならない。それは被疑者が自白せず捜査官にとって思いどおりの調書が作成できないだけのことである。そもそも被疑者には，黙秘権が保障され身体拘束が取調べを目的とするものでない以上，被疑者の取調べが終わるまで身体拘束を続けるという考え自体絶対に許されない。

しかも，その勾留延長決定の理由として「関係人の取調べ未了」を挙げるが，ここでの関係人は事件当時の目撃者しか考えられない。当の女子高生は全く認識が欠けているから，その証言は証拠能力に欠ける。従って，目撃者の証言は捜査側にとって最重要かつ唯一の証拠であり，それはすでに調べを終えて調書として入手しているのが当然である。それがないままに被疑者の身体拘束を続けているとしたら，それは捜査側がその怠慢の誹りを受けても何ら弁解できない。

ところで，勾留延長決定の理由として「再現実況見分未了」が挙げられているが，被疑者が被疑事実を認めていないのに，すなわち被疑者に「撮影しようと」の意思があったかどうかが問題であり，それを被疑者が否定しているのにもかかわらず，それを再現させることは何ら意味がない。結局，被疑者が被疑事実を認めないことから，公共の乗物の中でいわば見せしめの如く再現実況見分を行うとするものである。その意味では，自白しないことに対する報復というしかない。

また，「被疑者方の捜索未了」を勾留延長決定の理由とするが，これは全く不可思議なことである。被疑者が事件当時に所持していたカメラ付携帯電話には何ら女子高生は写っていない。そのカメラ付携帯電話は既に押収されている。しかも，○月○日午後から被疑者を立会人として被疑者宅の家宅捜索がなされたが，一般的なビデオを押収しただけで，電車内における被疑者の行為に結びつく証拠が出るはずもなかったのである。

6　このような本件における人証・物証は既に捜査を終了しており，あと残るのは，被疑者の自白だけ，という状態である。しかし，自白しない被疑者の身体拘束を継続して被疑者を精神的に追いつめて自白を引き出そうとするのは，憲法・刑事訴訟法が最も排除する考え方である。違法な勾留というべきである。

被疑者は，釈放後も必要があれば任意捜査に応じる気持ちを有している。もはや，身体拘束を継続する必要性の理由もないというべきである。

添付書類

1　身元引受書（実姉）　1通
2　身元引受書（伯父）　1通
3　身元引受書（勤務先上司）　1通

以上

（別紙）接見メモ

○年○月○日（10：15～11：20）　接見・○警察署において
　○月○日検事の取調べ（午後1時すぎから15～20分間）状況は以下の通りであった。

記

　検「裁判官の勾留質問に対し，『よく分からない』と答えたのは，どういう意味か？」
　X「○日に検事に怒鳴られたこともあり，認めるしかないのかとの迷いもあって，あやふやな言い方になってしまった。裁判官からは，『あなたに写す気持ちがあったのかどうかだけが問題だ』と言われて，①『そういう気持ちはなかった』とはっきり言った（警察の調書にも，そう書いてある）が，②その他のことはあまり憶えていないとも言い，②の点だけが勾留質問の調書に残されたようだ」
　検「目撃者がいるのに，何故，認めないのか（認めるのではないかと思っていたのに，否認したので，意外と思ったように見えた）？」
　A「その気持ちはなかったのだから，目撃者のいうことは認めない」
　検「認めないのであれば，調べは終わりだ」
　検「認めれば大目にみることも出来るのに，何故，認めないのかな？」
（「初犯なんだから認めたとしても，大目に見て上げられるのに」と言いながら，本人が頑なになっているのではないかと思い込んでいるように見受けられ，「認めない理由が分からない」と繰り返していた）
　検「勾留延長になるよ（つぶやき）」
　○日の第1回の取調べと違い，怒鳴られたり，脅かされたりしたことはない。

以上

勾留の執行停止を求める

起　　訴　〇年〇月〇日
公　判　部　〇地方裁判所第〇刑事部
事件番号　平成〇年（わ）第〇号　窃盗・窃盗未遂被告事件

勾留の執行停止申請書

〇年〇月〇日

〇地方裁判所第〇刑事部　御中

被告人　A

　被告人は，上記被告事件について勾留中のところ，下記の理由により勾留の執行停止を申請する。

弁護人　〇〇

記

第1　勾留の執行停止の目的

　被告人の実父が〇年〇月〇日に死亡し，同人の通夜・告別式に出席するため。

第2　勾留の執行停止の期間

　〇年〇月〇日午後〇時から同月〇日午後〇時まで

第3　勾留の執行停止がなされた場合の予定

1　被告人の実父の通夜・告別式は〇県〇郡〇町大字〇の〇葬祭場で次のとおり行われる。

通　夜　○年○月○日午後○時から午後○時まで
　　告別式　○年○月○日午前○時から午後○時まで
　被告人が勾留されている東京拘置所から上記葬祭場までは電車で約2時間強かかるので，勾留の執行停止の期間を上記のとおり申請する。なお，宿泊地は○県○郡○町大字○所在の被告人の実家である。

2　被告人には，東京拘置所から葬祭場までの往復は被告人の長兄及び弁護人が付き添う予定である。

添付書類
1　死亡診断書　1通
2　葬儀案内状　1通
3　身元引受書（兄）　1通
4　身元引受書（弁護人）　1通

以上

保釈を求める(1)

```
起　　訴　〇年〇月〇日
公 判 部　〇地方裁判所第〇刑事部
事件番号　平成〇年（わ）第〇号　器物損壊被告事件
```

保釈請求書

　　　　　　　　　　　　　　　　　　　　　　　　　　〇年〇月〇日

〇地方裁判所第〇刑事部　御中

被告人　A

　上記の者は，器物損壊被告事件について勾留中のところ，下記の理由により保釈の請求をする。

　　　　　　　　　　　　　　　　　　　　　　　　　　弁護人　〇〇

記

第1　本件事案の特徴

　被告人は，〇年〇月〇日起訴され，現在，〇警察署に勾留中である。
　本件は，被告人が相被告人Y，Zらと共謀して，Xの家屋の新築を妨害しようと企て，〇月〇日，右Xの建築現場でYが，Xの建築現場に設置したコンクリート製基礎を油圧ショベルで壊そうとした事案である。
　本件の特徴は，一つに，犯行態様からみて，白昼公然と被害者の面前で，しかも相被告人が「通路」と信ずる部分につき，そこだけを毀損しているということである。
　二つに，被告人は，捜査機関に対し，いわゆる「完全黙秘」をしているということである。
　被告人は，昨年〇月〇日保釈の請求をしたが，被告人の黙秘が影響してか，罪証隠滅のおそれがあるとして退けられている。

しかしながら，第1回公判を経て，次のとおり，罪状認否等での被告人の意見から，もはや罪証隠滅のおそれは存しないのである。

第2　被告人に罪証隠滅のおそれなどは存しない

1　被告人は，捜査機関に対し黙秘したことを次のように述べる。
　「私は，逮捕されました昨年〇月〇日，取調べの刑事の方が，いきなり頭ごなしにお前は，Xさんの家屋建築現場の基礎を壊すのをYやZと共謀してやっただろうと言うものですから，これでは何を言っても無駄だと思いました」。
　「Yさんには理由があっての行動でしたし，私もYさんが行動に出たことはやむにやまれざる事情があることを知っていましたので，それを聞く耳が刑事の方にはないと思いました。それで，事件のことは刑事には黙って，裁判になったら，裁判官にきちんと言おうと思っていました」。
　「ですから，勾留質問の時には，裁判官には，『共謀の事実はありません。Yが自分で壊すということを聞き，（その場にXさんや工事の人もいるだろうからと思って），誰かがケガをするのでないかと思い，プロに頼んだ方がいいのではないかとZを紹介したのです』と事件に関する自分の意見を述べております」。
　このような被告人は，罪責を免れるために黙秘に徹したわけではないのである。
　ところで，被告人は，公訴事実第2の事実について次のように述べる。
　「私が起訴された事実についてですが，まず，私自身がYさんやZさんと共謀して，Xさんの家屋の新築を妨害しようと企て，〇月〇日，Xさんの建築現場でYさんがXさんの建築現場に設置したコンクリート製基礎を油圧ショベルで壊そうとしたことはありません。
　事実は，昨年〇月〇日，知人のZさんに用事がありましたので，Zさんがやっているうどん屋に行っておりましたら，Yが見えて，Xさんが工事を諦めない，このままだと建前になってしまう，それでは手遅れになってしまう，重機で基礎を壊さなければならない，重機（ユンボ）を借りられないかと言いました。Yさんは，自分でユンボを操作して壊すと言いますので，素人がやると危ないと思い，知り合いのZさんなら普段の仕事で重機を扱っているから大丈夫だと思いました。Zさんに連絡がとれましたので，Zさんのうどん屋に来てもらい，Yさんに紹介したのです」。

しかしながら，被告人は，「共謀」の点について次のようにも言う。
「このことで，私とYさんや，Zさんが事件を起こすことを共謀したことになるのなら，それはそれでやむを得ないと思います」。
　被告人としても，Yの窮状を察して，かつ周囲の安全を考えて，ZをYに紹介したものである。従前の経緯，すなわちY方とX方の通行権の争いについて被告人は知っていることから，Yが本件コンクリートの基礎を壊すことを知って，Zを紹介したのであり，その意味で意思を通じていると評価されるのもやむを得ないという趣旨である。ただ，決して自らコンクリートの基礎を壊すことをYに勧めたわけでもなく，それを望んだわけでもないことを言いたいのである。それは，それまで裁判所を通じた法的手続（仮処分）の中でYの相談に乗っていたことからも明らかである。
　2　では，何故，被告人は，ZをYに引き合わせたか。前述のとおり，安全面を考えたほか，仮処分手続を無視されたYの窮状，心境に同情したからである。この点は，被告人は，すでに次のように述べて，明らかにしている（罪状認否での被告人の意見）。
「そうだとしても，私は，Yさんが，今回の事件を起こすには十分な理由があり，私もそういうYさんの困った事態を打開してあげようと思ってZさんをYさんに紹介したのです。
　〇年に，Yさん方が80年も前から通っていた私道にXさんが基礎を作って建物を建て始めたのです。建築確認も下りたからとのことでしたが，建物が建つとその私道は生活道路でしたので塞がれてしまい，Yさん方は袋地になってしまいます。Yさんにとっては死活問題でした。建築確認も下りたということですが，それもおかしな話なので土木事務所に異議を述べておりましたし，土木事務所からも検分に来たりしました。Yさんは，同級生のZさんに相談をしておりましたが，私はZさんとは良く知った仲でしたので，私も困ったYさんの相談に乗るようになったのです。工事が進みそうなので，Yさんは，〇裁判所に工事差し止めの仮処分を申請して争っておりましたが，裁判所もいくつか和解案を出して双方に勧めておりました。私も，Zさんと一緒に，Yさんの裁判に出ておりました。和解案はそれぞれ一長一短あって，また利害関係者の承諾も得られないこともあって，まとまっておりませんでした。Yさんがチェーンソーで土台を切る前の〇月〇日にも和解期日があり，裁判所では次回にさらに和解案を考えましょうとのことだったのです。ところが，その次の日から建築現場の基礎に土台を乗せる工事が始まったのです。それを見たYさんは〇日には，裁

判所に出向き，相手が工事を始めた，中止してほしいと頼みに行ったのです。私も一緒に行きました。しかし，裁判所は何もしてくれませんでした。Yさんは，このままでは，自分の家への生活道路が塞がれてしまう，一旦建物が建ってしまうとそれを撤去するのは更に困難，不可能になってしまうと思ったのでしょう。それは無理からぬ事だと思います。それで，Yさんは，○月○日に実力行使に出たのです。ところが，それでも，Xさん方は，工事を続けようとしましたので，Yさんが，それを防ぐには，基礎を壊してしまうしかないと考えたのも無理ないと思います。そういうYさんが自分で重機を操って基礎を壊すと言いますので，それは危ないと思い，プロのZさんを紹介することになったのです。

　このようにYさんは，きちんと裁判手続を踏んで自分の権利を守ろうとしましたが，それをXさん方は無視して建築工事を始めたのです。Yさんとすれば，目の前で自分の権利が侵害されており，そのことを裁判所に伝えても何らの措置を取ってくれませんでしたので，このままでは自分の権利が失われてしまう，回復が困難・不可能になってしまうと思って，実力行使に出たのです。Yさんの行為は社会的に不当だとして非難される筋合いではないと思います。そして，私も，そんな困り果てたYさんを助けるために，Zさんを紹介しました。私は，形式的には，Yさんの器物損壊を助長したことになりますが，実質的には，社会的相当行為だと考えます。ですから，問われている罪については，無罪だと考えます」。

　かような経過に鑑みると，被告人が本件行為に及んだことは無理からぬものといえる。

　そして，肝心なことは，被告人は，決して問われている罪から逃れようとしているわけではなく，本件への自身の係わりあいは素直に述べ，裁判所の適正な判断を受けようと考え，行動していることである。

　かかる観点からして，被告人には罪証隠滅のおそれはないといわざるを得ないのである。

第3　保釈除外事由に該当しない

　被告人に，刑事訴訟法89条1号，2号，3号に該当する事由のないことは明らかである。同人は，本件につき適正な審理を受ける決意である。したがって，同条の5号にも該当すると認めることはできない。もちろん，同条の6号に該当しないことは明らかである。

第4　被告人に逃亡のおそれは存しない

　被告人は，定まった住居を有し，定職もある。逃亡した場合には，本件に関し情状が悪化し，刑事責任が重くなるものであることを熟知している。したがって，同人に逃亡のおそれは存しない。

第5　必要性について

　被告人は，昨年〇月〇日の逮捕・勾留を経て現在まで約2カ月間身体拘束をされている。その間，正月も一人，警察の留置場で迎えたのである。
　1月中旬には長女の成人式があるが，父としてせめて一緒に祝ってあげたいと願っている。
　しかも，逮捕直前までの約3週間（〇年〇月〇日から〇月〇日まで）を持病の腸閉塞で入院していた身である。この間の身体拘束によって心身ともに疲弊している状況にある。
　これ以上，身体拘束をする必要性は乏しいといわざるを得ない。

第6　以上のとおりであり，本件に関し，被告人に保釈許可を決定されたく，請求する。

添付書類
1　身元引受書（妻）　1通

以上

保釈を求める(2)

```
起　　訴　○年○月○日
公 判 部　○地方裁判所第○刑事部
事件番号　平成○年（わ）第○号　道路交通法違反被告事件
```

保釈請求書

○年○月○日

○地方裁判所第○刑事部　御中

被告人　A

　上記の者は，道路交通法違反被告事件について勾留中のところ，下記の理由により保釈を請求する。

弁護人　○○

記

第1　権利保釈について

　以下の理由から，被告人には権利保釈の除外事由がないため，権利保釈が認められるべきである。

1　無免許運転罪（道路交通法117条の4）の法定刑は，89条1号の例外事由に当たらない。

2　被告人には，道路交通法違反以外の前科がないので，同条2号の例外事由に当たらない。

3　被告人は，道路交通法違反以外の前科がないので常習として長期3年以上の懲役または禁錮にあたる罪を犯したものではなく，同条3号の例外事

由に当たらない。

4　被告人は，公訴事実について捜査段階から一貫して認めて取調べにも進んで応じていること，道路交通法違反で現行犯逮捕されていることから，被告人に罪証隠滅のおそれはなく，同条4号の例外事由に当たらない。

5　上記の通り，被告人は全ての事実を認めていること，被告人以外に特段の被害者・証人は存在しないことから，同条5号の例外事由に当たらない。

6　被告人の氏名および住所は明らかで，同条6号の例外事由に当たらない。

第2　裁量保釈について

　仮に権利保釈が認められないとしても，以下の事情がある本件では裁量保釈を認めるのが相当である。

1　被告人は，自営で建築関係の仕事に従事していたため，本件による逮捕・勾留に伴い収入が無くなった。
　そのため，専業主婦である配偶者は，日々の生活費の捻出にも困る状態であり，今後も被告人勾留が継続されるようなことがあれば，配偶者の生活費（家賃，食費等）が捻出できなくなるし，また，被告人が社会復帰する場所を失うこととなる。
　これは，本罪の刑罰以上の罰を被告人が背負うことになり妥当ではない。
　また，被告人は，消費者金融に約40万円の借金があるため，保釈保証金の工面に苦労しており，被告人にとって保釈保証金はきわめて重要な財産である。
　そうであるから，被告人には逃亡のおそれもない。

2　被告人には，仕事も順調で身元引受人となる配偶者がいるため，保護環境は良く，出頭確保は確実である。

添付書類
1　身元引受書（配偶者）　1通
2　保釈保証金に関する意見書　1通

以上

起　　訴　〇年〇月〇日
公 判 部　〇地方裁判所第〇刑事部
事件番号　平成〇年（わ）第〇号　道路交通法違反被告事件

保釈保証金に関する意見書

〇年〇月〇日

〇地方裁判所刑事第〇部　御中

被告人　A

　当職は，下記の通り，保釈保証金に関して意見を述べる。

弁護人　〇〇

記

　被告人は，(1)年金無受給者であり，消費者金融に約40万円の借金があるなど生活に余裕が無く，貯金もほとんどないこと，(2)配偶者は無職で住居は賃貸であるので，今後も被告人と配偶者が普通に生活するための最低限の生活費は月25万円であることから（家賃9万5千円），保釈保証金の工面には大変苦労しており，被告人にとって保釈保証金はきわめて重要な財産である。
　そこで，被告人に逃走のおそれが無いことをも考慮していただき（仕事も順調であるし，結婚30年を超える糖尿病を患っている配偶者を置いて逃走することは考えられない），できるだけ保釈保証金の決定は低額でなされるよう上申する。

以上

保釈を求める(3)

起　　訴　〇年〇月〇日
公　判　部　〇地方裁判所第〇刑事部
事件番号　平成〇年（わ）第〇号　大麻取締法違反被告事件

保釈請求書

〇年〇月〇日

〇地方裁判所第〇刑事部　御中

被告人　A

　上記の者は，大麻取締法違反被告事件について勾留中のところ，下記の理由により保釈の請求をする。

弁護人　〇〇

記

第1　罪証隠滅のおそれの不存在
　被告人は，捜査開始当時から事実関係を全て認め，一度として事実関係の全部あるいはその一部を否認する態度をとったことはなく，司法警察職員及び検察官の面前においても，事実関係を全て認める供述をしている。
　本件では共犯者がいるところ，共犯者が事実関係を否認している場合，あるいは否認していない場合であっても，罪証隠滅のおそれありとして保釈が認められないケースがある。しかし，共犯者の存在によって，被告人が今後裁判手続が終了するまで（あるいは第1回公判時まで），長期にわたって勾留という被告人にとって極めて不利益かつ苦痛を伴う処分を継続することの不合理性は明白である。
　また，本件では被告人が所持していた大麻は既に捜査機関により押収され，本件犯罪事実を客観的に証明する証拠も捜査機関により獲得されており，被告人が隠滅するような証拠は存在しないと言える。

万が一，被告人が共犯者と通じて，本件犯罪事実を否認するに至るというようなことが起こったとしても（あり得ない仮定ではあるが），本件では前述の犯罪事実を全て自白した供述調書及び押収済みの大麻によって，検察官が本件起訴事実を証明するにあたって全く支障を生ずることがない事案である。

以上により，仮に共犯者が本件犯罪事実を否認しているとしても，被告人にとっては隠滅する証拠そのものがなく，既に捜査機関が獲得している供述調書その他の証拠により被告人に対する起訴事実を証明することは容易であるから，本件では罪証隠滅のおそれは全くないと言える。

第2　被告人の制限住居及び逃亡のおそれがないこと
　本保釈請求書とともに被告人の父の身元引受書を提出しているところ，被告人は被告人の父やその家族がともに住む身柄引受書記載の下記住所地に住む予定である。
　東京都〇区〇
　被告人の父は，保釈中被告人を監督し，公判廷に被告人を出席させることを誓っているので，被告人には逃亡のおそれは全くない。

第3　保釈の必要性
　被告人は，株式会社〇に既に10年間勤務し，総務課係長の職責にある。既に逮捕後，1カ月余り勾留されていることから，これ以上勾留期間が長くなれば，被告人は同社を退職し，失業する可能性がある。
　以上から，保釈の必要性は非常に高いと言える。

第4　結語
　被告人は，罪証隠滅のおそれはなく，逃亡のおそれもない一方で，保釈の必要性は高いと言える。よって，被告人には保釈が許可されるべきであるので本申立に及んだ。

添付書類
1　身元引受書（父）　1通

以上

インタビュー
ろくでなし子さんに聞く勾留生活

インタビュー
ろくでなし子さんに聞く勾留生活

この講演録は，2014年11月27日に期成会主催，および2015年7月6日に東京弁護士会三会派若手の会により開催された，ろくでなし子さんとろくでなし子さん事件弁護団の対談を基に構成したものです。

ろくでなし子

1972年生まれ。漫画家。女性器をモチーフにした作品を手掛けるアーティスト。

2014年7月12日，自身の女性器の3Dデータを，クラウドファンディング（インターネット上での資金集め）に3000円以上寄付してくれた人に電子メールで送信したことがわいせつ電磁的記録の頒布に当たるとされ，逮捕された。

1度目の逮捕後，それまで以上の注目を集め，海外からの取材や仕事の依頼も多数。

逮捕勾留を題材とした著作に『ワイセツって何ですか？——「自称芸術家」と呼ばれた私』（金曜日，2015年），『私の体がワイセツ?!——女のそこだけなぜタブー』（筑摩書房，2015年）がある。

▶▶ 起訴事実の概要（訴因変更後）

1 K氏と共謀の上，2014（平成26）年7月14日，女性向けアダルトグッズ店「ラブピースクラブ」において，女性器アート作品を公然と陳列。
2-1 2013（平成25）年10月20日，「わいせつ」な電磁的記録を4名に「頒布」。
2-2 2014（平成26）年3月20日，「わいせつ」な電磁的記録を4名に「頒布」。
3 2014（平成26）年5月30日，「わいせつ」電磁的記録媒体であるCD-Rを3名に郵送する方法で頒布。

▶▶ 事件の経緯

2014（平成 26）年

7月12日	わいせつ電磁的記録等送信頒布罪で逮捕。ろくでなし子さん自身の女性器の3Dデータを，クラウドファンディングに3000円以上寄付してくれた人に電子メールで送信したことがわいせつ電磁的記録の頒布に当たるとされた。
7月15日	東京地方裁判所裁判官が勾留決定。
7月18日	東京地方裁判所刑事第3部が弁護人による準抗告を認容し，勾留請求を却下，釈放。
(11月27日	本インタビュー1回目)
12月3日	わいせつ電磁的記録等送信頒布，わいせつ電磁的記録記録媒体頒布，わいせつ物陳列で逮捕（K氏も共犯者として逮捕）。
12月6日	東京地方裁判所裁判官が勾留決定（接見禁止決定付）（12月14日まで）。 ※罪証を隠滅すると疑うに足りる相当の理由，逃亡すると疑うに足りる相当の理由を認定した。 ※K氏（別の弁護士が弁護を担当）は，勾留請求却下→釈放。略式命令により罰金30万円。
12月7日	東京地方裁判所刑事第18部が勾留に対する準抗告を棄却するが，接見禁止決定を取り消す決定。
12月11日	勾留決定に対する特別抗告。
12月12日	東京地方裁判所裁判官が勾留延長決定（12月15日から12月24日まで）。
12月15日	勾留満期日/勾留延長決定に対する準抗告/東京地方裁判所刑事第18部が勾留延長に対する準抗告を棄却。
12月17日	最高裁第三小法廷が特別抗告を棄却。
12月22日	勾留理由開示公判（東京地方裁判所）。
12月24日	起訴。
12月26日	保釈決定。

2015（平成 27）年

1月29日	訴因変更請求。

4月15日　　第1回公判。
5月11日　　第2回公判。
5月26日　　第3回公判。
6月16日　　第4回公判。
(7月6日　本インタビュー2回目)
8月20日　　第5回公判。
10月15日　　第6回公判。
11月2日　　第7回公判。
11月20日　　第8回公判。
11月24日　　第9回公判。

2016（平成28）年
2月1日　　論告・弁論。
5月9日　　第一審判決（罰金40万円。公訴事実1については無罪）。同日、被告人側より控訴。

▶▶ インタビュー

R：ろくでなし子さん
S：須見健矢弁護士（ろくでなし子弁護団主任弁護人）
M：森本憲司郎弁護士（ろくでなし子弁護団弁護人）

※イラストはいずれも，ろくでなし子『私の体がワイセツ?!』（筑摩書房，2015年）より。

❖ 逮捕から起訴まで

R　まんばんわ（笑）。会場の雰囲気が，ちょっとかたい感じなんですが（笑）。ろくでなし子と申します。私はまんこのアートをつくっておりましたら昨年（2014年），突然逮捕されまして，なかなか人が体験できない刺激的な体験を7月と12月にしてきました。そのことを当番弁護士だった須見先生にお話ししたところ，留置場の仕打ちがあまりにもひどいということを知り，その話を漫画にして調子に乗って2冊本を出しました。今日も私の体験をお話しできればと思います。よろしくお願いします。

❖ 事件の概要

S　皆さん，こんばんは。私はろくでなし子さんの主任弁護人を務めております須見と申します。よろしくお願いいたします。

　ろくでなし子さんの事件は結構報道されておりますし，ご本人もいろんなメディア等でご自身の体験とか，事件の内容についてお話ししていますので，ご存じの方も多いかと思うのですけれども，私の方から簡単に事案の概要について説明させていただきたいと思います。

　ろくでなし子さんの事件は，起訴をされております。まず起訴事実の概要ですけれども，公訴事実第1としまして，ろくでなし子さんが勤めていた女性向けのアダルトグッズのショップにおいて女性器のアート作品──これは「デコまん」とご本人が称しているものですけれども──を展示していたことが公然陳列に当たるということで，わいせつ物陳列罪として起訴されています。第2は，わいせつな電磁的記録──これはご自身の女性器を3Dスキャンしたデータ──を，2013（平成25）年10月20日と2014（平成26）年3月20日の2回にわたり合計8名に送信して頒布したということ，第3は，2014（平成26）年5月30日に，同じく女性器の3DデータをCD-Rに焼いて，それを

3名に頒布したということ，この3種類の罪で起訴されています。

　ここでちょっと説明が要るかと思うのは，2番目の電磁的記録の送信頒布のことです。これは「CAMPFIRE」というウェブサイトを用いたいわゆるクラウドファンディングという手法で，要は募金を集めて，その募金をしてくれた人にお礼をするのです。そのお礼として3Dデータを頒布したということになるんですが，この頒布の仕方ですけれども，募金をしてくれた人にそのデータを受け取れるURLのアドレスをメールで送信して，それを受け取った人たちが各自ダウンロードする形で3Dデータを受け取るという形をとりました。そのことがわいせつ電磁的記録等送信頒布に当たるということで，起訴されています。

　なぜ彼女がそういったクラウドファンディングで募金を集めたかというと，女性器をスキャンしたものをもとに「マンボート」という大きなボートをつくろうというような活動をやっていまして，それにお金が必要だったからです。彼女はもともと女性器のアート作品をつくっていたんですけれども，行き着いたところがこの「ボート」だったということですね。

　そういった活動をろくでなし子さんはしていましたが，2014年7月12日にいきなりそのデータの送信頒布の罪で逮捕されました。そのときは警察から警告を受けたりだとか，何か注意を受けるだとか，そういった前触れも全くなく，いきなり逮捕されました。

　翌13日に当番弁護士で呼ばれたのが，私です。最初に私が弁護人として就任しまして，その後，報道でこの事件で逮捕されたことを知った弁護士が続々と集まってくれまして，今，総勢7人の弁護人で弁護団をつくっています。

　当然，この程度のことで逮捕されるのはおかしいということで準抗告の申し立てをしましたところ，7月18日には準抗告が認容されて一旦は釈放されました。

R　その釈放後に，漫画を「週刊金曜日」で連載しました。勾留中の出来事，あるいは取調べでひどい扱いを受けたということについてです。例えば黙秘権のことを言い忘れているとか，弁護士を呼ぶにはお金がかかるだの，うそを言われたりした話をとりあげました。

S　そういった結構刺激的なこともやっていたせいかわかりませんが，12月に再び，今度はCD-Rを頒布したということと，お店で「デコまん」を展示していたという2つの件もあわせてまた逮捕されました。

　このときはもう既に弁護団が形成されていましたので，直ちに勾留請求の却下を求めるだとか，勾留に対して準抗告をするだとか，あらゆる弁護活動をし

たんですけれども，結局，準抗告は今度は認められずに，さらに勾留も延長されまして，20日間勾留されることになりました。ただし，このとき，最初の勾留決定で接見禁止決定がついたんですけれども，それに対しての準抗告は認められております。

結局，20日間勾留されて，最高裁にも特別抗告までやりましたが，それも通らずに，12月24日，クリスマスの日に起訴されました。

その後，直ちに保釈請求をしたところ，26日に保釈によって釈放されて，現在（2015年7月），保釈中の身だということになります。

今，公判の方は第4回まで進んでおりまして，前回で検察官の立証まで終わっている。第5回の公判が8月20日に入っているんですが，このときに弁護側の方で冒頭陳述を行って主張を明確にしたいと考えています（その後，2016年5月9日に一部有罪判決。控訴）。

◈弁護団の主張

S　弁護団の方で主張しているのは，まず刑法175条のわいせつ物頒布罪の合憲性，これは法令違憲ということになりますけれども，本件について175条を適用するのは違憲だという適用違憲の主張もあわせてしています。

2番目がメインになってくるのかもしれませんけれども，本件の行為が175条の「わいせつ」には該当しない。「わいせつ」の要件については，大昔のチャタレー判決からずっと引き継がれている，「性欲を著しく興奮若しくは刺激せしめる」という要件がありますけれども，これにそもそも該当しないでしょうということを主張しています。

その理由としては，「デコまん」というのは，確かに女性器の型をとって，それをもとにつくられているんですけれども，いろいろとデコレーションされていまして飾りがついています。こういったものを見て，果たして性欲を刺激されるのかというところは大いに疑問に思っています。

あとは，女性器のアートについては世界的にもう既に認知されているといいますか，いろいろ広く行われていることですので，こういったアート活動，芸術活動によって性的刺激が緩和されているのではないかということを主張していきたいと思っています。

実際に美術界の大学の先生も複数名，かなりたくさんの協力をしてくださる方がいらして，そういった先生に，ろくでなし子さんの活動がアート的にどういうふうに位置づけられるかということについて，今，意見を求めて，意見書なり証人尋問をするなりして立証していきたいと，これからですけれども，

考えています。

　引き続きこの事件について関心を持っていただいて，弁護士の皆様からも貴重なご意見をいただければと思いますので，よろしくお願いいたします。

　この後，ちょっと被告人質問的な感じでお話ししていきたいと思います。

❖何で伏せ字にしなきゃいけないのか

S　そもそも，なし子さんはどうしてこういった女性器のアート活動というのをしていたんですか。

R　私はもともと漫画家で，女性器の整形手術をして，その体験漫画を描いている流れで女性器についての漫画を描いていました。そのネタのために，型をとったんですけど，ただとっただけではつまんなかったので，デコレーションとかしてみました。で，それを，作品，アートですといって漫画にして，そのときは身内だけで飲み屋さんとかにそれを持っていって，「これ，何だと思う？」みたいにして見せて，みんな最初わからないから「何だろう」とか言って，「これ，私のまんこ」とか言って内輪だけで笑っていたんです。それがある日，ネットニュースの記事になって，そこで「2ちゃんねる」の人たちにものすごくたたかれたんですね。そこでふと，何でまんこはこんなに嫌われなきゃいけないんだろう，自分の体なのに，「まんこ」というだけですごく非難されるのがおかしい。そして，それまで漫画の中とかでも「まんこ」という表記は必ず伏せ字にされていたんですけれども，そういえば，何で伏せ字にしなきゃいけないのかというのを改めて考えて，伏せ字にする意味がわからないと思ったので，そこでやっぱり日本のまんこ観がおかしいと思って，そこから本気になって活動するようになりました。

S　それで行き着いたのが「マンボート」という先ほどのボートということになりますか。

R　はい。

❖なかなか弁護士を呼べなかった

S　逮捕後まず私が当番弁護士で7月12日に呼ばれているんですけれども，そのとき，なかなか弁護士を呼べなかったということが漫画に描いてあるんですが，それは本当にそうだったんですか。

R　はい。まず最初に，逮捕されて小岩署に連れていかれたときに，そこで取り調べを受けて，「弁護士を呼べるけど，お金がすごいかかるから。当番弁護士を1回呼ぶのはただだけど，その後は4，50万ぐらいかかっちゃうから，

インタビュー──ろくでなし子さんに聞く勾留生活

起訴されてからつけるのでいいよね」と言われたんですよ。で，起訴されるとかそういうことの意味がよくわかっていなかったのと，4, 50万すぐに用意できないなと思ったので，そのときは「それでいいです」と言いました。その後わけがわからないまま湾岸署に連れていかれて，そこで同じ部屋の女性被疑者たちとお話をしたところ，「当番弁護士を呼んだ方がいいよ」と言われました。それで呼ぼうとしたら，看守の人たちにそこでまた「お金がかかる」とか，「呼んでも意味ないよ」とか，さんざん阻止されかけたんですけれども，しつこくお願いして呼んでもらうことになりました。

S 「呼んでも意味ないよ」とまで言われたのですか。

R はい。留置場（正しくは「留置施設」。以下同じ）の看守さんに，当番弁護士も適当だから，警察と同じようなことしか言わないよ，事件の説明をするぐらいだから意味ないよ，と言われました。

S それで逮捕された翌日の13日に私が行ったのですが，当番弁護士というのは何をしてくれる人だと思いました？

R 看守とか周りの人からは，とりあえず自分の知り合いに私が捕まったことを伝えてくれる連絡係ぐらいに聞いていました。

S その後，実際に弁護してくれるとか，そういうことは思わなかったんですか。

R お金がかかると言われていたので，もう全然期待していませんでした。

S 失礼ですが，そのときは，なし子さんは40万とか50万とか頼めるぐらいのお金はなかったわけですね。

R はい，貯金が全くないので。

S 日弁連の被疑者弁護援助制度というのは全然警察からは説明がなかったんですね。

R 全くありませんでした。

S お金がなくても頼めるという説明は警察からはなくて，私が説明して初めてわかったんですか。

R はい。須見先生からそれを聞いたときもまだ半信半疑でしたね。

S それで，なし子さんはもともとは，この事件についてはどういうふうにするつもりでいましたか。闘っていくというつもりだったんですか。

R 初めての取調べのときは，「わいせつ」と決めつけられていたのが腹立たしかったし，むしろ女性器がわいせつだといわれたくないことを主張しているアートだったので，断固として認めなかったんです。でも私が留置場に入ってから，携帯電話も取り上げられて，私の家族がだれ一人，私の逮捕を知らな

い，連絡がとれないというのがすごく怖くなってしまって，何とかして連絡したり，ここから出る方法を探すには，やっぱり罪を認めた方が早く出れるのではないかとその部屋の人にも言われたので，若干あきらめかけていたんです。

　その後，須見先生に会ったときに，自分の罪状みたいなのを説明してくださいと言われて説明したんですけど，まず「まんこ」と言ってもポカーンとされました。いろいろ丁寧に説明していったらだんだんやっとわかってくださったんですけど，くだらねえみたいな感じで笑ってくださった。そのプーッと笑ってもらったことが，あっ，やっぱりこれはくだらないことなんだ，と，そこでちょっと我に返ることができて，やっぱりおかしい，どうしてもおかしいと思って，それで闘うことに決めました。

S　留置場に入っている周りの人から「罰金を払ったらすぐ終わるんじゃないの」みたいなことを言われませんでしたか。

R　言われました。

S　自分としても，そういうふうに終わらせたら楽なんじゃないかというふうに思ったことはありますか。

R　そうですね。もしこれで認めちゃったら日本で活動できないから，お金をためて海外でやるしかないのかなとか，そこまで考えました，そのときは。

❖ 黙秘権なんて聞いてない！

S　取調べはどんな感じだったのでしょうか。

R　逮捕後最初に小岩署に連れて行かれて，そこでの弁護士についてのやり取りは，さっきお話した通りです。

　さらには，このときに黙秘権の告知がなかったんです。

　取り調べで，生い立ちなどを聞かれて，プリントアウトして，それを読むときになって，「私は黙秘権について聞きました」みたいなことがそのプリントアウトに書いてあるから，「いや，聞いてないですよ」と言ったのです。そうしたら，「いいじゃん，いいじゃん，聞いたことにしようよ」って言われたんですよ。私はここは折れたらいかんと思って，「いや，聞いてないから」とがんばって，結局は「後から聞いて，しぶしぶ了解した」というふうに書き直してもらいました。

S　それはすごいことですよ。私も今まで弁護士やってきて，こんなふうに書き直しさせることができた人は初めて（笑）。調書の頭の部分に定型文として入っている，「本職は，黙秘権を告知し，被疑者は次のとおり供述した」というところですよね。

R そうです。本当は「黙秘権について聞いていません」としてほしかったのですけど，それには応じてもらえませんでした。

S 「わいせつ」については，警察官や検察官と話をしている中で，議論をしたのでしょうか。

R 7月のときに科捜研の検分書みたいなのを見せられて，「ほら，これ，警察があんたのやっていることはわいせつと認定した書類だから」という感じで話がありました。もう，議論というよりも強制ですね。この書類は実は，このソフトがあれば3Dデータが開けますよという証明をした書類にすぎないものだったんですけれども。

　結局，当局はどのような基準で立件するのでしょうかね。

S 警察の基準というのは単純でして，性器，局部がもろ見えかどうか，ほとんどそれに尽きるんですね。だから，これがどういう背景で，どういう芸術性，思想性を持ってつくられているのかというのは考慮されていないはずです。確かに今回問題となったのは3Dスキャンしたデータですから，ある意味，もろ見えというか，そのものなんですけれども，ただ，実際のカメラで二次元で撮影したものと違って，3Dスキャンの精度というのはそこまでじゃないんですね，黒が反映されないとか。これからその辺は我々が法廷で主張していくことなんですけれども，警察の基準という意味では，あくまで局部が見えるかどうかという点に尽きているんだと思います。

❖自分でも何が事実か分からなくなった

S 取調べはきつかったですか。

R 留置場で毎日取調べを受けましたが，朝，刑事が来て取調べ，お昼に休憩に入って，休憩後もまた取調べというのをほとんど毎日されるのがとてもきつかったですね。なぜならば，取調べでは事実を確認されるんですけれども，毎回，同じことを聞かれると，自分の言っていることがちょっとずれてきたりするんです。そうすると，あっ，うそを言っている，みたいな感じで追い詰められて，自分でもどんどん何が事実なのかがわからなくなってきちゃうんですよね。

　あと，私は事実を述べていたのですが，私をおとしめようとしている人たちを相手にして，何を言ったら不利になるのかを判断しようと，ふだん使わない頭を必死で使いましたね。

S 先ほど説明するのを忘れてしまったんですけれども，7月の逮捕のときは，あくまでデータの送信頒布ということで，単独犯でしたが，12月のときは，

デコまんを展示していた店のオーナーも共犯として逮捕されました。こちらのオーナーの方はほかの弁護人がついて，勾留請求が却下になって，逮捕だけで釈放されたんですけれども，そういった形で共犯者がいるということも影響していますよね。

R そうですね。共犯者の方の言っていることと自分の記憶とが全然違うんですけれども，共犯なんだから，その人の言っていることと合わせないと，もっと勾留が長引くんじゃないかと恐れて，仕方なくその共犯者の言っていることにちょっと合わせてみたりとかしました。もう，本当に，何が正しいのかもわからなくなりましたね。

S 7月と12月とで，警察官，取調官の態度というのは変わりましたか。

R はい。最初は超タメ口だった刑事のおじさんが，2回目からは敬語になっていましたね。

あと，調書の読みきかせのときに「わしはあの3文字が言えんのじゃ」とか言っていた人が，「まんこ」と言えるようになっていました（笑）。

S 何でそういうふうに変わったんですかね。

R また漫画にするからじゃないですかね。

S 警察官のことも「週刊金曜日」の漫画にはいろいろおもしろおかしく描いてあるので，そういったのも見ていたんですかね。

R 警察官は「見ていた」と言っていました。留置場の人も「見ている」と言っていました。だから，小さなことなんですけど，例えば手錠のサイズが合わないのを，湾岸署のときは絶対に換えてくれなかったのが，西が丘のときはちょっと言ったらすぐ換えてくれたりといったことがありました。「あっ，こいつ，漫画にするんじゃないか」と気を使っていましたね。

S 手錠のサイズは，結構きついんですか。痛いぐらいきつく締められるんですか。

R 一応手首のサイズは測るのですが，基本的には見た目で合わせて持ってくるんですよ。見た目で「こいつはSSじゃないか」という感じで。手錠のサイズはSS・S・M・Lみたいになっていて，大体女性はSS・Sぐらいなんですが，私は骨が太いのでSかMがちょうどいいのです。なのに7月のときはすごいきつい手錠をかけられて，「痛いです」と言ってもずっと換えてくれなくて，ここにあざができるぐらい辛かったですね。

S 12月のときは，それは言えば換えてくれるようになったんですか。

R そうですね。気持ち悪いぐらいすぐに換えましたね。

❖事件の報道と2度目の逮捕

S 7月の逮捕のときには,結局,6泊7日でしたかね,留置場にいたのは。

R はい,6泊7日です。

S それで準抗告で何とか出られて,その後,7月18日に外国特派員協会で記者会見をするなど,さまざまなメディアで発言しましたよね。その後の反響というのはどうでしたか。

R 逮捕される前は,私の活動は「2ちゃんねる」などのインターネットぐらいでしか知られていなかったんですけれども,逮捕によって,こんな変なことをやっている人がいるみたいな感じで広く認知されるようになりました。変な活動なんだけれども,こんなことで人が勾留されるのはおかしいんじゃないかみたいな問題意識で見てくださる人が増えて,逆にそこからファンの人も増えたりしていました。

S 2014年12月までは,そういった形で漫画も連載したり,いろいろネットとかでも発表したりしていましたよね。その間,警察の方から取り調べで呼び出されませんでしたか。

R 最初,電話がかけられてきて,取調べをしたいので何日何時に来てくださいと言われるんですけど,私はそれまでの取調べのときにさんざん嫌な思いをさせられたので,弁護士同伴だったら受けますと言い続けていたんですね。で,それはだめだと言われて,じゃ,行きませんというやりとりを最初はしていました。そのうち,電話ではなく手紙が来るようになりまして,何か召喚状みたいな,そこに何日に来いと書かれているんですけれども,当然,弁護士同伴でなければ行かないので,わざわざ電話を毎回かけて,行きませんという返事をしていました。

S 呼出状が来てからは,弁護人の方でもそれに対して内容証明で,弁護人同席のもとで取調べをするならば出頭するというのを出していたんですけれども,結局,それじゃだめだという押し問答が続いた状態だったんですね。それで12月にまた逮捕されましたけれども,このときは前触れというのはありましたか。

R 全くありませんでした。もう7月の逮捕から半年ぐらい経っており,前の日も,単行本が出ることに決まって,その担当さんと「もう,どうせ不起訴とかじゃないんすか」みたいな話をして,「ですよね」とか言って帰ってきた翌朝に,7月のときと同じ刑事たちがまたやってきました。

S もちろん7月に準抗告で釈放された後も,不起訴にはなっていませんでしたので,弁護人の方は引き続き弁護活動をしておりまして,特に検察官に対し

て不起訴を求める意見書を出して面会しろということも求めていたんですけれども、結局、検事の方も会ってくれずに12月を迎えたということになります。

❖ボールペンを自由に使えなかった

S 1回目の勾留は湾岸署で7日間、2回目の勾留は警視庁西が丘分室で20日間でした。どのような場所でしたか。

R 1回目、2回目とも雑居房でした。2回目の西が丘分室での部屋は、次頁イラストのような感じです。

　留置場では平日は取調べが入ります。面会も、1日1組までというよく判らない制限がありますが、許されます。手紙も書けますし、本を読んだりもできるので、平日はまだましなのです。でも土日祝日は、これらが全て許されませんでした。どうして許されないのかはわからないのですが、とにかく禁止されました。だから土日祝日は本当にヒマで、死にそうなぐらいでした。

S いま手紙の話がありましたが、自由に書けたのですか。

R 湾岸署のほうは、手紙はわりと自由に書かせてもらえたんですね。でも、2回目の勾留の西が丘分室の方は、部屋の中のだれか1人がボールペンを使っているとほかの人は使えませんと言われました。手紙を書く場所も、ご飯などを受渡しする板をひいたところを台にして書けというんですよ。そこはすごく狭いので、ボールペンを立てて書けないんですね。それで、何を書いているかも看守から見えるのですよ。それにそもそも、手紙は1日1通までしか出せなくて、書くときには前日に申し出ないといけないという、変な規則がありました。

❖被疑者ノートをめぐる攻防

S 手紙以外はどうでしたか。

R 取り調べを受けたら、そのときに刑事に何て言われたかとか、それに対して自分は何て答えたかというのを記憶して、その夜に弁護士さんに話さなきゃいけないんですけれども、取調べ中はメモをとらせてくれないので、何を聞かれたかと、答えたかを必死で覚えました。そして被疑者ノートを書く時間がすごく制限されているので、書ける時間に必死で書いていました。

S 今、被疑者ノートの話がありましたけれども、日弁連がつくっている、いろいろ書く欄とか、説明があるもの、あれを使っていましたか。

R 日弁連の被疑者ノートの差入れもあったのですが、私は普通の大学ノートにしてもらいました。記入欄が決まっていない真っ白な方が、好きに自由に書

けるので，私はこっちの方が楽でした。
S　被疑者ノートをもうちょっと改善した方がいいということはありますか。
R　絶対改善した方がいいと思いますね。
　まず，中にいる人たちで被疑者ノートのことを知らない人が結構いたんです。そのうちの何人かは，単純な事件だったからだと思うのですけれども。
　中にはお年寄りの人もいたんですが，文字が多過ぎて読むのが嫌だ，その説明を読むのも嫌だということで，全然意味をなしてないんじゃないのかなと感じました。すごく大事なことも書いてあるのに，読まれていないのが残念だなと思いました。
S　そうすると，もうちょっと見やすくした方がいいということですか。
R　そうですね。せっかくいいことが書いてあっても，全く読んでない被疑者が結構います。あれを解説付きの簡単な絵と文章にしたら，もっといいのではないでしょうか。もう少し文章も縮められるし，絵は文字が十分に読めない人でも入りやすいですよね。
　あと，真っ白なページをもうちょっと加えるといいのではないかと思います。被疑者も息抜きしたいので，そのために白いページは使えるのではないかと思うのです。勾留中は手紙の時間と被疑者ノートの時間は別で，手紙の時間は午後3時ぐらいまでしかないんですけど，被疑者ノートだったら午後7時ぐらいまでは書いてもいいのです。そういう，被疑者の人もちょっと心の余裕を持てるようにするための何かがあるといいと思います。
S　なし子さんが被疑者ノートを持っているのを見た同房の人たちが，私も欲しいとみんな言い出したんですね。
R　そうでしたね。
S　先ほどご指摘いただいたような改善点はあるにしても，やはり被疑者ノートがあれば，安心するものなんですね。
R　そうですね。ただ，部屋にボールペン1本だから，順番が回ってくるのが大変なんですよ。
S　それでは書く時間もなかなか確保できませんね。
R　できませんね。手紙を書きたい人も結構いるし，長時間書かれる人とかもいるので。
S　1回目の勾留のときに，被疑者ノートに絵を描こうとしたら怒られたみたいな話がありましたね。2回目の勾留の時はどうでしたか。
R　思いっきり表紙に絵を描いていたんですけど，もうあきらめてたっぽくて，何も言われませんでした。

 そういえば，今思い出したんですけど，腹が立ったのは，留置場では被疑者ノートを自分のロッカーみたいなところに入れるのが普通なんですけれども，私の被疑者ノートだけ，なぜか署の方に持っていかれていたんですね。多分，中身を確認される。一応捜査側が見ちゃいけないことになっているじゃないですか，あのノートって。で，抗議したら，何か署の偉い人たちみたいなのに囲まれたんです。それでも，もう絶対渡さないみたいな感じで，ここできょ

うは寝るかぐらいの覚悟で通したら，わかったからみたいな感じで，やっとその日からロッカーに入れてくれるようになったんですけれども，そういうこともされていました。

S　それから表紙に「弁護人との秘密交通権がある」とでかでかと書いたんですよね。

R　そう，「勝手に見るな」と書いて（笑）。

❖ くだらない制約

S　そのほか，もちろん自由が拘束されているからいろいろ制約はあると思うんですけど，特にここまでする必要はないんじゃないかということはありますか。

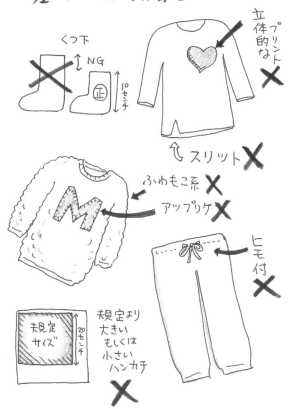

R　くだらない細かいことがいっぱいあって，例えばお風呂が5日に1回しかないとか，お風呂も，シャンプーした後にドライヤーを使わせてもらえなかったり，あと，綿棒が1本しか渡されないんですよ。まあ，ずっとお風呂に入れないから，せめてもう1本欲しいじゃないですか。そういう，何か本当につまらないことで心を萎えさせるようなことは多かったですね。

S　差し入れられる衣類とか，身につけるものというのは結構制約されていますよね。

R　されましたね。Tシャツでも，少しでも立体的なものがプリントされていると，それが洗濯ではがれるからだめだとか，靴下はかかとから何センチ以内までで，それ以上長いやつは入れられませんとか。紐がついているものはとにかくだめで，紐で首を締めたりするからという理由らしいんですけど。フリル

なぜかコロッケばかりの食事

S 食事についてはどうでしたか。

R とにかくコロッケばっかりだったのです。ある日，三角型の薄っぺらいアジフライの様な形のものが出たので，やっと魚が食べられると思って，一口かじったら，やっぱりイモだったんですよ（笑）。何でわざわざそんな形にするのかと，ちょっとむかついたのは覚えています。

西が丘分室の食事 昼

コッペパンの中にサラダ2つ

日替わりで
みかん、リンゴ
ピーチなど

またコロッケ

キャベツ

↑
さらに500円を払えば（自弁という）
↙ ↘

カツ丼　ナポリタン

他、野菜しか入ってない
中華丼などが選べる

6d745. 2015

S 検察庁や裁判所とかに連れて行かれますよね。そのときの食事はどうだったんですか。

R まず，待ち合わせ場所みたいなところに押し込められるのですけれども，ワンルームぐらいの大きさの部屋に10人ぐらいが押し込められます。夏なんで暑いのですけど，エアコンがついてないから，檻の外側から扇風機を一応かけているというようなところなのです。他方で留置場はエアコンが効いてちょっと寒いくらいなので，トレーナー着ていることもあるのですが，そのま

ま検察庁や裁判所に行ってしまうと、暑いのです。それで脱ぎたいけど、脱がしてもらえないんですよ。そのまま帰るまでその格好でいなければいけなくて、手錠もかけられたままです。それで検察庁では食事の時は片手錠なのですけれども、裁判所では両手錠のまんまでコッペパンを食べなければいけなくて、すごく屈辱的な思いをしました。

❖ 法廷で使えない「まんこ」

S 2回目の勾留のときは、勾留理由開示公判というのをやりましたよね。そこではご自身の意見を陳述しましたよね。あの意見というのは自分で考えたんですか。

R はい。考えたやつを先生方に見てもらって、ちょっと編集してもらいました。

　何で「まんこ」と言ってはならないのかという趣旨の意見陳述書で、「まんこ」という言葉がすごくいっぱい出てくるんですが、それを裁判官が全部、読む前に、言葉狩りのように、「その言葉を使ってはいけません。これ以上使うと退廷です」と言うのです。今からすると、全部言い張り続けて退廷になった方がよかったなと思うんですけど、そのときは、最後まで陳述しなきゃならないから仕方ないかと思って、途中から「女性器」と言いかえました。

M 勾留理由開示でちょっと気になったのが、弁護人の求釈明でのことです。なし子さんは呼び出しに応じなかったというけれど、弁護人が付き添えれば取調べには応じます、別に取調べを拒否しているわけではありませんと言っていました。その経緯について、罪証隠滅とか逃亡のおそれに考慮したのかという求釈明をしたら、裁判官は、それは当然だと言っていましたが、そこはどうなのかなと思ったのが一つです。

　あと、求釈明しても「事案の性質上、本件においては」ぐらいしか言わなくて、どうして罪証隠滅のおそれがあるのか、逃亡のおそれがあるのかというのは明確には言われていなかった。そもそも本件の捜査の端緒は2014（平成26）年1月ぐらいからやっていて、捜査手続は7月に入っているわけですね。12月まで特に別に逃げてもいないし、罪証隠滅をしていないのにもかかわらず、「事案の性質上、当然ある」というふうに言っていたのがおかしいなと思います。

S その後公判でも、第1回目のときに意見陳述をしましたよね。そのときは先ほどの「まんこ」という言葉は使わなかったんですか。

R 弁護団がやめろというので使いませんでした。

S 弁護団のほうはそういうふうにアドバイスしたかもしれないけれども、

やっぱりこれは自分としても使わない方がいいんじゃないかという判断はあったんじゃないですか。
R　そうですね。どうしても「まんこ」にこだわっている人みたいに受け取られるのが，最初の趣旨とちょっと違ってきちゃうかなと感じたので，納得して話しました。
S　言葉の問題というよりも，この裁判では作品がわいせつかどうかというのが問題で，そっちの方に集中したいということですか。
R　でも，やっぱり，今もいろいろイベントに出たり，ニュースにされるときに，ちんこは「ちんこ」と普通に書かれているのに，私がちんこもまんこも両方平等に言っても，まんこは伏せ字にされたり，女性器と言いかえられたり，メディア自体もまんこに意識し過ぎで，そこもやっぱりおかしいので，言葉は作品と同じぐらい重要だなと思います，私の中では。
S　ただ，法廷ではそこは配慮してということですか。
R　そうですね。
S　今こうやって裁判を受けて，もちろん無罪を争っているんですけれども，今後もこういった活動はしていきたいというふうに思われますか。
R　はい，もちろん。

❖弁護人への要望
M　ちょっと質問していいですか。勾留生活の中で，なし子さんとして，例えば接見に来る弁護士にこういうことを言っておきたい，こういうふうにしてくれたら助かるとか，こういうことに配慮していただきたいとか，そういうことは何かありませんか。
R　弁護団ができたのですが，弁護士さんによって方針がいろいろ違うんだなと思ったのは，例えば取調べのときに，黙秘した方がいいよと言う先生もいれば，いや，言った方がいいよという先生もいらっしゃったのです。どっちも結構大変だったんです。黙秘は黙秘で，楽は楽なんですけど，勾留が長引きます。他方で，別に悪いことをしていないんだから，聞かれたら全部答えるという方針も，同じことを何回も何回も聞かれてくると，どんどん追い込まれるような，精神が追い詰められるような感じになるのです。被疑者・被告人の安心感を大事にしてほしいなと思いました。中にいる被疑者はだれも味方がいなくて，常に敵だらけのところにいるので，例えばその人が闘いたい人であるのならそういう方向に持っていってあげるとか，早く出たいんだったらそっちを優先するとか。

S 若干内情をお話ししますと，7月のときは私がまず当番弁護士でつきましたが，その後は，いろんな弁護士が皆ばらばらに接見に行って自分が弁護しますという形で弁護団になったんですね。なので，私，当番の次の日にもまた接見に行ったんですけど，そうしたら，違う弁護士が接見しているよと言われて，私もそういう情報が全くなかったものですから，弁護士同士の意思疎通がまだ十分できていなかったんですね。なかなか意思統一が難しくて，事実関係についてはありのままにしゃべったらと言う人もいれば，黙秘した方がいいんじゃないかと言う人もいたり，ちょっとその辺で混乱させてしまったところはありました。だから，弁護団だと連日切れ目なく接見には行けたんですけれども，そういったところでちょっと方針の統一というのが難しいというのを，私，今回実感しました。

　違ったことを言われる方は困りますよね。

R いや，毎日だれかしら来ていただいたのは本当に心の支えになりました。勾留されている周りの人には，弁護士さんを呼んでもなかなか来てくれないという人が多かったので，すごいうらやましがられたんですよね。すごく難しいかもしれないんですけれども，特に当番弁護士さんとか，国選弁護士さんだと，お金が安いから，なかなかそこまでカバーできないみたい。

S というふうに誤解されているんですね。当番とか，国選の人は，お金をいっぱい払うわけじゃないから，手抜きといったらあれだけど，そんなに一生懸命やってくれないんじゃないかというふうに留置場の中の人は思い込んでいる。

R 思い込んでいますね。連絡しても，日曜日しか行けませんと，月曜日に言われるとか。

S でも，実際にそういう人が多かったんですね。

R 多かったですね。

S 弁護人が毎日接見に行くとしても，場合によっては夜，就寝時間後とかに行くこともあると思うのですけれども，昼と夜どっちがいいかありますか。

R 人によるかもしれませんが，まあ私は，昼だと，ちょうど取調べのときだったら，中断できるのでうれしいのはうれしいですね。で，今こんなことを聞かれたんですけどってすぐ聞けるので。でも，全く来ない方がつらいので，来てくださるんだったら，夜でも，私はうれしかったですね。

❖黙秘は楽か

M 黙秘するのはやっぱりしんどいんですか。

R 黙秘は簡単なんですよ，反応しません，署名しませんと言い張ればいいの

で。でも「勾留が長引くよ」みたいなプレッシャーをかけられるので，ちょっと気持ちが揺らいだりはしますね。

M 黙秘したり，署名しませんと言ったときに，「勾留が長引くよ」というのは捜査官が言うんですか。

R そうですね。「まあいいよ，どうせ明日も来るし。そうやって何にも言わなきゃ，ここにずっといることになるけどね」みたいな感じで。

M 黙秘でずっと黙っているのは，なかなかしんどいから，しゃべるだけしゃべって，最後，調書の署名だけはしないという方針を，弁護士の人たちが立てることもわりにあると思うんですけれども，黙って座っておくというのも，それはそれでそんなにしんどくないんですか。

R 私は大丈夫でしたね。

M 実際に黙っているとどうなるんでしょうか。朝，房から出されて取調室に行って，「今日は話しません」といった場合，「じゃ，もう今日は房に帰っていいよ」という形になるんですか。

R 私の場合は帰っていいことになりましたね。ただ，やっぱり被疑者のタイプによるのではないでしょうか。私は結構気が強いので「しゃべりませぬ」みたいな感じで，もうこいつ絶対しゃべらないって向こうもあきらめちゃうのだと思います。他方でそういう意思表示が弱い人だと，ちょっと難しいのかなと，今，話をしながら思いました，刑事によっては結構威圧感がある人もあるので。

M 黙秘の方が楽だったとおっしゃっていたんですけれども，他方で，ずっと黙っていると大変だから，話はしておいて，署名捺印しないという方が楽なんじゃないかみたいな話もあります。実際にはどっちが楽だと思われますか。

R ウーン……。結局，話して署名をしなかったとしても，この話したことを録音されていないかとか，要らない恐怖感があおられるので，何が楽かな……。まあ，一番楽だったのは，腹痛を装って行かなかったときですね（笑）。黙秘も，ずっとやり続けていると勾留が長引いちゃって自分の損にもなるような気もして。だから，何なんでしょうね。どれが一番楽なのかなあ……。

M 「もう言いません」と被疑者が答えた場合，直ちに「じゃ，終わります」となるわけではないと思うのです。その後は，ただ黙っているのか，なにか聞かれるたびに「答えません」「答えません」と言い続けるのか，どうなんでしょうか。

R そうですね。捜査側は一応，形式だけ聞くんです，質問を。その度に私が「黙秘します」と言って，ずっと同じ作業の繰り返しみたいな感じでした。

❖最後に

S あと,何か言いたいことがありますか。

R 海外メディアの取材なんかで,「ちんこ」がでてくる「かなまら祭」はいいのに,何であなたのアートはだめなんですかと言われることがあります。そのように考えると現状は確かに納得はいかないんですけれども,ただその矛盾みたいなことを言い続けることによって,「では,かなまらも規制します。以上」みたいになっちゃったら元も子もなくなってしまうので,その意見も声が強過ぎちゃうととても危険な意見だなと,私の中では思っています。

今回の事件の背景には,ステレオタイプ的に性器イコール欲情させる何かという思い込みがすごくあるような気がします。あと,子供のころから,「ちんこ」はまだ許されるけど,「まんこ」とかは本当に言ってはならない言葉と教え込まれてきたので,難しいですよね。だから,海外の人と話をすると,そういう思い込みが日本人よりも全然ないので,逆に,何でこんなことで逮捕されるのかがわからないと言われるんですよね。だから,もともと日本人にすごく偏見があるせいで,こんなに単純な話がすごくこじれて難しくなっちゃっているような気がとてもしています。

期成会実践刑事弁護叢書 04
人質司法に挑む弁護──勾留からの解放

2016年10月12日 第1版第1刷 発行

編　　者	東京弁護士会期成会明るい刑事弁護研究会
発 行 人	成澤壽信
編 集 人	北井大輔
発 行 所	株式会社 現代人文社

〒160-0004 東京都新宿区四谷2-10 八ッ橋ビル7階
Tel: 03-5379-0307　Fax: 03-5379-5388
E-mail: henshu@genjin.jp（代表），hanbai@genjin.jp（販売）
Web: www.genjin.jp

発 売 所	株式会社 大学図書
印 刷 所	株式会社 平河工業社
装　　丁	Malpu Design（清水良洋＋陳湘婷）

Printed in Japan　ISBN 978-4-87798-649-0 C2032

©2016 Tokyo Bengoshikai Kiseikai Akarui Keijibengo Kenkyukai

◎本書の一部あるいは全部を無断で複写・転載・転訳載などをすること、または磁気媒体等に入力することは、法律で認められた場合を除き、著作者および出版者の権利の侵害となりますので、これらの行為をする場合には、あらかじめ小社または著作者に承諾を求めて下さい。
◎乱丁本・落丁本はお取り換えいたします。

序にかえて

　ある日のことです。
　とある病院に悩めるおにいさんとおねえさんがいました。誰が何と言おうとおじさんとおばさんじゃなくて，おにいさんとおねえさんなのですが，この二人は病院の感染制御チーム（ICT）のメンバーとして働いていました。
　彼らは来る日も来る日も病院で働くみんなに「患者さんのケアの前には手指衛生，患者さんのケアの後にも手指衛生」と言ってまわりましたが，みんなは揃って「この忙しい時に何言ってンのよ，フンっ！」とか，「そんなに神経質にならなくったって，何にも変なことは起きはしないわよ，フンっ！」とか言って，全く相手にしてくれませんでした。
　そんな状況ですから病院のアルコール消費量は増えるわけもなく，二人はたいそう落ち込み，ワラをもすがる思いで住吉の神様にお祈りしました。「どうかウチの病院でアウトブレイクが起きませんように～」「ウチの病院に通院したり入院する患者さんが医療関連感染に遭いませんように～」「ウチの病院で働くみんながちゃんと手指衛生しますように～」。
　するとどうでしょう。ある日のICTミーティングの最中，机の上に小さくて不思議な生き物が一寸法師的な感じで現れたではありませんか。その小さな生き物はこうつぶやきました。「オイラ，かんせんボウシでやんす～」。二人は「おお～っ，あれはきっと神様が私たちのためにおつかわしになられたのだぁ～」とそのご加護にたいそう感激しました。しかし，かんせんボウシは，大きな欠伸をひとつして近くの野原に消えて行ってしまったのです。呆気にとられた様子でそれを見ていた二人は，しばらくして，それが夢幻だと気づき，がっかりして肩を落としました。しかし二人は決意したのです。「やっぱり，病院で働くみんなに感染防止対策を実践してもらうには，正しい情報を伝えられるオピニオンリーダーがいなくてはならない！そのために必要な知識や情報が膨大であっても，しっかり勉強して身につけていかなくては！」と。
　そう決意した二人の前にやがて1冊の本が舞い降りることになるのでした。

2015年2月吉日

森澤雄司
自治医科大学附属病院・感染制御部長，准教授
感染症科（兼任）科長，総合診療内科（兼任）副科長
栃木地域感染制御コンソーティアム TRIC'K' 代表世話人

もくじ

かんせんボウシ見聞録
感染対策
まるごと覚え書きノート

1章 まずは感染の旅
- 感染の旅 〜はじまり、はじまり〜 6
- 感染とはぁ〜 10
- 感染が起こる6つの条件 11
- 感染と感染症 15
- 感染と炎症 15
- 感染あれこれ 16
- 感染症あれこれ 18
- 微生物あれこれ 19
- 細菌 20
- 真菌 29
- ウイルス 31

2章 感染と防止の旅
- そもそも感染防止とはぁ〜 34
- 感染防止の中身 38
- 標準予防策とは 40
- 標準予防策—そもそものコンセプト 41
- 標準予防策って何をするのか？ 45
- 何はさておき 手指衛生 47
- 個人防護具 57
- 感染経路別予防策 66

3章 感染と医療の旅
- 医療関連感染 74
- 血管内留置カテーテル感染 76
- 尿路留置カテーテル感染 82
- 手術部位感染 86
- 人工呼吸器関連肺炎 91
- 環境由来微生物 96
- 環境中の接触表面 97
- 手術室 100
- 集中治療室 101
- 透析室 102
- 針刺し 105

4章 感染と数字の旅
- 感染と数字 114
- サーベイランス 117
- 感染症疫学 124

5章 感染と薬の旅
- 抗微生物って何？ 138
- 抗微生物薬 139
- 抗菌薬 140
- 抗真菌薬 155
- 抗ウイルス薬 158
- 微生物検査 160
- ワクチン 164

6章 感染と消毒の旅
- 消毒のそもそも 168
- 人の消毒 169
- モノの消毒 172
- 器材消毒 173
- 洗浄 176
- 消毒 182
- 滅菌 190
- 環境消毒 198

参考文献 203
さくいん—キーワードインデックス 204

1章

まずは感染の旅

感染の旅 〜はじまり、はじまり〜

かんせんボウシ

春のある穏やかな午後、野原で昼寝の最中なのは、この物語の主人公かんせんボウシ。

かんせんボウシ〜
かんせんボウシやぁ〜

すると、空のほうから何やら怪しげな声が聞こえてきました。

その声で目覚めたかんせんボウシ。声のする方を見上げると、そこにはたいそう有難い感じプンプンの「お告げさま」の姿が。

暇そうじゃのう。
どうじゃ。これから旅をせんか。
「感染」の世界を旅するのじゃ。

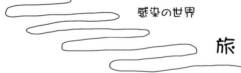

感染の世界　旅

感染？

人々の世界では、「感染」を防ぐこと、つまり「感染防止」がとても大切なのじゃよ。

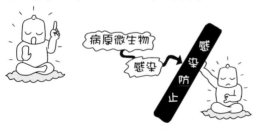

病原微生物
感染
感染防止

オイラと同じ名前〜。

おまえが「感染」の世界をあちこち旅をして、
そこで見たり聞いたりした「感染防止」のいろいろを
人々に伝え、医療現場で役立ててもらうのが、
旅の目的じゃ。

ところでアンタは
誰でやんすかぁ？

ワシがぁ？
ワシは見ての通り
「お告げさま」じゃ。

旅の移動は、
このお椀とオールでな。

今どき、これで旅するで
やんすかっ！

まぁ〜、キミはケタはずれに
小さいわけやし、これで十分じゃろ。
一寸法師的な感じで頼むわぁ〜。

これで旅をねェ〜。

仕方ないので言われるがまま、
最寄りの川に向かうかんせんボウシ。

ズルズル〜

ふぅ〜。

こうしてワケのわからぬまま、「感染」の世界に
旅立つかんせんボウシなのでした。

1章 まずは感染の旅

そもそも感染とは何か？どうやって起こるのか？
これらを知ることからこの旅は始まります。
それは、微生物と人間との関係を知る旅でもあるのです。

はぁ～, はぁ～。

とりあえず川を下って来たかんせんボウシの前に、突如看板が。
かなり強引な展開ですが、どうやら「感染の世界」の入り口までやってきたようです。
さて、いよいよ、かんせんボウシの本格的な旅が始まります！

お椀の川下りに少々疲れたかんせんボウシは、どこか休憩できる場所を探しています。
すると、その様子を川岸から不思議そうに眺める2個の生命体。

そろそろ休憩するでやんす。

あいつ誰だぁ？

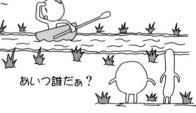

休憩場所を見つけたかんせんボウシは、オールを地面に突き刺し、お椀を停泊させました。
そこに、さっきの2個の生命体が近づいてきて…。

キミ誰？
　オイラ, かんせんボウシ
げげっ！
　　　キミたちは？
オレたち微生物
　　　げげっ！
ここで何してんの？
　オイラ, 旅の途中でやんす。
旅？
　「感染」の世界の旅でやんすよ。

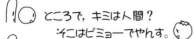

1章　まずは感染の旅

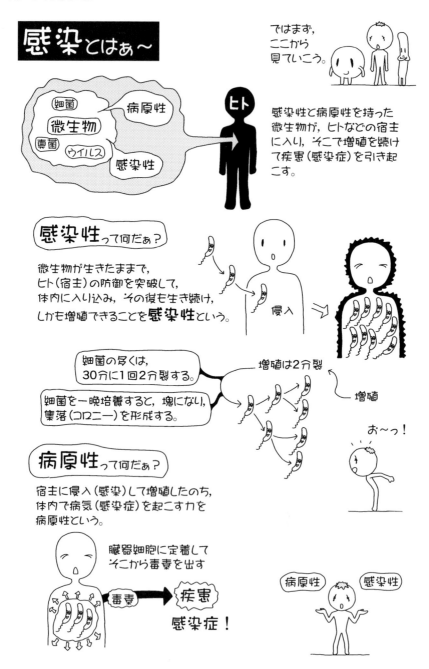

1章 まずは感染の旅

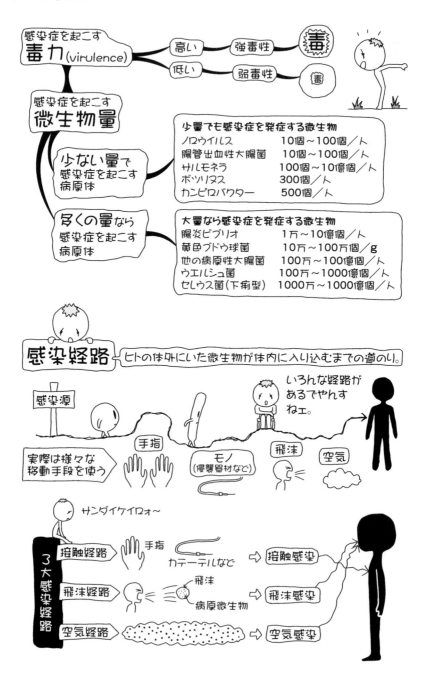

侵入門戸 — 病原微生物が宿主体内に侵入する入口。

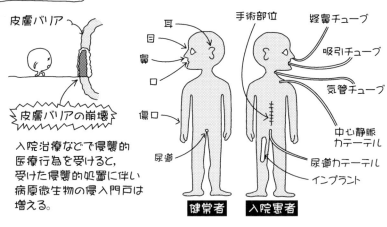

入院治療などで侵襲的医療行為を受けると、受けた侵襲的処置に伴い病原微生物の侵入門戸は増える。

感染防御能 — 侵入してきた病原微生物に抵抗する力。この力が低下すると、感染症になりやすくなる。

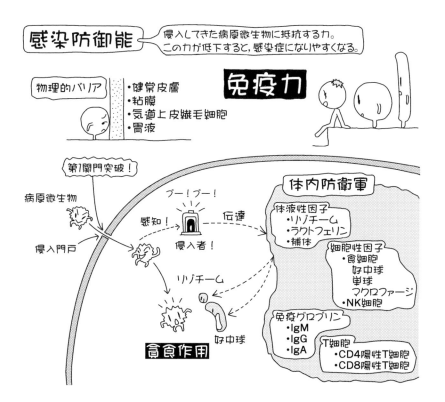

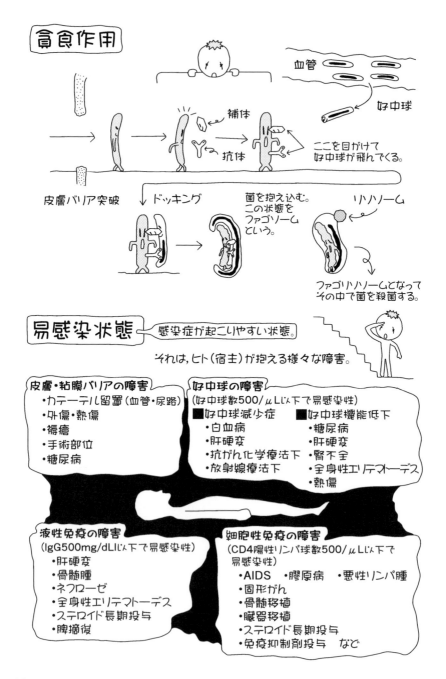

感染と感染症

感染：病原微生物が宿主の中に入り、定着・増殖をはじめる状態

↓ 結果として

感染症：感染の結果として発症する疾病

顕性感染
感染症を起こしている。
暴れている。
（感染患者）

不顕性感染
感染症は起きていない。
大人しくしている。
（キャリア，保菌者）

感染と炎症

炎症は感染防御の反応としての現象なんでやんすね！

炎症の原因
- 感染
- 外傷や熱傷など
- アレルギー反応

刺激 ↓

炎症の4徴候
発赤，熱感，腫脹，疼痛

炎症の流れ

1. 何らかの刺激により血管が一時的に収縮，その後，拡張して血管透過性が高まり，その後，血漿などの液体成分が漿液として滲出し，炎症性水腫となる。

2. 次に血管反応が起きる。好中球，単球，リンパ球の順で血管内皮に付着し血管外へと流れ出て感染症の原因微生物を目指して病巣へ移動する。これを遊走という。病巣では微生物を貪食して感染防御を行う。

1章 まずは感染の旅

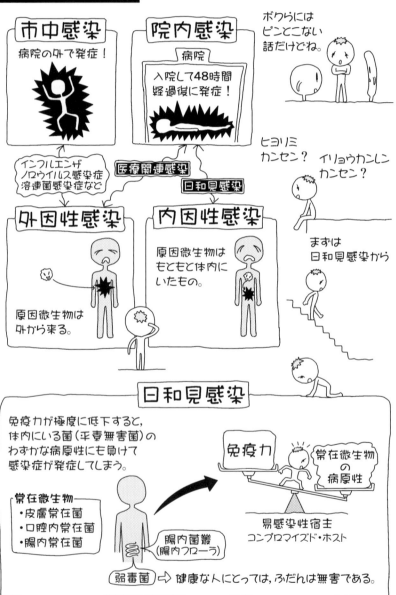

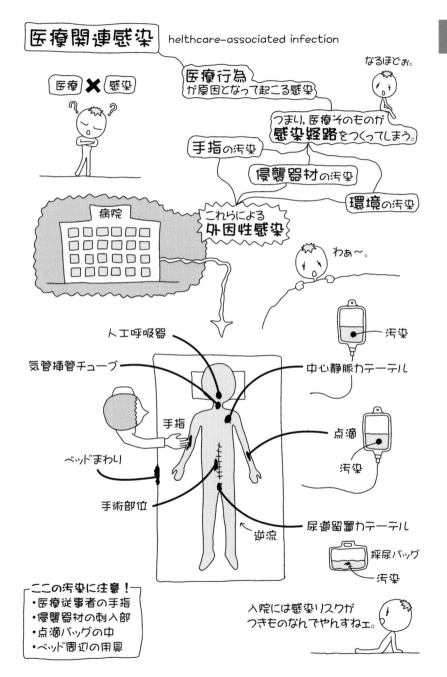

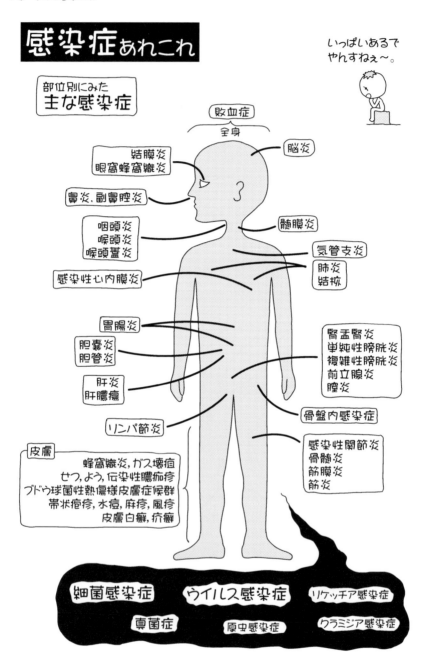

微生物あれこれ

キミたちは同じ微生物でやんすか？

ひと口に「微生物」と言ってもいろいろあるんだよねぇ。

細菌

- コレラ菌
- マイコプラズマ・ニューモニエ
- 結核菌
- レジオネラ菌
- 破傷風菌
- 淋菌
- 百日咳菌
- 赤痢菌
- ジフテリア菌
- A群β溶連菌
- バチルス・セレウス
- 腸球菌
- 肺炎球菌
- セラチア・マルセッセンス
- 表皮ブドウ球菌
- 肺炎桿菌
- 髄膜炎球菌
- 黄色ブドウ球菌
- アシネトバクター・バウマニ
- クロストリジウム・ディフィシル
- 緑膿菌
- インフルエンザ菌
- 大腸菌

真菌
- アスペルギルス・フミガツス
- カンジダ・アルビカンス
- クリプトコッカス・ネオフォルマンス
- 白癬菌

原虫
- マラリア
- トキソプラズマ
- クリプトスポリジウム

ウイルス
- インフルエンザウイルス
- ノロウイルス
- 肝炎ウイルス
- ヒト免疫不全ウイルス
- RSウイルス
- コロナウイルス
- サイトメガロウイルス
- ヒトパピローマウイルス
- ヘルペスウイルス

大きさの比較

	ヒト細胞	1
	細菌	1/10
	真菌	1/2
・	ウイルス	1/200

1章

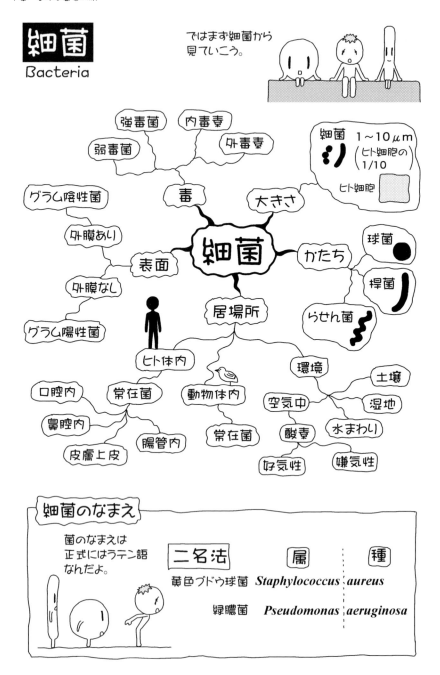

最初に断っておくと、細菌はヒトにとって善玉菌と悪玉菌の2種類があるんだよ。

善玉菌
ヒトの体内で健康のために働く。

悪玉菌
ヒトの疾患の原因になったり、ときに感染症を起こす。

善玉？
悪玉？

そもそもボクたち細菌の仲間は、感染症とは関係はなく、人間の体の中に住み着いているんだ。

ヘェ〜そうなんでやんすかぁ。

その場所は、人間の腸の中で、腸内細菌って呼ばれてるんだ。

腸内細菌

- 人間の腸内には100種類以上の腸内細菌が生息しており、その総数は100兆個を超える。
- 腸内細菌は、人間が摂取した栄養分の一部をもらって生き、腸内でひとつの生態系を形成している。
- これを腸内細菌叢（腸内フローラ）と呼ぶ。

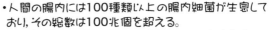

そこにいる細菌たちは、人間にとって善玉と悪玉の2つに分かれてるんだ。

腸内細菌叢
善玉菌
悪玉菌

【善玉菌】
- ビフィズス菌に代表されるビフィドバクテリウム属
- 乳酸桿菌に代表されるラクトバシラス属

【悪玉菌】
- ウェルシュ菌に代表されるクロストリジウム属
- 大腸菌など

なるほどぉ。

1章

腸内細菌最新事情

ところが最近, 今まで悪玉扱いされていた菌も人間の役に立つことがわかってきたらしいんだ。

マウスの実験によると, こういうことらしいよ。

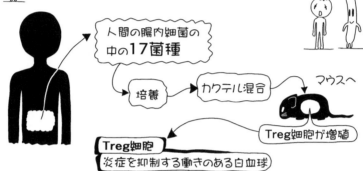

実際に, 炎症性腸疾患の患者の腸内には, この17菌種が少ないことも明らかにされ, 今注目を集めてるんだって。

そして, その17菌種はすべてクロストリジウム属というグループの細菌で, 今まで悪玉扱いされてきた細菌たちなんだ。

実はいいヤツらだったんでやんすねェ。

すぐに悪玉だって決めつけちゃいけないってことだね。

ところで、キミたちは？

ボクたちは細菌だよ。

そうじゃなくて、
善玉？悪玉？

まぁ、その辺は
オイオイね。

かたちからみた細菌の違い

- 球菌
- 桿菌
- らせん菌
- ブドウ球菌
- レンサ桿菌
- レンサ球菌
- 双桿菌
- 双球菌

基本、球菌と桿菌
の2種類だね。

？

まずは、
かたちの
違いから。

ここでちょっと酸素と細菌の
関係をみておこう。

酸素と細菌

嫌気性菌
偏性嫌気性菌
・酸素があると
増殖できない。
・バクテロイデス属、
クロストリジウム属など

通性嫌気性菌
・酸素があっても
なくても増殖できる。
・ほとんどの一般細菌

好気性菌
偏性好気性菌
・酸素がないと
増殖できない。
・緑膿菌、
百日咳菌、
ブルセラ菌、
レジオネラ菌など

次は構造を
みてみよう！

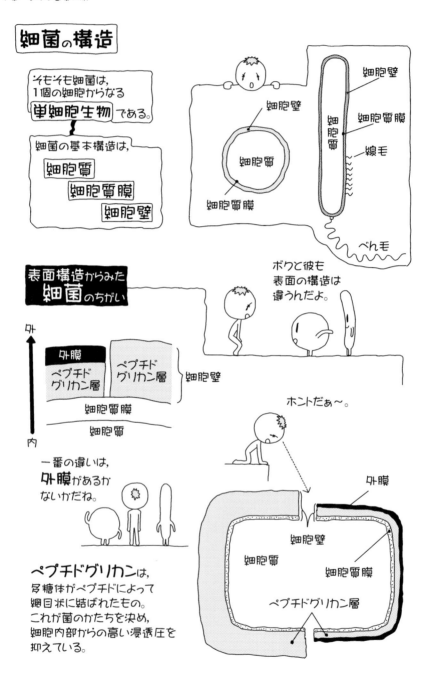

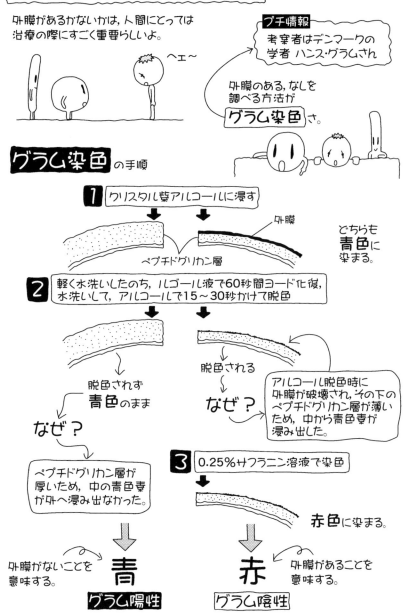

グラム陽性球菌

青

黄色ブドウ球菌
腸球菌　肺炎球菌

Enterococcus faecalis
Enterococcus faecium
Enterococcus casseliflavus
Enterococcus gallinarum
Enterococcus avium
Staphylococcus aureus
Staphylococcus epidermidis
Staphylococcus haemolyticus
Staphylococcus hominis
Staphylococcus saprophyticus
Streptococcus agalactiae
Streptococcus pneumoniae
Streptococcus pyogenes
Viridans-group streptococci
など

グラム陽性桿菌

青

Actinomyces israelii
Bacillus anthracis
Bacillus cereus
Bacillus subtilis
Clostridium botulinum
Clostridium difficile
Clostridium tetani
Corynebacterium diphtheriae
Corynebacterium jeikeium
Listeria monocytogenes
など

グラム陰性球菌

赤

Moraxella catarrhalis
Neisseria gonorrhoeae
Neisseria meningitidis
など

グラム陰性桿菌

赤

緑膿菌　肺炎桿菌
アシネトバクター・バウマニ　大腸菌

Acinetobacter baumannii
Bacteroides fragilis
Bordetella pertussi
Burkholderia cepacia
Campylobacter jejuni
Cardiobacterium hominis
Citrobacter freundii
Coxiella burnetii
Enterobacter aerogenes
Enterobacter cloacae
Escherichia coli
Haemophilus aggregatibacter
Haemophilus ducrey
Haemophilus influenzae
Helicobacter pylori
Klebsiella pneumoniae
Klebsiella oxytoca
Legionella pneumophila
Morganella morganii
Proteus mirabilis
Proteus vulgaris
Pseudomonas aeruginosa
Salmonella Typhi
Salmonella Paratyphi
Salmonella Typhimurium
Salmonella Enteriditis
Serratia marcescens
Shigella sonnei
Stenotrophomonas maltophilia
Vibrio cholerae
Vibrio parahaemolyticus
Vibrio vulnificus
Yersinia enterocolitica
など

細菌の病原性

次は，細菌の病原性ね。

ビョウゲンセイ？

宿主（ヒト）にとって何が害となるか・・・。

病原性

細菌 ── 毒力 virulence ─┬─ 侵襲力 invasiveness
                        └─ 毒素産生力 toxigenicity

宿主の中に侵入して増殖する力

毒素を作り出す力

病原因子 ─┬─ 定着因子
          ├─ 侵襲因子
          └─ 毒素 toxin ─┬─ 外毒素 exotoxin
                         └─ 内毒素 endotoxin

線毛

ヒト上皮細胞

線毛は，宿主の細胞上皮に入り込んで菌を付着させる。菌同士の結合にも使われる。

細菌が菌体外に分泌するタンパク性の毒素

ドクドクしいでやんす。

すべてのグラム陰性桿菌がもつ！

リポポリサッカライド（LPS）

細菌の細胞壁の一部である**リポ多糖体**のもつ脂質部分（リピドA）に毒作用がある。

細菌の話はざっと，こんなところかな。

細菌による感染症

ちなみに細菌が人間に起こす主な感染症にはこんなものがあるそうだよ。

中枢神経感染症
- 髄膜炎
- 脳膿瘍

口腔外科領域感染症
- 歯性感染症
- 歯肉膿瘍
- 顎炎
- 智歯周囲炎
- 蜂巣炎
- 骨髄炎

眼科領域感染症
- 麦粒腫
- 細菌性結膜炎
- 細菌性角膜炎
- 細菌性眼内炎
- 涙のう炎

耳鼻咽喉科領域感染症
- 中耳炎
- 副鼻腔炎

呼吸器感染症
- 急性扁桃腺炎
- 扁桃周囲膿瘍
- 急性気管支炎
- 市中肺炎
- 院内肺炎
  - 軽症
  - 中等症
  - 重症
- 肺膿瘍
- 慢性気道感染症

循環器・血管内感染症
- 感染性心内膜炎
- 敗血症

全身型
- 敗血症

消化器感染症
- 急性腸炎

外科感染症
- 腹膜炎
- 胆道系感染症
- 肝膿瘍

皮膚科領域感染症
- 膿痂疹
- せつ・よう
- 丹毒・蜂窩織炎

泌尿器科領域感染症
- 単純性腎盂腎炎
- 複雑性腎盂腎炎
- 腎周囲膿瘍
- 膀胱炎
- 前立腺炎
- 淋病
- 尿道炎・子宮頸管炎
- 梅毒
- 軟性下疳

産婦人科領域感染症
- 外性器感染症
- 骨盤内感染症

整形外科領域感染症
- 骨髄炎
- 化膿性関節炎

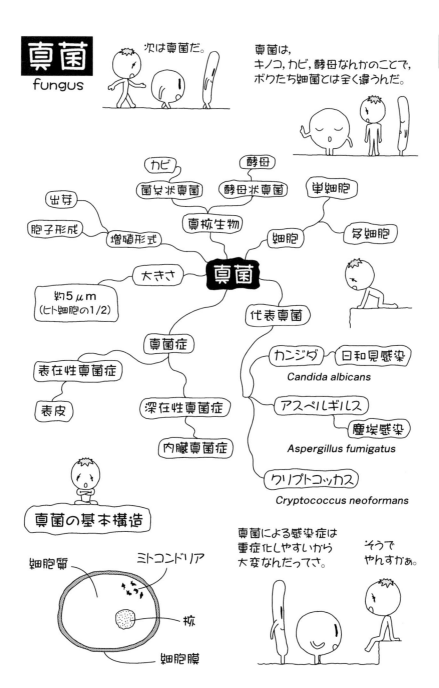

真菌による感染症

真菌はこんな感染症を起こすそうだよ。

カンジダ症

カンジダは人間の消化管常在菌であり、土壌や食物にも生息。カンジダ症の50%は、*Candida albicans* による。

- 口腔咽頭カンジダ
- 食道カンジダ症
- カンジダ血症
- カンジダ肺炎
- カンジダ眼内炎

アスペルギルス症

アスペルギルス症は、免疫低下者における日和見感染症として起こることが多い。

- 肺アスペルギローマ
- 慢性壊死性肺アスペルギルス症
- 侵襲性肺アスペルギルス症
- アレルギー性気管支肺アスペルギルス症

クリプトコッカス症

クリプトコッカス症は、*Cryptococcus neoformans* によって起こる疾患。

- 肺クリプトコッカス症
- クリプトコッカス脳髄膜炎

ムコール症(接合菌症)

ムコール属を含め様々な接合菌によって起こる疾患。

トリコスポロン症

ニューモシスチス症

- ニューモシスチス肺炎

白癬

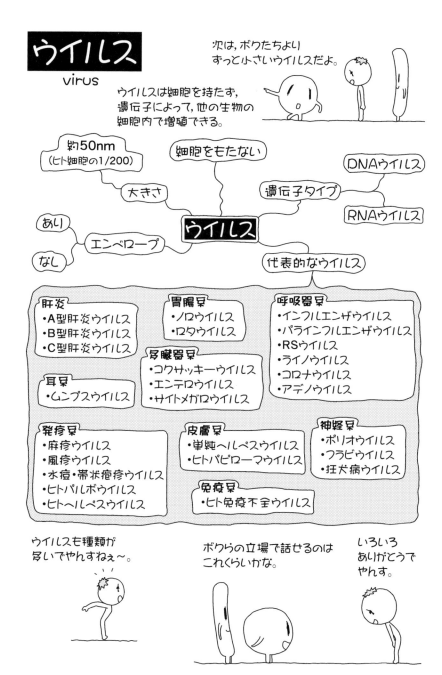

2章

感染と防止の旅

2章 感染と防止の旅

「感染」の世界の最初の旅を終え、
次の旅をはじめたかんせんボウシだが…。

かんせんボウシよぉ～。

あっ！
お告げさま！

次はどこへ行けば
いいんでやんすかねェ～。

旅は順調に進んでるかぁ？

気のいい細菌さんたちが
いろいろ案内してくれたでやんす。

感染防止

前にも言うたが、今回おまえに命じた旅の一番の目的は、
人々を感染から守る、つまり「感染防止」の世界を巡って、
おまえが見聞きしたものを人々に伝えることなのじゃ。

そうでやんした。

そのためには、まず「感染」そのものの
世界を知っておく必要があったわけじゃ。

それで、細菌さんたちに
出会ったでやんすねェ。
で、次はどこへ？

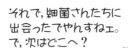

おまえはただ川の流れに身を
まかせて行けばよいのじゃ。

ほんじゃ、
このまま進むでやんす～。

そうじゃなくて,病院こそが「感染防止」の重要な舞台なんじゃよ。

ほぉ〜。

おまえには,まず「感染防止」のそもそも論から話さんといかんのう。
そもそもヒトが微生物に感染する瞬間なんて人類誰一人として見たことはなく,結果として感染症になって初めて気づくわけじゃ。

人類の誰も感染の瞬間を見た者はいない！

つまり,「感染防止」というのは,目に見えないものに対して行わなくてはならんのじゃよ。

感染は目に見えない

目に見えないものへの対策で重要な3つのポイント
① 予測・想定
② イメージ力
③ 経験

「感染防止」の手法とは,過去の事象(感染症になった事実,経験)を紐解き,そこから遡って導き出されたものであり,それに基づいて,予測(想定)し,その後に起こるかも知れない展開をイメージして対策を打つことなのじゃ!

では、「感染防止」の基本的な考え方を少し見ておくか。

ほぉ〜い。

「感染防止」をするというのは、こういうことじゃ

① 感染をブロックするポイントを知ること。
② そのブロックポイントでどうブロックするかを知り、実行すること。

ブロック
ここから先
通行不可

① 感染のブロックポイントとは

感染源 → 感染経路 → 侵入門戸

ブロックポイントは、感染源から侵入門戸までの間にある。

しかし、そもそも感染源も感染経路も実際は目に見えないので、多くの場合ブロックポイントは、侵入門戸の直前ということになる。

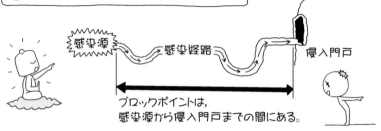

医療に伴い生まれる
主な侵入門戸

- 侵襲器具
  - CVカテーテル
  - 尿路カテーテル
  - 輸液
- 気管挿管チューブ
- 経鼻チューブ
- 人工呼吸器
- 胃瘻
- 創傷
- 手術部位
- インプラント 〜 バイオフィルム

これらが体内に入る入口をまず警戒せにゃならん！

皮膚常在菌 → 皮膚

感染の主な原因
- 皮膚常在菌の混入
- 器具自体の汚染
- 輸液汚染

器具 → 汚染

②感染をブロックする手法

ブロックポイントでブロックする方法は、主にこんな感じで分かれておる。

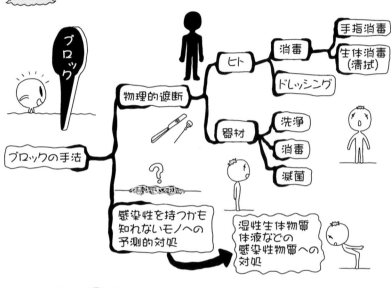

どこをブロックポイントにするか。
そこでどんなブロックをするか。

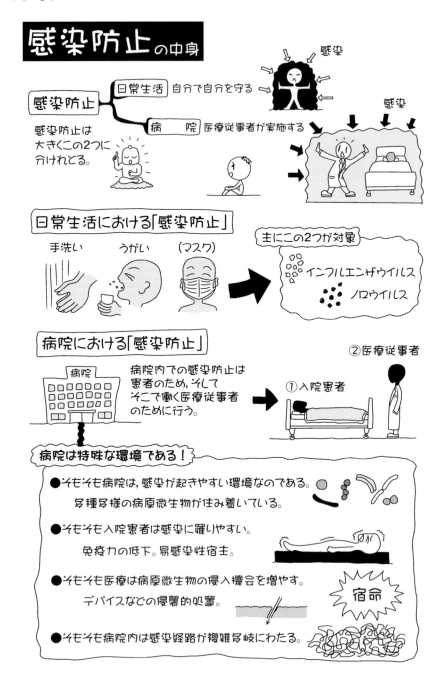

2大感染防止策

病院における感染防止には、これらの立派な防止策があるんじゃ。

後で詳しく話すがの。

● 標準予防策

● 感染経路別予防策
 ・接触予防策
 ・飛沫予防策
 ・空気予防策

ここでちょっと「感染経路」のおさらい

感染経路は大きく分けて以下の3つがある。

そして、病院の中では主に4つのルートに注意しておるのじゃ。

感染経路
- 接触経路
- 飛沫経路
- 空気経路

 医療従事者→患者

 侵襲的処置→患者

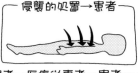 患者→医療従事者 ／ 患者→医療従事者→患者

これらの経路を見極めてブロックをはかる。

感染源 →[感染経路 汚染の回避]→ 宿主

ブロック
・物理的汚染除去
・器材の洗浄・消毒・滅菌

ブロック
・消毒
・無菌操作

病原体がいるかも ……→ 消毒 ここでブロック → 病原体がいない …… 接触

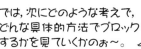

では、次にどのような考えで、どんな具体的方法でブロックするかを見ていくかのぉ～。

標準予防策とは
Standard precautions

標準予防策は、感染防止に最も重要な予防策なのじゃ。

そうでやんすかぁ。

まず、そもそも「標準予防策」がどのように生まれたかを見ていこう。
これを作ったのは、米国疾病予防管理センター（CDC）というところじゃ。
この予防策ができるまでの変遷はこうなっておる。

普遍的予防策 (Universal precautions) 1985年
- 感染症の有無に関わらず、血液・体液はすべて感染の可能性がある。
- すべての人に普遍的に適用する。
- 血液・体液（精液・腟分泌物）、感染の危険が不明な体液（羊水・脳脊髄液・心囊液・腹水・胸水・関節滑液）が対象。
- 便・尿・吐物・痰・汗・涙、目に見える血液以外のものは対象外。

生体物質隔離 (Body substance isolation) 1987年
- 血液・体液・粘膜・創傷皮膚などの湿性生体物質はすべて感染の危険性がある。
- 湿性生体物質に触れる前、あるいは触れることが予測されるときは手袋を着用。
- 手袋着脱後の手洗いは不要。

標準予防策 (Standard precautions) 1996年
- 普遍的予防策と生体物質隔離を統合。

現在のもの

標準予防策 (Standard precautions) の改訂　2007年
- 「咳エチケット」
- 「安全な注射手技」
- 「腰椎穿刺による髄腔内または硬膜外へのカテーテル挿入や薬剤注入時のマスク装着」

の追加。

では、その内容をひとつずつ見ていくことにするかの。

標準予防策
そもそものコンセプト

標準予防策は，目に見えないモノを相手に人間が編み出した感染防止の基本中の基本で，医療現場では必須の予防策なのじゃ。

> すべての血液，体液，分泌物，汗以外の分泌物，損傷のある皮膚・粘膜は感染性病原体を含む可能性がある！

これが大原則！

つまり，想定しうる曝露を知り，それをあらかじめブロックする**予測対応**なのである。

感染性ありとして…。

余談じゃが，**予測対応**の代表的なものにクルマの運転があるな。

クルマの運転：危険予知運転
運転中にクルマの陰から人が飛び出すかもしれない。
→だから減速して慎重に確認しながら通りすぎる。

停車中のクルマ　ヒトが飛び出してくるかも…　危険予知運転～
スピードを落として慎重に運転

走行

実際には危険が潜んでいない状況でも，危険があると想定して運転する。

なぜなら

「ハインリッヒの法則」
1：29：300の法則とも言われている。

1件の重大な事故には，
29件の小さい事故
300件のヒヤリ・ハット
が潜んでいる。

だから

> 危険の有無にかかわらず，危険を予知・想定した対応が重要！

これが，**標準予防策**の基本なのじゃ！

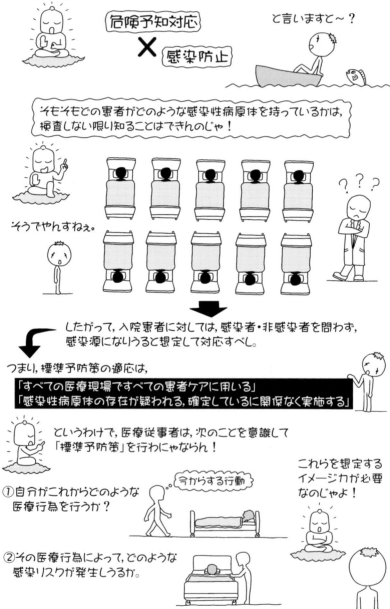

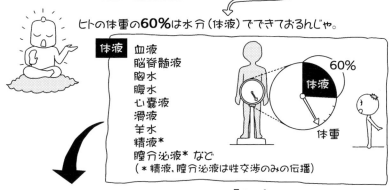
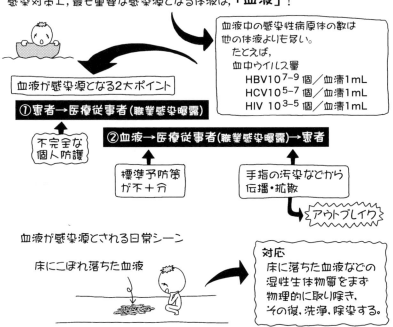

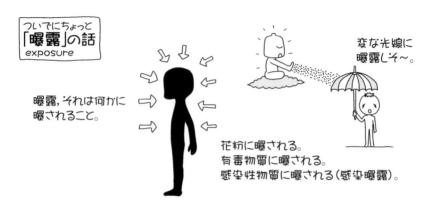

病院における「感染曝露」とは

職業上曝露(occupational exposure)

医療従事者が医療行為をする過程で感染性病原体に曝露すること。

標準予防策って何をするのか？

一口に標準予防策と言っても，いろいろあるでの。

具体的に何をするんでやんすかねェ？

大きくは9つに分かれとる。

どんな時に適応となるか

①手指衛生

- 血液，体液，分泌物，排泄物，汚染物質に触れた後。
- 手袋をはずした直後。
- 患者ケアと患者ケアの間。

②個人防護具（PPE）

手袋

- 血液，体液，分泌物，排泄物，汚染物質との接触に対して。
- 粘膜や傷のある皮膚との接触に対して。

ガウン

- 衣服や露出した皮膚が血液，体液，分泌物，排泄物と接触することが予想される手技および患者ケアの作業に際して。

マスク
ゴーグル
フェイスシールド

- 特に吸引や気管内挿管の際など，血液，体液，分泌物のはね返りや散布が発生する可能性のある手技および患者ケアの作業に際して。

どんな時に適応となるか

③汚れた患者ケア用器具
他の患者や環境への病原体の伝播を防ぐように扱う。
視覚的な汚れがある場合は手袋を装着する。
手指衛生を実施する。

④環境の感染制御
環境表面、特に患者ケア区域の接触頻度の高い表面のルーチンな手入れ、清掃、消毒に関する手順の作成。

⑤布と洗濯物
他の患者や環境への病原体の伝播を防ぐように扱う。

⑥針その他の鋭利物
使用済みの針をリキャップする、曲げる、破損する、手で扱うといった行為を行わない。
リキャップの必要がある場合は、すくうような片手リキャップ法のみを採用し、利用可能な場合は安全なものを用いる。
使用済みの鋭利物は、耐貫通性容器に入れる。

⑦患者の蘇生術
口および口腔の分泌物との接触を避けるために、マウスピース、蘇生バッグ、その他の人工換気用の器材を用いる。

⑧患者の収容
患者の伝播のリスクが高い場合、環境を汚染する可能性がある場合、適切な衛生を維持できない場合、感染のリスクあるいは感染後に不利な結果を招くリスクが高い場合には、個室を優先する。

⑨呼吸器衛生／咳エチケット
症状のある患者に対し、くしゃみや咳をする時に口と鼻を覆うように指示する。
ティッシュを使用し、ノンタッチ式の容器に捨てる。
呼吸器の分泌物で手が汚れた後は、手指衛生を遵守する。
可能ならサージカルマスクを装着する、または3フィート(91.44cm)以上の間隔をあける。

 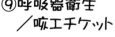 じん上が標準予防策の概要じゃ。

何はさておき 手指衛生

シュシエイセイ…。

手指衛生, つまり「手洗い」の話じゃ。
感染防止は, 手指衛生にはじまり, 手指衛生に終わると言われておるのじゃ！

2章

では, なぜ「手洗い」が重要なのか

そもそも他の動物と違って, 人類が文明を発達させてきた最大の要因は, 手指を巧みに使い, モノをつくったり, モノを書いたりできたからじゃ。

ずいぶん遡るでやんすね。

そして, 今でも人間は常に手指を使って日常生活を送っておる。

一日中, 手指でいろんなモノを触ったり, 掴んだりしておるわけじゃな。

なるほどでやんすね。

それは, つまり, 触ったり, 掴んだりすればするほど, 手指が汚れることを意味するのじゃ。

こんな風にな。

↑ ほとんど雑菌による汚れ

手のひら　　手の甲

こんなに～っ！

全体が汚れておると思ってよかろう。

47

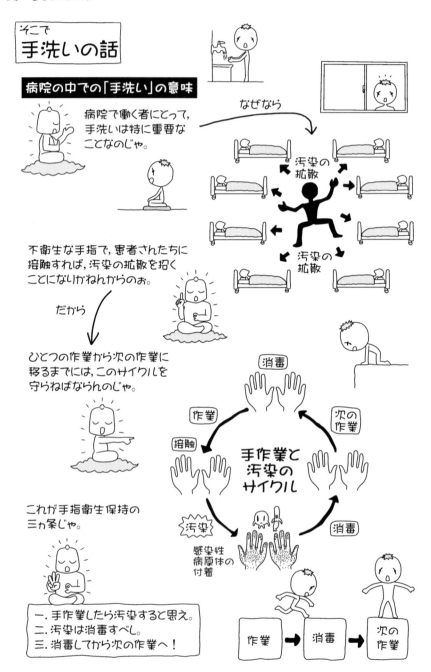

ところで、手洗いには、大きく分けてこの3つがあるのじゃ。

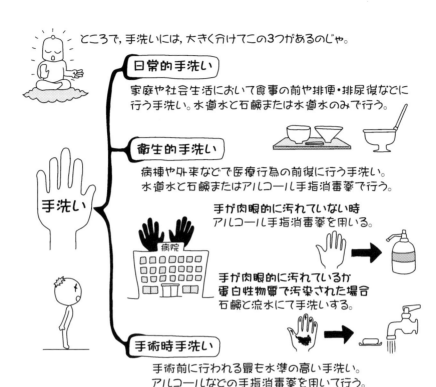

日常的手洗い
家庭や社会生活において食事の前や排便・排尿後などに行う手洗い。水道水と石鹸または水道水のみで行う。

衛生的手洗い
病棟や外来などで医療行為の前後に行う手洗い。
水道水と石鹸またはアルコール手指消毒薬で行う。

手が肉眼的に汚れていない時
アルコール手指消毒薬を用いる。

手が肉眼的に汚れているか蛋白性物質で汚染された場合
石鹸と流水にて手洗いする。

手術時手洗い
手術前に行われる最も水準の高い手洗い。アルコールなどの手指消毒薬を用いて行う。

※ブラシによる手術時手洗いは、皮膚の損傷を招き手指の細菌数を増やすため、アルコール手指消毒薬を用い、ブラシは使用しないのが適切とされる。

洗い残し

ちなみに、手洗いは、ちゃんと洗っているつもりでも洗い残しがあるんじゃ。

手のひら　　手の甲

ひぇ～。

2章 感染と防止の旅

洗い残しがないようにするには、ちゃんとした手順で手洗いをせねばいかんのじゃ。

石鹸と流水による手洗いには、具体的に言うと、このように9つのステップがある。

念入りでやんすねぇ〜。

石鹸と流水による手洗いの正しい手順

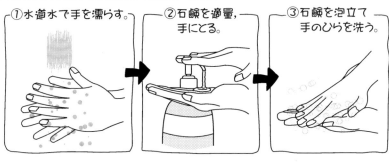

① 水道水で手を濡らす。
② 石鹸を適量、手にとる。
③ 石鹸を泡立て手のひらを洗う。

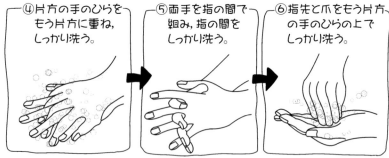

④ 片方の手のひらをもう片方に重ね、しっかり洗う。
⑤ 両手を指の間で組み、指の間をしっかり洗う。
⑥ 指先と爪をもう片方の手のひらの上でしっかり洗う。

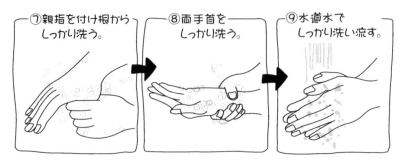

⑦ 親指を付け根からしっかり洗う。
⑧ 両手首をしっかり洗う。
⑨ 水道水でしっかり洗い流す。

標準予防策の中で、手指衛生については、以下のようなことが推奨されておる。

標準予防策における手指衛生について

環境表面

医療を提供する際は患者近辺の環境表面には不必要に手を触れないこと。
なぜなら、汚れた環境表面に触れて手指が汚染することと、汚染した手指から環境表面に病原体が拡散することを防ぐため。

蛋白性物質、あるいは血液や体液による手の汚れが肉眼でわかる場合、流水と普通の石鹸、あるいは流水と抗菌石鹸で手指を洗うこと。

肉眼で手指の汚れが認められない、あるいは流水と普通の石鹸で目で見える汚れを落とした後には、擦式アルコール消毒薬で手指を消毒すること。
代わりに、流水と抗菌石鹸で手を洗ってもよい。

以下の場合に手指衛生を実施すること。

→ 患者と直接接触する前

→ 血液、体液または排泄物、粘膜、傷のある皮膚、創傷のドレッシングに触れた後

→ 患者の傷のない皮膚に触れた後(脈をとる、血圧を計る、患者を持ち上げる時など)

こまめに手洗いでやんすねぇ。

→ 患者ケアの際、体の汚れた部位から清潔な部位へと手を移動させる時

→ 患者のごく近辺にある(医療器具などの)無生物の物体に触れた後

→ 手袋をはずした後

しかし芽胞菌は厄介なんじゃ。

クロストリジウム・ディフィシル、炭疽菌などの芽胞を持つ菌と接触した可能性が高い場合は、流水と普通の石鹸、または流水と抗菌石鹸で手を洗う。
アルコール、クロルヘキシジングルコン酸塩などは芽胞に対する活性が乏しいため推奨されない。

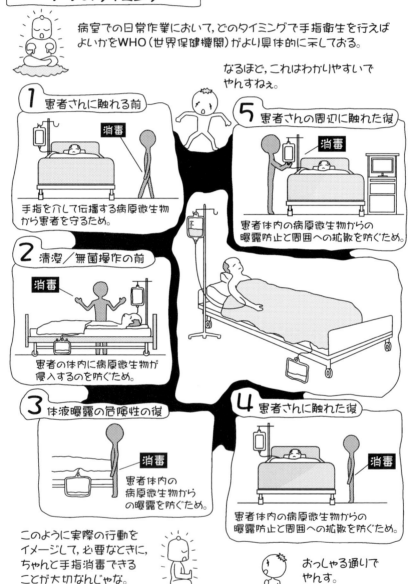

アルコールと手指消毒

手指消毒には,基本的にアルコールを使うことになっておる。

ほぉ～。

アルコールが推奨される理由

① アルコールは石鹸と流水よりも**殺菌効果**が強い。

② 保湿剤が入ったアルコール手指消毒薬は石鹸と流水よりも**手荒れが少ない**。

③ 石鹸は継ぎ足すときはボトルの中を水でよく洗い,よく乾かす必要がある。

④ 石鹸と流水による手洗いのあとはペーパータオルで指の間も十分に拭き取らないと,濡れた手指は残った病原体を増やしてしまうが,アルコールなら容易に**蒸発**するので,手指がすばやく乾燥する。

⑤ 石鹸と流水の手洗いには時間を要するが,アルコール手指消毒は**短時間**でできる。

1回の手指消毒に必要なアルコールの量

オイラには大きいでやんすが。

アルコールは**即効性**のある殺菌薬じゃが,それでも必要な量で一定の時間,皮膚に接触させないと殺菌効果は不十分なのじゃ。

十分な殺菌効果を得るための手指衛生1回あたりのアルコールの必要量じゃが,手をお椀のかたちにして,そこに500円玉の大きさ程度の量のアルコールをのせ,消毒するのがよいとされておる。

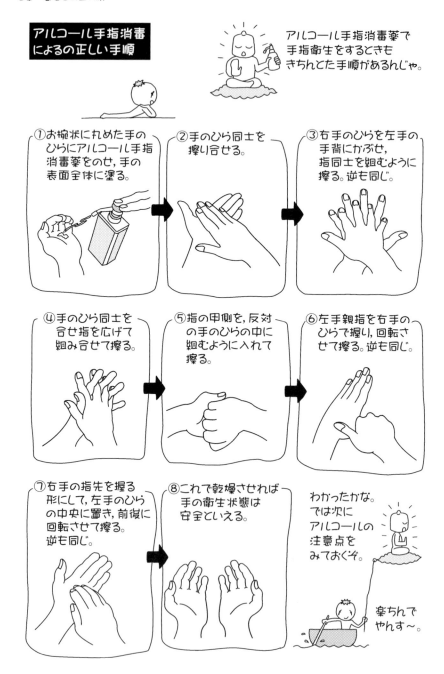

アルコールの注意点

手指衛生には,基本的にアルコールが推奨されとるわけじゃが,大切な3つの注意点があるんじゃ。

アルコールと手荒れ

同じアルコール手指消毒薬でも,できれば**保湿剤**の入ったものを使うと,なお一層手荒れを防ぐことができる。

ちなみに,手荒れがあると,そこから細菌などが入ってしまうことがあるので,手荒れしないよう心掛けることは大変重要である。

アルコール手指消毒薬+石鹸と流水による手洗いの危険性

アルコールによる手指消毒のあとに石鹸と流水による手洗いをすると手荒れしやすくなる。
逆に,石鹸と流水による手洗いのあとにアルコールで消毒しても,アルコール単独よりも手荒れしやすくなる。
そのため,アルコールで十分なら石鹸と流水による手洗いはしないことが手荒れ対策として重要である。

アルコール手指消毒薬の弱点

芽胞を形成する細菌のクロストリジウム・ディフィシルによる下痢患者のケアでは石鹸と流水による手洗いを行う。なぜなら,アルコールは芽胞菌を殺菌しないからである。

同様に,ノロウイルス胃腸炎の患者のケア後も石鹸と流水による手洗いを行う。ノロウイルスのような**エンベロープ**を持たないウイルスへの活性が不十分だからである。

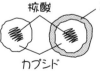

※エンベロープは,ウイルスの基本部分を覆うもので,大部分が脂質でできているため,アルコールで破壊できるが,エンベロープを持たないウイルスには活性が不十分となる。

また,アルコールは手指が蛋白などで汚れていると効果が減弱するので,手指が肉眼的に汚れている場合には石鹸と流水による手洗いが必要である。

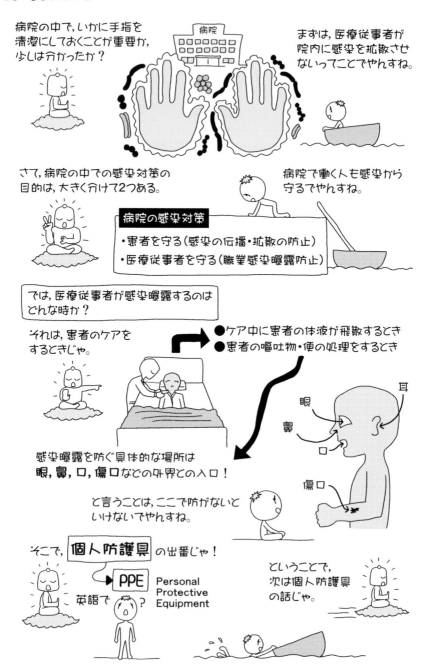

個人防護具 PPE (Personal Protective Equipment)

個人防護具(PPE)とは，**粘膜，気道，皮膚および衣服**を病原体の曝露から守るためのものじゃ。

病原体

バリアを張るわけでやんすね。

で，その個人防護具(PPE)には，具体的に言うと，こんなものがある。

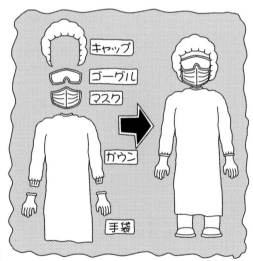

キャップ
ゴーグル
マスク
ガウン
手袋

ほぉ〜

これらはいつも全部を着けるわけではなくて，患者のケアの内容によって，必要な防護具を組み合わせて使うんじゃな。

そうでやんすかぁ。

まずは，それぞれがどんな時に必要かをみていくとしよう。

了解でやんす。

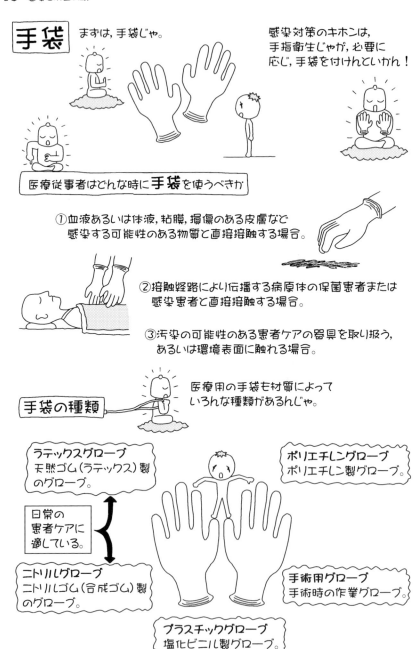

手袋使用の注意点

血液や感染する可能性のある物質、粘膜、傷のある皮膚、傷はないが（便または尿など）汚染の可能性のある皮膚との接触が予想される場合は、必ず手袋を装着すること。

業務内容に適した密着性および耐久性のある手袋を装着すること。たとえば、
- 患者を直接ケアする場合には、使い捨て（ディスポーザブル）の診察用手袋を用いる。
- 環境および医療機器の清掃には、使い捨てまたは再使用が可能な実用手袋を装着する。

2人以上の患者ケアには、同じ手袋を使わず、患者ごとに取りかえること。

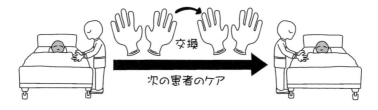

不潔部位から清潔部位へ患者ケアが移動する際には、同じ患者であっても手袋を取りかえること。

患者ケア、あるいは周囲環境に接触後の使用した手袋は正しい手順で外すこと。

手袋の外し方にも正しい手順があるんでやんすね。

次頁で詳しく紹介しておるぞ。

2章 感染と防止の旅

使用した手袋は，感染性病原体に汚染されとる可能性が高いわけじゃ。だから外し方を間違えると，手が汚染されてしまうんじゃな。

ヘェ〜，そうなんでやんすねぇ。

手袋の正しい外し方

1 片方の手袋を手首のあたりからつかんで皮膚に触れないように外しはじめる。

2 つかんだ手袋をそのまま引っ張って，手袋を外す。

3 もう片方の手袋は，手が汚染されないように手袋の内側に手を入れて外しはじめる。

4 つかんだ手袋を引っ張って外す。

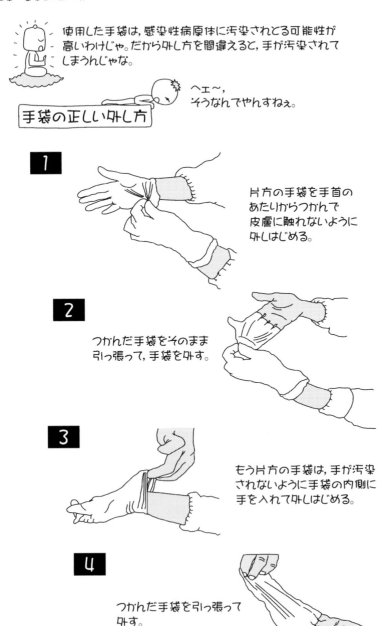

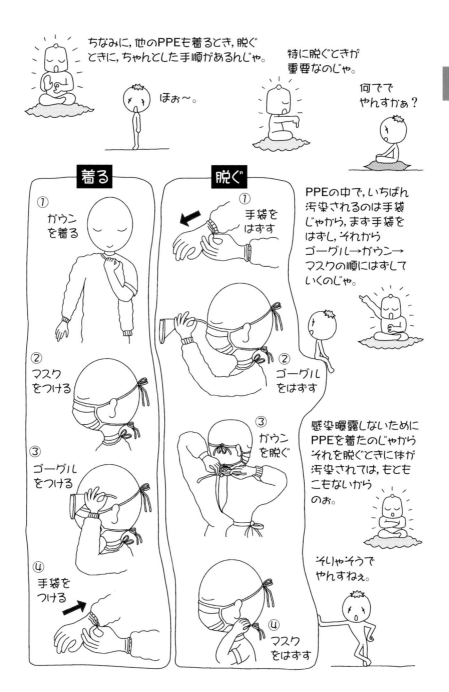

マスク

次はマスクじゃ。
PPEの中で手袋と並んでよく使うのがマスクなんじゃ。

ひと口にマスクと言っても、医療用には大きく分けて2種類ある。

2種類?

ひとつは、サージカルマスク
もうひとつは、N95レスピレータじゃ。

サージカルマスク

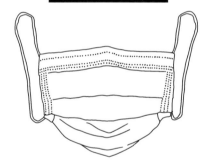

N95レスピレータ

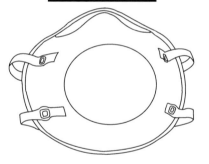

サージカルマスクを装着するとき
- 標準予防策において、飛沫曝露の可能性がある場合に装着する。
- 飛沫感染するインフルエンザ、風疹、百日咳といった感染症の患者をケアする場合にも装着する。
- 咳エチケット（p65参照）が必要な患者や同伴者が装着する。
- 空気感染性疾患に罹患した患者が咳エチケットとして装着する。
- 手術のときに術者が自分の口や鼻に保菌している病原体を患者にうつさないために装着する。

N95レスピレータを装着するとき
- 空気感染性疾患（結核、麻疹、水痘）の罹患者をケアする医療従事者が装着する。
- これらの感染症に罹患した患者にとっては、N95レスピレータは息苦しくなるので装着させない。
- N95レスピレータを装着するにはフィットテストやユーザーシールチェック（p64参照）を十分理解する必要がある。

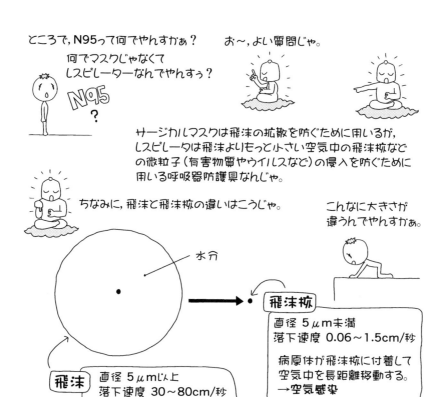

ここでちょっと,フィットテストとシールチェックの話をしておこうかの。

N95タイプがいくら高性能の防御具だといっても,隙間なくちゃんと身に着けないと意味がないんじゃ。だから実際には,自分が使うN95タイプで事前にチェックする必要があるんじゃな。

フィットテスト

定性的フィットテスト
N95レスピレータを装着後,フードをかぶり,フード内部にサッカリン味などのエアロゾルを噴霧する。通常の呼吸→深呼吸→顔を左右→上下に動かす→声を出す→顔をしかめる→腰を曲げる→通常の呼吸を行い,その間,味を感じなければ,テスト成功となる。

定量的フィットテスト
N95レスピレータを装着後,内側と外側の粉じん粒子の割合を定量的に測定する。専用の機器につながったチューブをN95レスピレータに差し込んで測定する。

ユーザーシールチェック

N95レスピレータを再装着するたびに,マスクと顔の皮膚の密着を確認するために実施される。陽圧チェックと陰圧チェックがあり,陽圧チェックでは,N95レスピレータの表面を手で覆って優しく息を吐き,マスク周囲から空気漏れを感じなければ,陽圧チェックは合格。
陰圧チェックでは,優しく息を吸って,N95レスピレータが顔に向かって引きつけられるか,使用者がN95レスピレータの周囲から空気漏れを感じなければ,陰圧チェックは合格である。

咳エチケット

さて次は，マスクに関連して標準予防策で重要な「咳エチケット」じゃ。

咳エチケット…？

咳エチケットは具体的にはこういうことじゃ。

- 咳をするときにはティッシュで口と鼻を覆う。
- 咳・鼻水症状がある人はサージカルマスクを着用する。
- 咳，鼻水などの呼吸器分泌物に触ったら手指衛生をする。

つまり，感染防止を目的とした咳をするときの作法じゃな。

ここで，そもそもマスクの用途は何かを少し整理しておくかの。

じゃぁ，聞くかの。

マスクの用途には，以下の2つがあるんじゃが，後者（右側）が「咳エチケット」の考え方なのじゃ。

外からの病原体などが中に入るのを防ぐ

中にいる病原体などを外に出さない

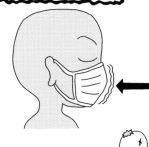
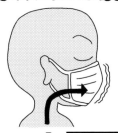

↓ 咳エチケット

咳エチケットが必要な疾患
→呼吸器感染症
　（インフルエンザ，麻疹，風疹などのウイルス感染症や百日咳などの細菌感染症）

これらの疾患を有する咳症状のある患者はサージカルマスクを着用する。

咳エチケットの必需品
- サージカルマスク
- ティッシュペーパー
- アルコール手指消毒薬
- 石鹸と流水
- 咳エチケット啓発ポスター

感染経路別予防策

さてさて、長らく標準予防策の話をしてきたわけじゃが、感染防止策には、これと並んで重要な対策があるんじゃ。

それが、**感染経路別予防策**じゃ。

経路別…？

感染経路別予防策は、前に話した病原体の3大感染経路(p12参照)に対応した3つの予防策があるのじゃ。

- 接触予防策
- 飛沫予防策
- 空気予防策

標準予防策とは何が違うんでやんすかぁ？

病原微生物ごとに感染経路はある程度決まっておって、その経路に応じて一歩踏み込んだ対策が経路別予防策なのじゃ。そこが、全ての病原微生物を対象にした標準予防策と違うところじゃな。

ちなみに、経路ごとに病原微生物をみると、このようになっておる。

ほぉ〜。

経路別にみた主な病原微生物

接触感染
- 薬剤耐性菌（特に多剤耐性菌）
  - MRSA（メチシリン耐性黄色ブドウ球菌）
  - MDRP（多剤耐性緑膿菌）
  - MDRAb（多剤耐性アシネトバクター・バウマニ）
  - VRE（バンコマイシン耐性腸球菌）
  - ESBLs産生菌
  - メタロβラクタマーゼ産生菌
- クロストリジウム・ディフィシル
- ノロウイルス
- RSウイルス
- ロタウイルス
- ヒゼンダニ（疥癬） など

飛沫感染
- インフルエンザウイルス
- 風疹ウイルス
- RSウイルス
- ムンプスウイルス
- アデノウイルス
- 百日咳菌
- マイコプラズマ
など

空気感染
- 結核菌
- 麻疹ウイルス
- 水痘-帯状疱疹ウイルス
など

感染経路別予防策は
いつ必要なんでやんすかぁ。

よくぞ、そこに
気づいたのぉ。

感染経路別予防策は標準予防策だけを実施しても
感染経路を完全には遮断できない場合に用いるのじゃ。

さらに複数の感染経路をもつ病原体に対しては，
3つの予防策を組み合わせて実施するんじゃよ。

ふぅ～ん。

感染経路別予防策

標準予防策

ここで重要なことは，どの感染経路別予防策を実施するにせよ
必ず標準予防策とセットで行うということじゃ。

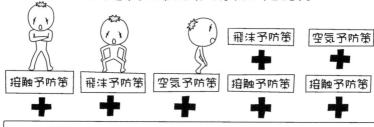

個室隔離・コホーティング

感染経路別予防策は、3つとも
大きな特徴があるんじゃ。

それは，**個室隔離**じゃ。

個室が足りないときは，
コホーティングをやる。

コホーティング…？

コホーティングとは、同じ微生物
で感染症を発症した患者あるいは
保菌者を同じ病室に集めて、他の
患者から隔離することなんじゃ。

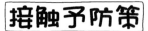

というわけで、ここからは経路別予防策をひとつずつ見ていくことにするかのぉ。

ヘェ〜イ！

では、まず接触予防策じゃ。

接触予防策は、接触感染で伝播する病原体を持った患者に対する感染対策で、一番の目的は、他の患者に感染が広がらないようにすることじゃな。

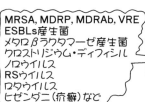

MRSA, MDRP, MDRAb, VRE
ESBLs産生菌
メタロβラクタマーゼ産生菌
クロストリジウム・ディフィシル
ノロウイルス
RSウイルス
ロタウイルス
ヒゼンダニ（疥癬）など

接触予防策

と言うことはぁ〜。

つまり、先ほど話した「個室隔離」や「コホーティング」をせねばならん。

個室隔離　or　コホーティング

3フィート

医療従事者が接触感染患者をケアする際は、**手袋とガウン**を着用。入室時に装着し、退室前に外す。

コホーティングの際は、患者のベッド間は最低3フィート（約92cm）離す。

接触感染患者が頻繁に触れるもの（ベッド柵、オーバーテーブル、ナースコールなど）を重点的に清掃する。

もちろん、接触予防策は標準予防策とあわせて行うことを忘れんようにな！

飛沫予防策

次は飛沫予防策じゃ。

Droplet precautions

飛沫予防策は、飛沫感染で伝播する病原体を持った患者を隔離して他の患者に感染を広げない対策じゃ。

- インフルエンザウイルス
- 風疹ウイルス
- RSウイルス
- ムンプスウイルス
- アデノウイルス
- 百日咳菌
- マイコプラズマ
- など

飛沫予防策も、**個室隔離**あるいはコホーティングにより、他の患者から隔離してケアするわけじゃな。

隔離された患者の病室に入って、患者から2〜3m以内に近づくときは、必ずサージカルマスクを着用せねばならん。

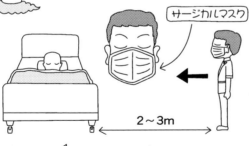

サージカルマスク

2〜3m

※N95レスピレータは必要ない！

飛沫予防策も標準予防策とあわせてやるな。

カーテン

1m以上

飛沫予防策でのコホーティングのときは、以下の点が重要となる！
- ベッドとベッドの間には1m以上の空間的距離をおく！
- 患者と患者の濃厚接触を避けるためにベッド間にカーテンを引く！

空気予防策

空気予防策は,空気感染で伝播する病原体を持った患者を隔離して他の患者に感染を広げない対策なんじゃが,飛沫予防策と大きく違う点は何かわかるか？

何でやんすかぁ？

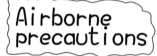

飛沫予防策は,感染性の飛沫を出す患者を対象にしておるが,空気予防策は,感染性の**飛沫核**を出す患者を対象にしておるんじゃ。

飛沫よりもっと小さい飛沫核を相手にするわけでやんすね。

空気感染
- 結核菌
- 麻疹ウイルス
- 水痘-帯状疱疹ウイルス
など

大きさの違いもさることながら,その飛行距離が問題なのじゃ。

飛行距離…？

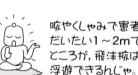
咳やくしゃみで患者の口から出た飛沫は,だいたい1～2mで床に落下する。ところが,飛沫核は空気中をしばらくの間浮遊できるんじゃ。

空気中に浮いていたら困るでやんすねェ。

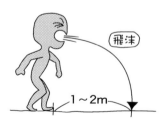
飛沫
1～2m

飛沫核

さて,空気予防策も隔離が必要なんじゃが,普通の個室隔離でなく,**空気感染隔離室**という特別の病室で行うのが望ましいとされておる。

それはどんな病室でやんすかぁ?

空気感染を防ぐには,患者の病室内の空気が外へ漏れ出ないことが最大のポイントなんじゃ。

そのためには病室内を**陰圧**にせねばならん。

陰圧…?

空気というのは,圧力の高いほうから低いほうへ流れるのじゃ。

圧力 高 → 圧力 低
ほぉ,ほぉ。

つまり,空気感染隔離室とは,こんな感じになっとるわけじゃ。

空気感染隔離室
陰圧 ← 陽圧
中の空気は外へ出ない!

空気感染隔離室に入室する際,医療従事者はN95レスピレータを,患者はサージカルマスクを装着することになっておる。

言うまでもなく空気予防策も標準予防策とあわせて行うべし。

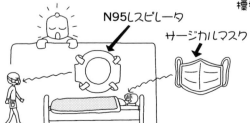
N95レスピレータ　サージカルマスク

べし!

2章　感染と防止の旅

と，まぁここまでが「感染防止策」の基本的な考え方というわけじゃ。

いっぱい勉強したでやんす。旅は終わりでやんすね。

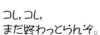コレ，コレ，まだ終わっとらんぞ。

まだあるでやんすかぁ？

方法論

ワシが今まで話してきたことは，「感染防止」の原則的な方法論というやつじゃ。

方法論 →（実践）→ 現場

この方法を使って，病院という環境の中で実際に起こる感染に対応していかにゃならん。

ということで，次は医療関連感染の旅じゃ。

なるほどぉ。

つまり，病院内で行われる医療に関連して起こる感染のあれこれについて学んでいく旅じゃな。

トラベルデスク

ということはぁ〜，オイラはここで引き続きお告げさまの話を聞いていればいいでやんすね。

甘えるでない！すぐ次の旅に出るのじゃ。

まったく〜。人使いが荒いでやんすねェ〜。

こうしてよく意味のわからぬまま，いよいよ当初の目的地である病院の中へ入って行くかんせんボウシなのでした。

3章

感染と医療の旅

そこで、まず声を大にして言いたいのは、医療関連感染の代表的なものには**侵襲的処置**を原因とする感染があるということじゃ。

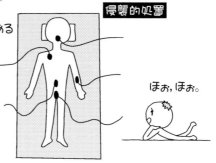

つまり、体の中に異物が入ることで起こるもので、**デバイス関連感染**とも呼ばれておるな。

ちなみに侵襲的処置に関連した主な感染には、以下のようなものがある。

侵襲的処置と感染
- ●血管留置カテーテル感染
- ●尿路留置カテーテル感染
- ●手術部位感染
- ●人工呼吸器関連肺炎
- ●気管挿管チューブを介した感染
- ●吸引チューブを介した感染

など

というわけで、まずはこれらを順に見ていくかのぉ～。

血管内留置カテーテル感染

BSI Bloodstream Infection

医療関連感染の中で、最初におさえておきたいのは、血管内に留置するカテーテルに関連して起こる感染じゃ。

何でそんなに重要でやんすかぁ？

血管内

それは、血管内に病原体が入り込むと血流感染症という大変危険な感染症になってしまうからじゃ。

血流感染症…。

カテーテル関連血流感染症
(Catheter Related Blood Stream Infection:CRBSI)

カテーテル関連血流感染症とは、血管につながるカテーテルを介して病原体が血流に入り込むことで起こってしまう感染症じゃ。

何か恐ろしい話でやんすねェ。

そうじゃ。**菌血症**という命にかかわる重大な感染症になってしまうのじゃよ。

菌血症

CRBSI を疑うべきケース
① カテーテル挿入部とその付近に感染兆候が認められる場合。
あるいは
② 発熱などの感染兆候があるが一見感染巣がはっきりしない場合。

主な原因微生物
・コアグラーゼ陰性ブドウ球菌
・黄色ブドウ球菌
・大腸菌
・エンテロバクター属
・緑膿菌
・肺炎桿菌
・カンジダ属

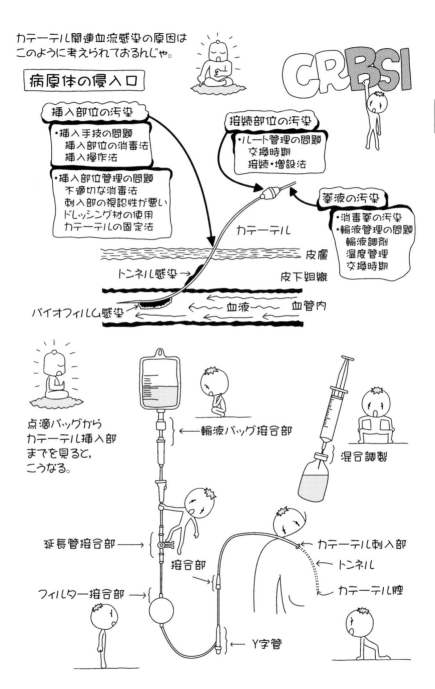

血管の中に挿入するカテーテルには、いろいろな種類があるから、ここで紹介しておくかのぉ。

いっぱいあるでやんすねェ。

挿入部位も様々なので汚染防止のポイントもいろいろあるわけじゃ。

血管カテーテルの種類
- 末梢挿入型血管内留置カテーテル
- 非抗菌成分含浸・非トンネル型中心静脈カテーテル
- 非抗菌成分含浸・トンネル型中心静脈カテーテル
- カフ付きトンネル型中心静脈カテーテル
- 血行動態モニター用動脈カテーテル
- 肺動脈カテーテル
- 末梢静脈挿入式中心静脈カテーテル(PICC)
- 末梢挿入型ミッドラインカテーテル

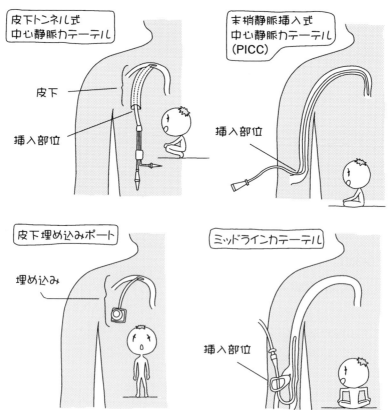

皮下トンネル式中心静脈カテーテル / 皮下 / 挿入部位

末梢静脈挿入式中心静脈カテーテル(PICC) / 挿入部位

皮下埋め込みポート / 埋め込み

ミッドラインカテーテル / 挿入部位

カテーテルによる血流感染を防ぐ第一歩は, 挿入時の対策じゃ。とりわけ中心静脈カテーテルは, 挿入時に血流感染を合併する危険性がきわめて高いので, マキシマル・バリアプリコーションを実施せねばならん。

マキシマル・バリアプリコーション？

マキシマル・バリアプリコーション

マキシマル・バリアプリコーションとは, 中心静脈カテーテルの挿入時には, 滅菌ガウン, 滅菌手袋, キャップを着用し, 患者には全身用滅菌ドレープを使用することじゃ。

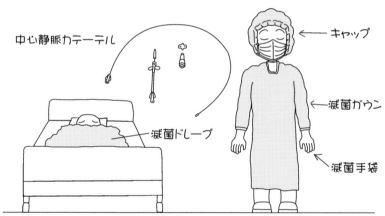

ほかのカテーテルを挿入する際には, **手指衛生と無菌操作**が基本となる。

無菌操作？

無菌操作とは, 患者が外界の病原体に汚染されないように, 適切に消毒しながら行う特別の手技なのじゃ。

カテーテル挿入部の皮膚消毒はもちろんのこと, 操作の前後で必ず手指衛生を徹底せにゃならん！

ほぉ〜。

ちなみに米国CDCのガイドラインによると，血管カテーテルの取り扱いについては以下のポイントが重要となっておる．

- カテーテルと挿入部位の選択
- 手指衛生と無菌操作
- マキシマル・バリアプリコーション
- 皮膚の消毒
- カテーテル留置部位のドレッシングによる管理
- カテーテルの交換

カテーテルと挿入部位の選択

〔末梢カテーテル，ミッドラインカテーテル〕
- 成人は上肢に挿入．
- 小児は上肢か下肢に挿入．
- 新生児，幼児は頭皮に挿入．

〔中心静脈カテーテル〕
- 成人では，大腿静脈は避け，鎖骨下静脈に挿入．
- 透析患者，腎疾患患者では鎖骨下静脈へは挿入しない（静脈狭窄を避けるため）．
- 中心静脈カテーテルの挿入は超音波ガイド下で行う．

手指衛生と無菌操作

- 以下の際に，石鹸と流水，あるいは擦式アルコール消毒薬で手指衛生を実施する．
  - カテーテル挿入部位に触れる前後
  - 血管内留置カテーテルの挿入の前後
  - カテーテル交換の前後
  - アクセスの前後
  - 修復作業の前後
  - ドレッシング取り扱いの前後
- 血管内留置カテーテルの挿入やケアは無菌操作で行う．
- カテーテル挿入時には滅菌手袋を着用．
- ドレッシング交換時は清潔な未滅菌手袋または滅菌手袋を着用．

マキシマル・バリアプリコーション

- 中心静脈カテーテル,末梢静脈挿入式中心静脈カテーテル(PICC)の挿入やガイドワイヤー交換は,キャップ,マスク,滅菌ガウン,滅菌手袋を着用して行う。
- 患者には全身を覆うサイズの滅菌ドレープを用いる。

皮膚消毒

〔末梢カテーテル挿入前〕
- 生体消毒薬(70%アルコール,ヨードチンキ,クロルヘキシジングルコン酸塩含有アルコール溶液)で皮膚消毒を行う。

〔中心静脈カテーテル・末梢動脈カテーテル挿入前〕
- >0.5%クロルヘキシジングルコン酸塩含有アルコール溶液で皮膚の消毒を行う。

カテーテル留置部位のドレッシングによる管理

- カテーテル挿入部位の被覆には,滅菌ガーゼか滅菌,透明,半透過性のドレッシング材を使用する。

カテーテルの交換

〔末梢カテーテル,ミッドラインカテーテル〕
- 成人では,72〜96時間ごとよりも頻繁に交換する必要はない。
- 小児では,臨床的に適応となる場合にのみ交換する。

〔中心静脈カテーテル〕
- カテーテル(CVC, PICC, 血液透析カテーテル,肺動脈カテーテル)の交換はルーチンには行わない。
- ガイドワイヤー交換時,新しいカテーテルを扱う際に新しい滅菌手袋に交換する。

では次に尿路留置カテーテル感染の話に行くかの。

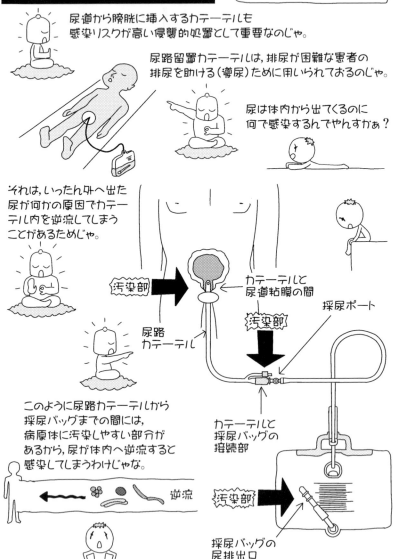

尿路留置カテーテルに関連して起きる感染症の原因菌はこのように様々なものがある。

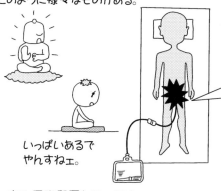

尿路留置カテーテル感染の主な原因病原体

グラム陽性球菌
- 黄色ブドウ球菌（MRSAも含む）
- 表皮ブドウ球菌
- エンテロコッカス・フェカーリス

グラム陰性桿菌
- 大腸菌
- 肺炎桿菌
- プロテウス・ミラビリス
- シトロバクター属
- エンテロバクター属
- セラチア属
- 緑膿菌

真菌
- カンジダ属

いっぱいあるでやんすねェ。

さて，尿路留置カテーテルの一番の問題点は何じゃと思う？

さぁ～。

それはズバリ！必要ないのに使ってしまうことじゃ。

つまり尿路カテーテルを使ってよい状況，使ってはいけない状況をよく知っておかねばならんのじゃ。

使用してもよい状況
- 患者に急性の尿閉，膀胱出口部閉塞がある。
- 重篤な患者の尿量の正確な測定が必要である。
- 外科手技のための周術期使用。
    - 泌尿器科手術または他の手術を受ける患者
    - 長時間の手術が予想される患者
    - 術中に大量の点滴または利尿剤が投与される患者
    - 尿量の術中モニタリングが必要な患者
- 尿失禁患者の仙椎部または会陰部の開放創の治癒を促す。
- 患者を長期に固定する必要がある。
- 終末期ケアの快適さを向上させる。

ほぉ～。なるほどぉ～。

使用してはならない状況
- 尿失禁のある患者または在宅看護ケアの代用。
- 患者が自発排尿可能なのに，培養その他の診断用の検査のための採尿手段として。

3章 感染と医療の旅

尿路にカテーテルを挿入するときに,
まず注意せにゃいかんことがある。

尿路カテーテルの留置手順

1. まず最初に手指衛生を行う。
2. 滅菌手袋を着用する。
3. 消毒液を含んだ綿球で外尿道口周辺を清拭する。
4. 片手で陰部をおさえ,反対の手で清潔操作によりカテーテルを注意深く挿入する。
5. カテーテルを固定する。
6. 処置が終わったら滅菌手袋をはずして手指衛生を行う。

採尿バッグの注意点

採尿バッグは,床に触れていると床を汚染させるかもしれないし,逆に膀胱より高い位置にあっても逆流させてしまうから,その点も注意せにゃいかんのじゃ。

膀胱より高い位置に置かない。

床につけない！
寝かせない！

なるほどぉ。

尿の回収も注意してやらんといかん！

採尿バッグからの尿回収手順

1. 石鹸と流水による手洗いか擦式アルコール消毒薬による手指衛生を行う。
2. 清潔な未滅菌手袋とディスポーザブルエプロンを着用する。
3. 洗浄・乾燥された集尿容器を患者ごとに用意する。
4. 採尿バッグの排尿口ロックをはずし,集尿尿器に慎重に排出する。
   （※集尿容器に尿排出口をつけない！,尿しぶきを飛ばない！）
5. 作業終了後は,手袋,エプロンをはずし,石鹸と流水での手洗いか,擦式アルコール消毒薬で手指衛生を行う。
6. 集尿容器は使用後に洗浄・乾燥させる。

尿路留置カテーテルについても米国CDCがガイドラインで以下のことを推奨している。

catheter-associated urinary tract infection

● 尿路カテーテルの適正使用
● 尿路カテーテルの適切な挿入手技
● 尿路カテーテルの適切なメンテナンス法

尿路カテーテルの適正使用

- 尿路カテーテルの使用期間は, すべての患者で最小限に留める。
- 患者およびナーシングホーム入居者に対して, 尿路カテーテルを失禁管理のために使用してはならない。
- 術中患者における尿路カテーテルの使用は, 必要時のみに限定する。
- カテーテル留置の適応がある術中患者では, 可能な限り24時間以内にカテーテルを抜去する。

尿路カテーテルの適切な挿入手技

- カテーテルの挿入や留置部位に対する処置の直前・直後には, 手指衛生を実施する。
- 急性期ケア環境では, 尿路カテーテル挿入を滅菌済みのデバイスを用いて無菌操作で行う。
- カテーテルの挿入後は, 適切に固定する。
- 間欠的導尿は, 膀胱過拡張の予防のため一定の間隔で行う。

尿路カテーテルの適切なメンテナンス法

- 尿路カテーテルの無菌的挿入後には, その閉鎖式排尿システムを維持する。
- 尿流が妨げられないように維持する。
  - カテーテルと導尿チューブがねじれないようにしておく。
  - 採尿バッグは, 膀胱よりも常に低い位置を保つ。バッグは床に置かない。
  - 採尿バッグは, 患者ごとに別々の清潔な採尿バッグを用いて定期的に空にする。この際集尿容器が尿排出口に接触しないようにする。
- カテーテルおよび採尿システムの操作時には, 手袋やガウンを適宜使用し標準予防策を講じる。
- カテーテルや採尿バッグをルーチンで定期的に交換することはしない。
- 尿路感染予防として全身性の抗菌薬投与をルーチンで行わない。
- カテーテル留置中は尿道周囲を消毒薬で消毒しない。

手術部位感染

侵襲的処置として最も大がかりなものが，外科手術じゃな。

いかにもでやんすね。

その手術をする部位でも感染に注意せにゃならん！

切る場所での感染…？

手術部位感染といって，切開部ならびに臓器や腔で起こる感染じゃ。ちなみに手術部位感染は，切開したところ，その表面，奥のほう，さらには手術の対象臓器に分類されておる。

SSI ; Surgical Site Infection

手術部位感染の分類
- 手術創感染
- 切開部表層
- 切開部深層
- 手術対象臓器／腔の感染

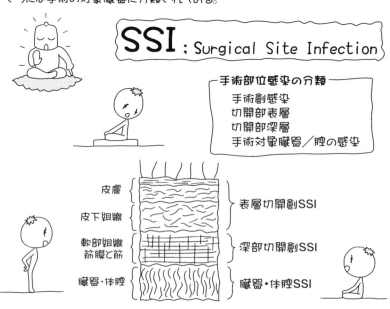

さらに, 切開部の深さによって, 手術部位感染は
以下のように定義されておるのじゃ。

切開部の深さとSSI

表層切開創SSI

手術後30日以内に発症し, 切開部の皮膚または皮下組織に限定される
感染で, 少なくとも下記の1項目に該当するもの:
1. 検査確認の有無を問わず, 切開部表層からの排膿がある。
2. 切開部表層から採取した体液または組織培養で病原菌が分離される。
3. 疼痛か圧痛, 局所的な腫脹, 発赤か発熱のうち, 少なくとも1つの
 感染徴候があり, 切開部の培養が陰性でない場合。
4. 外科医または介助医が, 切開部表層のSSIであると判断した場合。

深層切開創SSI

インプラントを留置しない場合は手術後30日以内に, 留置した場合は
1年以内に起こり, 手術によるものと考えられる感染で, かつその感染は
軟部組織に及び, かつ下記の少なくとも1項目に該当するもの:
1. 切開部の深層からであり, 手術部位の臓器/腔からではない排膿がある。
2. 切開部の深層は自然な創の離開または外科医が慎重に切開したもので,
 患者に発熱(>38℃), 局所の疼痛, 圧痛の徴候や症状の少なくとも1つ
 があって, 部位の培養が陰性でない場合。
3. 切開部深層の関係する膿瘍その他の感染の証拠が, 直接的な検査,
 再手術の際, 組織病理学的または放射線医学的な検査で判明する。
4. 外科医または介助医が切開部深層のSSIであると診断した場合。

臓器/体腔SSI

インプラントを留置しない場合は手術後30日以内に, 留置した場合は
1年以内に起こり, 手術によるものと考えられる感染で, かつその感染
は切開部位以外で手術時に開いたか触れた部分(臓器, 腔など)に及び,
かつ下記の少なくとも1項目に該当するもの:
1. 臓器/腔に刺創を経由して設置したドレーンからの排膿がある。
2. 無菌的に採取した臓器/腔からの体液または組織の培養によって
 病原菌が分離される。
3. 臓器/腔の関係する膿瘍その他の感染の証拠が, 直接的な検査,
 再手術の際, 組織病理学的または放射線医学的な検査で判明する。
4. 外科医または介助医が切開部深層のSSIであると診断した場合。

手術部位感染で特に問題となるのは，
消化管系の手術と，整形外科で行う
インプラント手術なんじゃ。

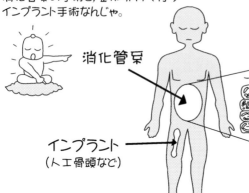

消化管系

インプラント
(人工骨頭など)

とりわけ腸管系には，
常在菌が大量に
おるわけじゃから
術中汚染が重大な
感染リスクに
なるんじゃな。

このように常在菌が大量にいる場所
での手術じゃから，手術部位感染が
起こる原因菌も多種にわたるのじゃ。

いっぱい！

手術部位感染の主な原因菌
- 黄色ブドウ球菌
- コアグラーゼ陰性ブドウ球菌 (CNS)
- 腸球菌
- 大腸菌
- 緑膿菌
- エンテロバクター属
- その他のグラム陰性菌
- その他のグラム陽性菌
- カンジダ・アルビカンス

そして手術で切開したところ，すなわち手術創も
清潔から不潔まで4つに分類されておる。

手術創の分類
清　潔：感染，炎症がない。
　　　　呼吸器，消化管，生殖器，尿路の手術を含まない。
　　　　一次縫合。
準清潔：管理下にある呼吸器，消化管，生殖器，尿路の手術。
　　　　特に汚染がない。
汚　染：事故などによる開放性の偶発的創傷。
　　　　無菌操作をそこなう手術。
　　　　腸管内容物が出ている。
不潔・感染：古い外傷性の創で壊死組織が残っている。
　　　　　　臨床的に感染を認める，あるいは臓器穿孔がある。
　　　　　　術後感染の原因菌が，術前から術野に存在する。

ほぉ～。

手術部位感染を防止するためには、術前、術中、術後に注意しておきたい点があるんじゃ。

病室

SSI防止のための術前の注意点

- 手術前の除毛
  手術前の除毛はSSI発症率増加につながるため行わない。除毛が必要な場合は術直前に専用のクリッパーで行う。かみそりは使用不可。
- 手術室での患者皮膚消毒
  クロルヘキシジングルコン酸塩、ヨードホールが有効である。
- 術者の術前の手指衛生
  適切な消毒薬で肘まで消毒する。爪は短く、付け爪はしない。
- 感染・定着のある手術スタッフの管理
  排膿のある皮膚疾患を持つ外科スタッフは治癒まで業務しない。
- 術後感染予防抗菌薬（AMP：antimicrobial prophylaxis）投与

オペ室

SSI防止のための術中の注意点

- 手術室の環境への注意点
  ・手術室内の人数制限、室内陽圧の維持と粉塵除去、手術器材の滅菌。
- 手術時服装・覆布
  ・手術着・マスク・手袋・ガウン・覆布の適切な着用。
- 無菌操作及び手術手技
  ① 無菌操作
    ・手術スタッフの無菌操作の徹底。
    ・すべての手術機器を滅菌。
    ・フラッシュ滅菌器の使用は最小限に。
  ② 手術手技
    ・優れた手術手技はSSIの危険性を低下させる。
    ・十分な止血。
    ・縫合糸、炭化組織、壊死片の残留を最小限に。
    ・組織の損傷を最小限に。
  ③ ドレナージ
    ・ドレーンは早期に抜去する。基本的に閉鎖式吸引ドレナージを使用。
- 術中の管理
  ・術中の体温は36.5℃以上に保つ（低体温によるSSI発生の助長防止）。

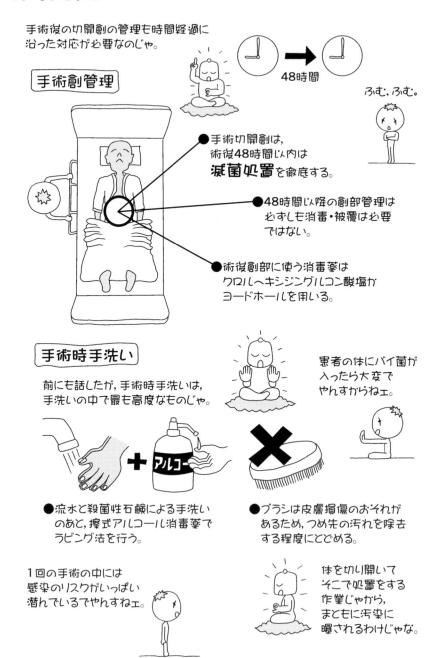

人工呼吸器関連肺炎

ventilator-associated pneumonia: VAP

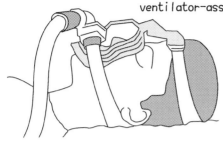

次は, 人工呼吸器を装着した患者に起きる肺炎の話じゃ。

そんな肺炎があるでやんすか！

人工呼吸器関連肺炎 (VAP) と言って, 呼吸器状態の悪い患者に使う人工呼吸器を介して起こるから実に重大な感染症なのじゃよ。

なぜ起こるかは, こういうことじゃ。

人工呼吸器関連肺炎はどうやって発生する？

1. 誤嚥
   ① 口腔鼻腔内の細菌が気管内チューブを介して気管に流入。
   ② 胃の内容物やそこに含まれる細菌が胃管を伝わり気管に流入。
2. 吸入
   挿管チューブから菌を直接気管に吸い込む。
   ① 不潔な吸引操作。
   ② 人工呼吸器回路（加温加湿器も含め）の汚染。
   ③ アンビューバッグ, ジャクソンリース回路の汚染。
3. その他可能性のある要因
   ① 血行性遠隔転移。
   ② 患者側の免疫力低下。

あじゃぁ〜。

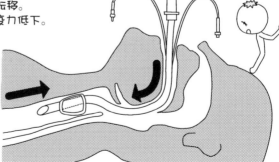

そもそも病院内で起こる肺炎（院内肺炎）は、すべての病院内感染の15%を占めておるんじゃ。

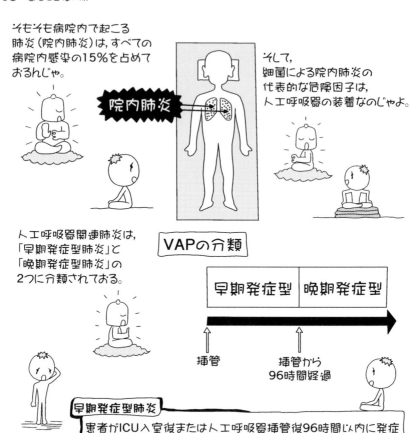

そして、細菌による院内肺炎の代表的な危険因子は、人工呼吸器の装着なのじゃよ。

人工呼吸器関連肺炎は、「早期発症型肺炎」と「晩期発症型肺炎」の2つに分類されておる。

VAPの分類

| 早期発症型 | 晩期発症型 |

↑挿管　　↑挿管から96時間経過

早期発症型肺炎
患者がICU入室後または人工呼吸器挿管後96時間以内に発症

晩期発症型肺炎
患者がICU入室後または人工呼吸器挿管後96時間以降に発症

VAPの主な原因菌

早期発症型	晩期発症型
大腸菌	緑膿菌
肺炎桿菌	多剤耐性菌
プロテウス属	MRSA
肺炎球菌	MDRP
インフルエンザ菌	多剤耐性
黄色ブドウ球菌	アシネトバクター
アスペルギルス属	

人工呼吸器関連肺炎は、死亡率が極めて高いから、肺炎を防ぐために細心の注意が必要なのじゃ。
次はその防止についてみていこう。

VAP防止のための注意点

VAPが起きないようにするには,人工呼吸器とその周辺器具の取り扱いに注意が必要なのじゃ。

人工呼吸器と周辺器具の取り扱いについて

- 通常は人工呼吸器本体を滅菌・消毒する必要はない。
- VAP発生時には,人工呼吸器の回路と本体をただちに細菌検査し,消毒・滅菌を行う。
- 人工呼吸器回路を再使用するときは,使用前に滅菌する。
- 同一患者に対しては,1週間以内の人工呼吸器回路の定期交換は必要ない。
- 人工呼吸器に付随するディスポ製品の再使用は不可。
- 人工呼吸器回路内の結露は患者側へ流入しないよう除去する。
- 人工呼吸器の周辺器具の消毒は,スポルディング分類に基づいて行う。
- 周辺器具は,滅菌か熱水消毒(75℃,30分)を行う。
- 人工鼻(成人)は48時間以内であれば交換する必要はない。
- ネブライザーの薬液注入部は次亜塩素酸ナトリウムで消毒し,滅菌水で洗浄後,空気乾燥させる。
- 吸入薬剤は無菌的に調製する。
- 加温加湿器には滅菌水を用いる。

ポイントは,
交換,消毒,滅菌,再使用の可否じゃな。

滅菌または高水準消毒が必要な周辺器具

- 喉頭鏡のブレード
- 蛇管
- Yピース
- リザーバーバッグ
- フェイスマスク
- 気管内チューブ
- 気管支ファイバー
- マウスピース
- エアウエイ
- スタイレット
- プローベ
- アンビューバッグ
- ジャクソンリース回路
- 温度センサー

など

気管内吸引について

- ディスポ吸引チューブは1回使用ごとに使い捨てる。
- 閉鎖式吸引システムを使用してよい。
- 気管内吸引操作は,必要最小限にとどめ,清潔操作で行う。
- 吸引チューブは滅菌水で洗浄する。
- 吸引回路,吸引瓶は患者ごとに専用とする。
- 気管支ファイバーを用いた日常的吸痰は必要ない。
- アンビューバッグやジャクソンリースは,患者ごとに定期交換する。

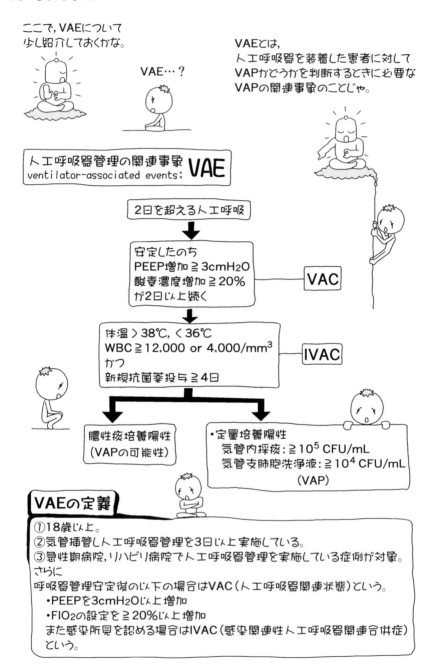

医療関連感染ということで、ここまでは侵襲的処置を伴う医療行為を中心に話してきたが、ここからは少し目先を変えて、環境面から見ていくことにしよう。

環境…？

そうじゃ。
前にも話したが、病院という環境自体、感染リスクの高い特殊な環境じゃからな。

ほぉ、ほぉ。

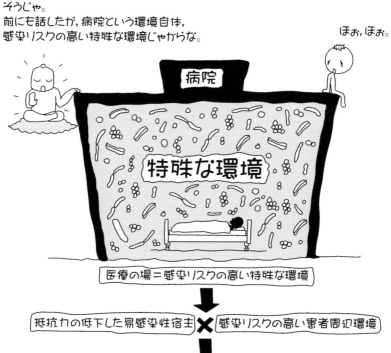

医療の場＝感染リスクの高い特殊な環境

抵抗力の低下した易感染性宿主 × 感染リスクの高い患者周辺環境

医療関連感染として日常的に起きうる状況

ということで、ここからはこの5つについて1つずつ見ていくぞ。

- 環境由来微生物
- 手指の高頻度接触表面
- 手術室
- 集中治療室
- 透析室

お〜。

環境由来微生物

まずは,環境中にいて患者に感染するかもしれない**環境由来微生物**からじゃ。

環境由来微生物…?

微生物というのは,目には見えんが,空気中,水中,湿地,モノの表面などいろんな場所におるんじゃ。

ヘェ～。

どこにどんな微生物がいるのかをまとめるとこうなるの。

病院環境で注意すべき環境由来微生物

空気
水
表面

空気中
- レジオネラ菌
- アスペルギルス属
- 結核菌
- クロストリジウム・ディフィシル(埃にまじって舞い上がるとき)
- ノロウイルス(埃にまじって舞い上がるとき)
- 水痘・帯状疱疹ウイルス
  など

水まわり
- 緑膿菌
- アシネトバクター・バウマニ
  など

モノの表面
- 黄色ブドウ球菌
- 大腸菌
- クロストリジウム・ディフィシル
- アシネトバクター・バウマニ
- 腸球菌
- セラチア菌
- セレウス菌
- ノロウイルス
- インフルエンザウイルス
  など

環境中の接触表面

さてさて,
病院環境の中で感染対策上,
まず注意せにゃいかんのは,
手指の接触する表面じゃ。

いろんなモノの表面でやんすね。

そうじゃ。
たとえば,手指がよく触るところが,病原微生物で汚染されておったら,
接触感染を招いてしまうからのお。

汚い手が感染を広げるでやんすね。

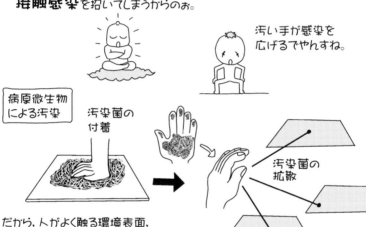

病原微生物による汚染

汚染菌の付着

汚染菌の拡散

だから,人がよく触る環境表面,
とりわけ**病室の患者周辺**は
いつも清潔にしておかにゃならん!

病室

そこで,人がよく触るところを
手指の高頻度接触表面,
あまり触らないところを
手指の低頻度接触表面に
分けて感染対策を行っておるんじゃ。

高頻度

低頻度

手指の高頻度接触表面

- 外見上は汚れていないように見えても,ヒトの手指が頻回に触れるため何らかの病原体が付着している可能性が高い。
- MRSAやアシネトバクターといった微生物は環境表面に長期間生息できるため,「手指の高頻度接触表面」は重大な感染経路となり得る。

たとえば,病室で言うと…。

オーバーテーブル
ドアノブ
洗面台
ベッド柵
床頭台引き出し
点滴棒
床頭台テーブル
床頭台扉
枕元の電気スイッチ
洗面台
バイタルモニター

テレビリモコン
ナースコール
冷蔵庫
ベッド枠
部屋の電気スイッチ
カーテン
ロッカー
など

手指の低頻度接触表面

- 手指が触れる機会が少ない環境表面であるため,病原体の伝播経路となりにくい。従って,感染対策上はあまり重要な対象物とはならない。

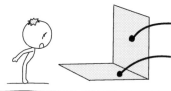

垂直表面
・壁,ブラインド,窓のカーテンなど
水平表面
・窓敷居,ハードフロアの表面

当たり前の話じゃが,感染対策としては,
「手指の高頻度接触表面」は
「手指の低頻度接触表面」よりも
すぐに汚れるから頻繁に清掃せにゃならん。

ごもっともでやんす。

高頻度　　　　低頻度

特に，患者のベッド周辺の「手指の高頻度接触表面」は重点的にな。

では，ここで正しい清掃手順について紹介しておくぞ。

手指の高頻度接触表面の清掃手順

清掃準備
① 作業前に手指衛生。
② 清掃に必要な道具を用意。
 ・除菌洗浄剤
 ・手袋（未滅菌のもの）
 ・使い捨ての拭き取り用クロスか
  ウエットティッシュタイプの清拭クロス
③ 手袋を着用。

清掃実施
④ 目に見える汚れ（血液・体液などの湿性生体物質）があるか目視。
⑤ 汚れがあれば，拭き取り用クロスで汚れが見えなくなるまで拭き取る。
 →拭き取ったクロスはダストボックスに破棄。
⑥ 新しい拭き取りクロスに除菌洗浄剤を吹き付け。
 （ウエットティッシュタイプの清拭クロスはそのまま使用），
 高頻度接触表面とされる対象物の表面を拭き取る。
 →特に接触頻度が高い部分は念入りに。
 →拭き取ったクロスは患者さんのベッド周囲ごとに交換。
 →使用後のクロスはダストボックスに破棄。

後片付け
⑦ 着用していた手袋をはずす。
 →使用後の手袋は周囲を汚染しないよう，速やかに破棄。
⑧ 手指衛生。
 →擦式アルコール手指消毒薬，あるいは石鹸と流水で。

この作業は，できれば1日1回以上は行うことが望ましいとされておる。

1日1回以上

大変でやんすねェ。

3章 感染と医療の旅

手術室

さて、ここからは病室以外に感染対策に目を光らせないといけない部署をひとつずつ見て行くかのぉ。

ほぉ～い。

まず、その筆頭となるのが**手術室**じゃな。

お～。

手術室は病院の中でもとりわけ重要な特殊区域じゃ。

手術室は以下の理由で感染リスクが高いと考えられる。

手術環境と感染リスク
- 開胸、開腹、開頭などの手術を実施するエリアである。
- 術中、手術創が長時間開放され空気と接している。
- 空気中に微生物が浮遊していると、手術野に容易に入り込む。
- 患者は手術中に感染してしまう。

したがって、手術室では室内の空気の管理が重要なのじゃ。

空気の管理…？

手術室の空気管理
- 廊下などの隣接区域から手術室への空気の流入を防ぐ。
  → 手術室の空気圧を陽圧に設定（※感染性結核患者の場合は陰圧に）。
- 定期的な換気
  → 1時間当たり少なくとも15回程度の濾過空気による換気。
  （うち3回は新鮮な空気に入れ換え）
  → 空気は天井から入れ、床付近から排気する。
- 手術室のスタッフ数を制限する。
  （人数が増えると空気汚染が増大するため）

集中治療室

次は集中治療室じゃ。

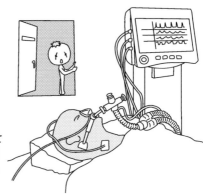

集中治療室では，重篤な救急患者や大がかりな手術後の患者などの容態を24時間集中して監視しながら治療するわけじゃが，主なものにはこれだけある。

ほぉ〜。

- 集中治療室(ICU：intensive care unit)
- 冠疾患集中治療室(CCU：coronary care unit)
- 脳卒中集中治療室(SCU：stroke care unit)
- 外科系集中治療室(SICU：surgical intensive care unit)
- 新生児集中治療室(NICU：neonatal intensive care unit)
- 小児集中治療室(PICU：pediatric intensive care unit)
- 高度治療室(HCU：high care unit)

こういう区域では濃厚な治療が行われるから，医療従事者が患者に接触する回数も一般の病室に比べて格段に多くなる。

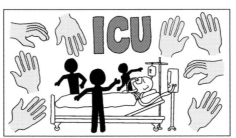

そうでやんすねェ。

つまり，接触感染のリスクも高くなるわけで，集中治療室では，徹底した手指衛生が求められるのじゃ。

接触感染 vs 手指衛生

なるほどぉ。

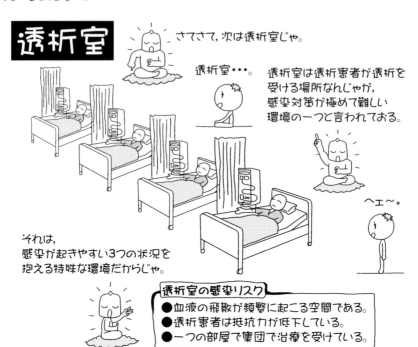

したがって, 透析室では環境表面への対応が極めて重要で, 標準予防策の徹底が求められておる！

標準予防策

本来, HBV感染者の透析は隔離室で行うのが理想なんじゃが, そういう設備がない場合は, 透析室内での患者の配置に工夫が必要となる。

透析患者の配置図

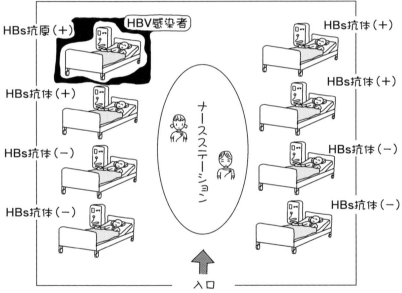

- HBV感染者のベッドを透析室の片隅に配置する。
- その周辺に「HBs抗原陰性かつHBs抗体陽性」の患者のベッドを配置する
- その外側にHBs抗体陰性の患者のベッドを配置する。

ケア上の注意

「HBV感染患者」と「HBVに感受性のある患者」を同時にケアすることは避ける。
「HBV感染患者」と「HBs抗体陽性の患者」を同時にケアしても構わない。
「HBs抗体陽性の患者」と「HBVに感受性のある患者」を同時にケアしても構わない。

3章 感染と医療の旅

このように、病院というところは、感染が起きやすい部署が集まっておるわけじゃな。

病院は病気を治すところでやんすのにねェ。

皮肉な話ではあるが、仕方あるまい。なぜなら医療と感染は宿命的に表裏一帯なのじゃから。

表裏一体・・・。

> **感染からみた病院という特殊性**
> ・感染症に罹りやすい免疫力の低下した人々（患者）が集まること。
> ・病原体が体内に入る恐れのある侵襲的処置が頻繁に行われること。
> ・患者体内の病原微生物が外に出やすい環境にあること（排膿, 排尿, 出血など）。
> ・複数の医療従事者のケアを介して病原体が伝播拡散する恐れが高いこと。

しかし、病院の中で感染するのは患者だけではない！

ほかに誰が感染するでやんすかぁ？

そこで働く**医療従事者**じゃよ。

とりわけ、**血液曝露**が最大の問題で、前にも話したが、曝露防止のために個人防護具を着けるわけじゃが、もうひとつ忘れてはならんのが**針刺し**じゃ。

針刺し…？

ということで、次はその「針刺し」について話を進めるかのぉ。

104

針刺し

さてさて、「針刺し」の話じゃが、ここで言う「針刺し」とは、患者さんに使用した後の注射針を誤って自分に刺してしまったときのことじゃ。

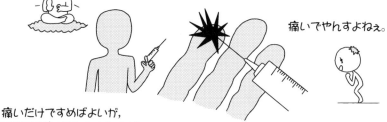

痛いでやんすよねぇ。

痛いだけですめばよいが、ここで注意せにゃいかんのが**血液媒介感染**じゃ。

針で感染するでやんすかぁ。

業務中に、医療従事者が患者への医療行為の過程で「針刺し」で感染してしまうことを**職業感染**と呼んでおる。

職業感染…。

もちろん「職業感染」には、針刺し以外で血液に曝露して感染した場合も含まれるが、代表的なものが**針刺し**なんじゃ。

3章　感染と医療の旅

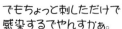

でもちょっと刺しただけで感染するでやんすかぁ。

もし、血液を媒介して感染する病原体を持った患者に注射して、使用後の針を誤って自分にちょっとでも刺してしまうと、針先に付着した患者の血液といっしょに病原体が入りこんで感染してしまうこともあるんじゃ。

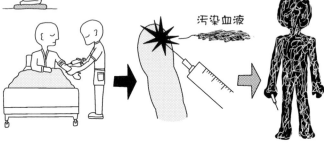

汚染血液

ヘェ〜、怖いでやんすねェ。

そもそも血液を媒介にして起こる感染症の病原体じゃが、主にこのようになっておって、特に最初の3つが針刺しでは重要な病原体じゃ。

血液媒介病原体
- ●HBV（B型肝炎ウイルス）
- ●HCV（C型肝炎ウイルス）
- ●HIV（ヒト免疫不全ウイルス＝エイズウイルス）
- ○HTLV-1（ヒトT細胞白血病ウイルス）

その他
- ・梅毒トレポネーマ／プリオン

ちなみに注射針ではないが、蚊などの節足動物による血液媒介感染症もこんなにあるぞ。

節足動物を媒介とする血液媒介感染症

ウエストナイル熱	つつが虫病
黄熱	デング熱
回帰熱	日本紅斑熱
Q熱	発疹チフス
クリミア・コンゴ出血熱	ペスト
ダニ媒介性感染症	マラリア
重症熱性血小板減少症候群（SFTS）	ライム病

あっ！デング熱！

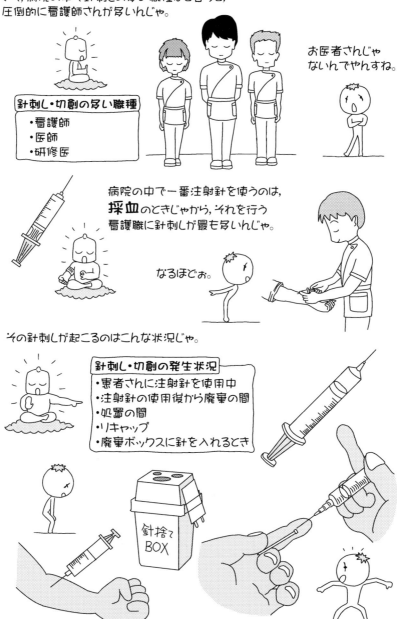

したがって，注射器を取り扱う際は次の3大原則が言われておる。

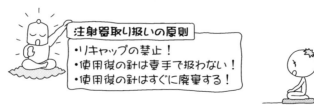

注射器取り扱いの原則
- リキャップの禁止！
- 使用後の針は素手で扱わない！
- 使用後の針はすぐに廃棄する！

ちなみに，一口に注射針といっても，医療で使う針にはこれだけあるんじゃ。

病院で使う注射針
- 注射針付き注射器の注射針
- 真空採血器具関連
  （翼付採血セットなど）
- 動脈血採血器具
  （血液ガス測定用注射器など）
- 翼状針
- 静脈留置針
- 輸血接続システム
  （ニードルレスコネクターなど）
- 皮膚穿刺器具
- 縫合針
- メス
- 鋭利器材専用廃棄容器
- 透析関連器材

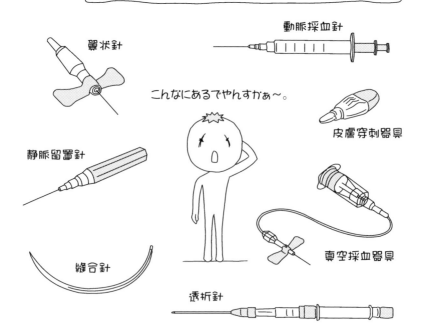

こんなにあるでやんすかぁ〜。

では, 実際に針刺ししてしまったら, どうしたらよいか?

どうするでやんすかぁ?

まず, 刺したところを**石鹸**と**流水**で洗い流すのじゃ!

血を絞り出すんじゃないでやんすかぁ?

そういう誤解があるようじゃが, 血を絞り出しても効果はないと言われとる。

もし針刺ししたらその直後にやるべき手順をまとめるとこうなる。

針刺し直後の対応手順

- 曝露部位(刺した部位)への迅速な処置
  → 石鹸と流水で洗い流す
- 受傷レベルの評価
  ・肉眼的に血液の付着が確認された器材による刺し傷
  ・患者の静脈または動脈に挿入された器材(たとえば中空針)による刺し傷
  ・深い刺し傷
- 感染リスクの評価
- 伝播の危険性への対応
- 報告書の提出

3章　感染と医療の旅

針刺し後の対応手順の中でも
重要なのが感染リスクの評価じゃ。

評価？

つまりじゃ以下のことを確認するのじゃ。

①針刺し前にその注射針を使った患者が何らかの血液媒介病原体をもっているかを確認する。
↓　患者が血液媒介病原体を持っていたら…
②検査して感染してしまったかを確認する。

感染者？　非感染者？
感染？
非感染？

そこで, 感染が確認されなけりゃ,
まずは一安心して経過観察ですむのじゃが,
もし感染してしまっていたら…。

陽性

感染してしまっていたら…。

治療と経過観察のための検査で
フォローアップせねばならんな。

定期検査

→ HBVなら→ワクチン
→ HIVなら→抗HIV薬の予防投与
→ HCVなら→経過観察

針刺し感染後の継続診療・検査体制
・一定期間の定期検査（最低6ヵ月間）
・HBVワクチン, HIV予防投薬での副作用の監視
・HCVでは抗体・肝機能の経過観察が必要なため
　4〜6ヵ月の専門医によるフォローアップ

安全機能付き鋭利器材

針刺しリスクを少しでも減らすための**安全機能**の付いた器材も開発されておる。

すごいでやんすねェ。

たとえば、翼状針じゃと使用後に針先がカバーされたり、針先が収納されるタイプのものがあるんじゃ。

安全機能
カバー
収納

さらに安全機能には大きく2つのタイプがある。

安全機能付き器材のタイプ
- active タイプ：使用者が安全装置を作動させることにより、安全装置が作動するタイプの器材
- passive タイプ：使用者が安全装置を作動させなくても、使用中に安全装置が自動的に作動するタイプの器材

このように、医療という業務中に起きる「針刺し」は、たとえわずかな程度であっても、命にかかわるかも知れんリスクを伴っておるわけじゃから、医療従事者を感染から守る取り組みも必要なのじゃな。

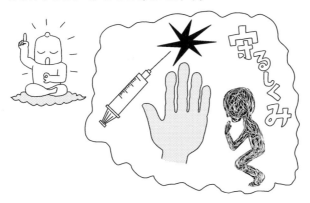

守るしくみ

まさに、針刺しも医療関連感染なんでやんすね。

3章 感染と医療の旅

いや〜、今回もいろいろ話してしまったの〜。

病院の中の感染の世界ではいろんなことが起こっているんでやんすねェ。

そうじゃな。
病院の外では起きない様々な感染が起こりうる可能性があるんじゃ。

だから厳重な感染防止が大事なんでやんすね！

さて、医療関連感染の旅はここで終わりじゃ。

じゃあ、オイラはウチに帰っていいんでやんすね。

いやいや、まだ旅は終わっておらん！

次は何でやんすか？

次は「感染と数字の旅」じゃ。

数字…？

言うまでもなく、感染は目に見えないものじゃが、それを数字であらわすことで見える化しようというわけじゃ。

まぁ、詳しい話は、次の章で。

4章

感染と数字の旅

4章 感染と数字の旅

感染と数字

さあ,今日から**感染と数字**の旅じゃ。

オイラ,算数は苦手でやんすよぉ。

よいか。数字には非常に重要な意味が2つある。

何でやんすかぁ?

1つは,数字に表すことによって「見える化」できることじゃ。

もう一つは,その「見える化」した数字が,ものごとの「結果」を表しておるということじゃ。

見えた!

数字と結果・・・。

結果がわかれば,評価ができる。評価ができれば,次に何をすべきかがわかるわけじゃな。

なるほどぉ。

次にどうするか。

114

たとえば、おまえは、ここまでどれだけの旅をしてきたんじゃ？

え〜っとその〜。

こう聞かれたら、普通は、どれくらいの距離、あるいはいくつの旅、という答え方をするはずじゃ。

そうでやんす。

つまり、どちらも**数字**で答えるわけじゃな。

なるほどぉ。

その数字によって、ひとつの**評価**ができ、次の目標も見つかるわけじゃ。

身近なことで言うと、たとえば家計簿なんかもそうじゃな。

ほぉ、ほぉ。

毎月決まった収入に対して、使った分を数字でしっかりと記しておかんと、気づかないうちに赤字がどんどん膨れあがっていくでの。

支出を評価して使いすぎに気づき翌月に改善をはかるということじゃ。

なるほどぉ〜。

4章 感染と数字の旅

要するに, 数字というものは, 判断の尺度になるわけじゃな。

ビジネスの世界では, 「数字が命」と言われるくらいじゃし, 医療の介野でも数字によっていろんな判断が行われておる。

感染の世界でもでやんすかぁ。

そうじゃ。
数値化できなければ, ものごとを管理することはできんのじゃ。

ところで, 感染をどうやって数値化するでやんすかぁ?

いい質問じゃ。

とりわけ, 感染防止における数字は, 「結果として起きた感染」を把握するために重要なのじゃ。

感染を把握?

つまり, 病院の中で感染が起きているかどうかを数字で把握するのじゃ。
そして, その作業を**サーベイランス**と言うんじゃな。

さ〜べいらんすぅ?

サーベイランス

さて、サーベイランスの話じゃが、サーベイランスとは「動向を監視する」ということなんじゃ。

これは、継続的に監視することによって、調査対象の変化を見つけ、対策を打つことを目的としたもので、経済の動向や感染症の動向を調べる際に用いられる手法なんじゃ。

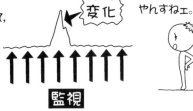

何か難しそうでやんすねェ。

そもそも、病院の中で「起こってしまった感染」を大きく分けるとこの2つになる。

1 ある患者が、感染症を発症したが、その原因微生物が他の患者に伝播しなかった。
→その患者自身の抵抗力の低下による**内因性感染**。
→患者の体外からの微生物による**外因性感染**であるが、たまたまその患者のみにとどまった場合。

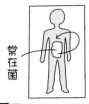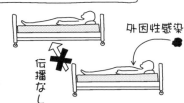

2 ある患者が、感染症を発症し、その原因微生物が他の患者に伝播した。
→ある病原微生物が外部から何らかの媒介により複数の患者（2人以上）に入り込む**外因性感染**。

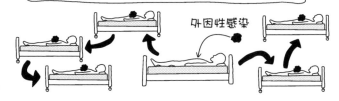

4章 感染と数字の旅

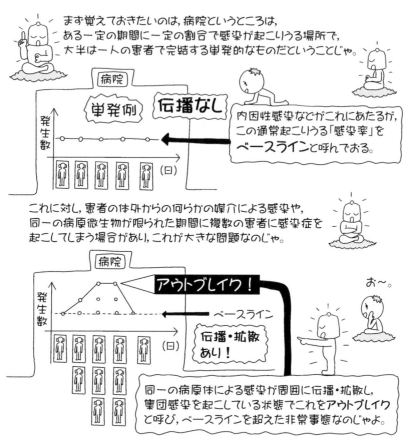

ここで重要なことは、ベースライン（通常でも起こりうる感染の率）を把握しておかないと、非常時（アウトブレイク）に気づかないということじゃ。

で,具体的には何をしたらいいでやんすかぁ？

サーベイランスとは,調査対象を継続的に調べ,監視することなんじゃ。

継続的に監視

では,病院内の感染サーベイランスでは何を調査対象にするかと言うと,これらのものがある。

病院内の感染にかかわるサーベイランス
- 中心静脈ライン関連血流感染サーベイランス
- 尿路留置カテーテル関連感染サーベイランス
- 人工呼吸器関連肺炎サーベイランス
- 手術部位感染サーベイランス
- 微生物サーベイランス

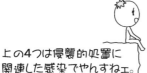

上の4つは侵襲的処置に関連した感染でやんすねェ。

デバイス関連や手術関連のように感染のリスクが高いものを中心に調査対象にしておるんじゃ。

ちなみにサーベイランスの種類を大きく分けると,以下の2つになる。

包括的サーベイランス
観察対象を病院全体や全感染症などと広く設定する。

観察対象は全体

対象限定サーベイランス
感染を起こしやすく,感染率の算出に十分な数があり,感染発生時の影響が大きい集団に限定する。

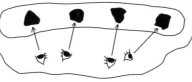

つまり,侵襲的処置に関連したサーベイランスは,対象限定サーベイランスというわけじゃ。

4章 感染と数字の旅

さて、これらのサーベイランスの第一の目的は言うまでもなく医療関連感染を減らすことにあるが、まとめるとこうなる。

医療関連感染サーベイランスの目的
・ベースライン(通常起こりうる感染率)の把握
・アウトブレイクの早期発見
・感染予防策と感染管理に関する介入の評価
・医療関連感染の減少とそれに伴う医療の質改善

ではここでサーベイランスの主な流れをまとめておくぞ。

サーベイランスの主な流れ
① 調査対象を決める(サーベイランスの選択)。
② 調査対象の感染のリスク因子を確認しておく。
③ 調査項目を決め、チェックリストを作成する。
④ 調査を記録するタイミング、調査担当スタッフを決める。
⑤ 調査を開始する(毎日行うものもあれば、定期的に行うものもある)。
⑥ 患者の基本データと自施設の病原体情報を考慮する。
⑦ 医療関連感染の発生か否かを判定する。
⑧ 調査データを集計し、調査対象全例とそのうちの感染例を明確にする。
⑨ 収集データをもとに解析を行い、感染率を算出する。
⑩ ベースラインに対し、変化があるかを確認し、変化が確認されたら直ちに対策をとる。

サーベイランスって大変でやんすねェ。

感染率

ここで感染率について少し説明しておこう。

ひとくちに「感染率」と言っても、実は実施するサーベイランスの種類によって少しずつ異なってくるが、共通するのは分子情報は感染の発生数だということじゃ。

$$感染率 = \frac{分子情報}{分母情報}$$

→ 感染の発生数
→ 調査対象の全体
(具体的にはサーベイランスによって異なる)

サーベイランスの種類ごとに、判定基準や感染率の算出方法が違うから、それらを見て行こうかの。

120

中心静脈ライン関連血流感染サーベイランス

判定基準
- 一般の皮膚汚染菌以外の病原体が1回以上の血液培養から分離され，他の部位の感染と関連がない。
- 一般の皮膚汚染菌が2回以上の血液培養から分離され，発熱・悪寒・低血圧のうち一つ以上があり，他の部位の感染と関連がない臨床的敗血症。
- 発熱・低血圧・尿量減少のうち一つ以上があり，血液培養未実施，または陰性，他の部位に明らかな感染がない。

$$\text{感染率} = \frac{\text{血流感染の発生数}}{\text{中心静脈カテーテル使用延べ日数}} \times 1{,}000$$

（1,000日あたりの感染率）

尿路留置カテーテル関連感染サーベイランス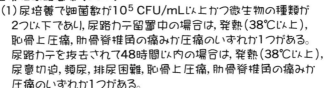

判定基準

症候性尿路感染（SUTI）
(1) 尿培養で細菌数が 10^5 CFU/mL 以上かつ微生物の種類が2つ以下であり，尿路カテ留置中の場合は，発熱（38℃以上），恥骨上圧痛，肋骨脊椎角の痛みか圧痛のいずれか1つがある。尿路カテを抜去されて48時間以内の場合は，発熱（38℃以上），尿意切迫，頻尿，排尿困難，恥骨上圧痛，肋骨脊椎角の痛みか圧痛のいずれか1つがある。

あるいは

(2) 上記の症状のうち1つ以上を認め，以下のうち1つ以上を認める。
- 亜硝酸塩または白血球エステラーゼ陽性
- 膿尿
- 遠心沈殿していない尿のグラム染色で微生物を確認

無症候性菌血症性尿路感染（ABUTI）
- 無症状
- 培養検体採取前48時間以内に患者がカテーテル留置を受け，尿培養で細菌数が 10^5 CFU/mL 以上かつ細菌の種類が2つ以下
- 尿培養で同定された細菌の少なくとも1種類に合致する菌による血液培養陽性（皮膚汚染菌の場合は2回以上，それ以外は1回以上）

$$\text{感染率} = \frac{\text{尿路感染の発生数}}{\text{尿路留置カテーテル使用延べ日数}} \times 1{,}000$$

（1,000日あたりの感染率）

人工呼吸器関連肺炎(VAP)サーベイランス

判定基準
- 放射線学的検査所見を含む診断により判定。
- 細菌性肺炎, ウイルス性肺炎やレジオネラ肺炎, 免疫不全患者の肺炎に区分。

$$\text{感染率} = \frac{\text{人工呼吸器関連肺炎の発生数}}{\text{人工呼吸器使用延べ日数}} \times 1,000$$

(1,000日あたりの感染率)

ただ、VAPについて、米国では、人工呼吸器管理に関連する事象(VAE)の中でとらえるという新しいサーベイランス手法が2013年から用いられておるんじゃ。

(VAEの判定基準はp94参照)

手術部位感染サーベイランス

判定基準

表層切開創
感染が手術後30日以内に起こり、以下のうち一つ以上にあてはまる。
- 表層切開部からの膿性排液, 無菌採取した検体からの病原体検出
- 疼痛・圧痛・腫脹・発赤・熱感があり, 培養陽性
- 手術医・主治医による表層切開部SSIの診断

深部切開創
感染が手術後30日以内に起こる(埋入物を置いた場合は1年以内)。
感染が手術手技に関連し, 以下のうち一つ以上にあてはまる。
- 深層切開部からの膿性排液
- 感染症状(発熱 or 疼痛 or 圧痛)がある(切開創の培養陰性は除く)
- 当該部位の感染を直接検索・再手術・組織病理検査等で確認
- 手術医・主治医による感染の診断

臓器/体腔
- 感染が手術後30日以内に起こる(埋入物を置いた場合は1年以内)
- 感染が手術手技に関連している
- 表層・深部切開創を除く術中操作部位に及ぶ
- 以下のうち一つ以上にあてはまる。
  - 臓器/体腔のドレーンからの膿性排液
  - 当該部位から無菌的に採取した検体からの病原体検出
  - 当該部位の感染を直接検索・再手術・組織病理検査等で確認
  - 手術医・主治医による臓器・体腔SSIの診断

$$\text{感染率} = \frac{\text{手術部位感染の発生数}}{\text{手術件数}} \times 100$$

さて，今までのデバイス・手技関連のサーベイランスとは少し性格は異なるが，微生物に関するサーベイランスも病院が行うべき重要なサーベイランスなんじゃ。

微生物サーベイランス

患者から検体を採取（喀痰，尿，血液など）して，検査部で分離培養する。

判定基準
・微生物の分離状況を検査室データをもとに監視。
・薬剤感受性試験（アンチバイオグラム）。
・耐性菌の集積時はアウトブレイクを疑って調査を行うきっかけとする。
・MRSA，MDRPなどの耐性菌や，一般の細菌を主な対象とする。

微生物サーベイランスが重要な理由は大きく分けてこれら3つじゃ。

●デバイス関連や手技関連のサーベイランスでは，どんな病原体による感染なのかまではわからない。
●アウトブレイクの早期発見には，同じ遺伝子の病原体による伝播を確認しなくてはならない。
●臨床上，重要な薬剤耐性菌の分離状況を把握しなくてはならない。

さて，ここまでは自施設の感染における現状把握（ベースラインの把握）と変化を検出するためのサーベイランスの手法を見てきたわけじゃが，そもそもこの方法は，**疫学**という考え方に基づいておるのじゃ。

疫学…？

ということで，次は感染症疫学の話じゃ～。

感染症疫学

感染症疫学とは、ある地域における感染症発生状況の把握、感染源・感染経路・リスク因子の推定、予防対策の効果判定などに用いられ、曝露とその結果としての感染症（アウトカム）の関係性を探求していくものなのじゃ。

ある地域とは、もちろん一つの病院の中も含まれる。

で、先ほど話したサーベイランスを疫学の中で考えた場合、簡単に言うと、こうなるわけじゃ。

疫学 ＝ サーベイランスによる現状把握の手法
　　　＋アウトブレイク時の原因究明の手法

そもそも感染症疫学というのは、統計学や解析学に基づいた学問で、その目的をまとめると以下のようになる。

ふ〜ん。

感染症疫学の目的

① 感染症の原因とそのリスクファクター（つまり感染症に罹るリスク）を増大させる要因を見つけ出すこと。
② 感染症が集団中にどれほど蔓延しているかを測定すること。
③ 感染症の自然経過と予後を知ること。
④ 既存もしくは新規の予防対策や治療法、保健医療サービスシステムの価値を評価すること。
⑤ 環境問題に対する公衆政策や規制を立案する場合の基礎となる情報を提供すること。

大切なのは、この感染症疫学を医療現場でどう生かすかじゃな。

ほぉ。

ここで重要になってくるのが、感染症の**アウトブレイク**じゃ。

アウトブレイク！

前に話したが、アウトブレイクというのは、ある限定されたエリアで通常発生しているレベルを超えて感染症が増加する**集団感染**のことじゃ。

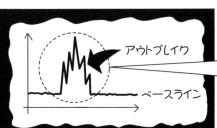

病院の中で起こる集団感染もアウトブレイクなのじゃよ。

げげっ！

もう少し詳しく言うと、こんな場合を院内アウトブレイクとしておる。

アウトブレイクが起こると大変でやんすねェ。

病院で起こるアウトブレイクとは

- 病院内で短期間のうちに複数の感染事例が発生した場合。
- 同じ感染症が通常頻度よりも高い頻度で発生した場合。
- 複数の患者の同一部位からの臨床検体から同一の微生物が通常より高い頻度で分離された場合。
- 通常は発生しない特殊な感染症、つまり新興感染症、再興感染症が1例でも発生した場合。

だから，アウトブレイクが起きてしまってからでは大変なので，日頃の監視，つまり**サーベイランス**との関係が非常に重要になってくるわけじゃよ。

サーベイランスとアウトブレイクの関係

- アウトブレイクの察知
  サーベイランスの継続により施設内の通常の感染率がわかる。感染率は一定の幅で変動する。その変動幅の上限を超えた場合がアウトブレイクである。アウトブレイクは，日頃のサーベイランスがなければ察知できない。
- アウトブレイクの原因推定
  時・場所・人に関するデータとサーベイランスデータを用いて感染発生の原因を推定する。
- アウトブレイクの対策としての介入の実践
- アウトブレイクの対策後の評価

ここまでをまとめるとこうじゃ。

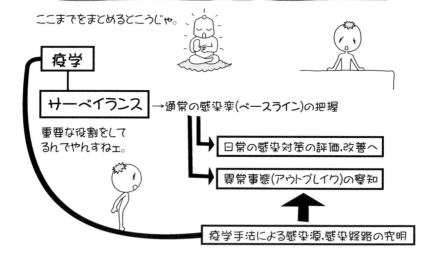

つまり，感染症疫学とは，通常のベースラインを監視（サーベイランス）しながら，日頃の感染対策の評価，改善に生かす活動と，さらにアウトブレイク時にはそれを早期に察知し，何故起こったかの原因究明までを含むのじゃ。

奥が深いでやんす〜。

さて、サーベイランスによってアウトブレイクが疑われたら、速やかに原因を究明して対策を立てねばならん。

そのための調査、これを**疫学調査**と呼んでいて、このような手順で実施されるんじゃ。

アウトブレイク調査の基本手順
① アウトブレイク(の存在)の確認
② 調査の目的及び範囲の設定
③ 症例定義 (case definition) の作成
④ 積極的症例探査
⑤ 症例・環境・関連事項の調査
⑥ 時、場所、人の要素での情報整理と仮説作成
⑦ 解析疫学による仮説検証
⑧ 結果の解釈、提言の作成、報告

何だか難しそうでやんすねェ。

疫学を知るには、そこで使われる用語の意味も覚えておかにゃならんから、ここで簡単に紹介しておく。

助かるでやんす～。

症例定義
・情報収集と検討を行う前に、対象とする症例の定義をきちんと定めなくてはならない。
・症例定義には**時・場所・人**の三要素を含める。

ある感染症の患者を数えるのに、感染者とそうでない人を判別するための基準が必要じゃからの。

区別しやすくするでやんすねぇ。

4章 感染と数字の旅

| 分子 | → 感染症発症者数や死亡者数が入ることが多い。 |
| 分母 | → 観察期間や感染リスクの曝露を受けた人数などが入る。 |

感染症疫学で導く数字は「比率」で表すから**分数**を使うのじゃ。特に分母情報が適切でないと,数値の意味合いが大きく変わってしまうから,ここが重要なポイントじゃな。

以下は疫学における様々な「比率」じゃ。

罹患率,発生率

ある集団において一定期間に新たに発生した罹患数を観察対象集団の総観察期間で割った率。

罹患率(発生率)＝a/b
 a:一定期間内の疾病発生数
 b:観察対象集団の各人の観察期間の合計

有病率

ある一時点において,集団内で特定の疾患に罹患している人の割合。

有病率＝a/(a+b)
 a:ある一時点において特定の疾患に罹患している人の数
 b:その時点で特定の疾患に罹患していない人の数
 a+b:その時点での総人数

リスク

好ましくない事象が起こる確率。

リスク＝a/(a+b)
 a:ある要因(リスク因子)に曝露された人のうち,疾患を発症した人の数
 b:ある要因(リスク因子)に曝露されたものの,疾患を発症しなかった人の数
 a+b:ある要因(リスク因子)に曝露された人の総数

相対リスク(リスク比)

2つの集団（曝露群と非曝露群）間の疾病頻度の比のこと。

相対リスク＝曝露群のリスク／非曝露群のリスク
= {a/(a+b)} / {c/(c+d)} = a(c+d)/c(a+b)

リスク因子に曝露すると感染率は何倍になるかわかる。
予防対策を行うと感染が何分の1に減らせるかわかる。

	発症	非発症
要因曝露あり	a	b
要因曝露なし	c	d

寄与リスク

2つの集団（曝露群と非曝露群）間の疾病頻度の差のこと。

寄与リスク＝曝露群のリスク－非曝露群のリスク
= {a/(a+b)} － {c/(c+d)}

その予防策を実施すると、リスク集団100人中何人の感染を予防できるかがわかる。

感染を1件減らすために何人に対策を実施する必要があるかがわかる。

	発症	非発症
要因曝露あり	a	b
要因曝露なし	c	d

ふ～、目がまわるでやんすぅ～。

さて、アウトブレイク調査で感染者か否かを判断するとき、**検査結果**も非常に重要になってくる。

これらは検査関係でまずおさえておきたい重要語じゃ。

真陽性(true positive)：疾患があるときに検査が陽性
真陰性(true negative)：疾患がないときに検査が陰性
偽陽性(false positive)：疾患がないときに検査が陽性
偽陰性(false negative)：疾患があるときに検査が陰性

感度　特異度

検査結果の判定において、最も重要なのが感度と特異度じゃ。

感度？特異度？

感度（sensitivity）

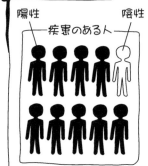

検査の感度とは、ある疾患を有する人のうち検査が陽性となる人の割合である。

$$感度 = a/(a+c)$$

	疾病あり	疾病なし
検査陽性	a. 真陽性	b. 偽陽性
検査陰性	c. 偽陰性	d. 真陰性

特異度（specificity）

検査の特異度とは、ある疾患を有さない人のうち検査陰性となる人の割合である。

$$特異度 = d/(b+d)$$

	疾病あり	疾病なし
検査陽性	a. 真陽性	b. 偽陽性
検査陰性	c. 偽陰性	d. 真陰性

つまり、感度も特異度も高い検査が良い検査というわけじゃ。

これらを踏まえて、次にアウトブレイク調査の手順を少し詳しく見ていくぞ。

①アウトブレイク(の存在)の確認

アウトブレイクとは,ある疾患が,特定の時,場所,人口集団で予測される以上に発生する状況と定義される。

アウトブレイクを確認するには,通常の発生状況=ベースラインのサーベイランスデータとの比較が必要である。

②調査の目的及び範囲の設定

調査は対策実施のために行う。
究極の目的は,アウトブレイクのコントロール,再発防止に寄与することである。

目的の設定
- アウトブレイクの全体像の把握。
- 感染源,感染経路,リスク因子の特定。
- 感染対策上の問題点の特定。
- アウトブレイクのコントロール,再発防止に関する提言調査範囲。
- 感染の可能性のある人を含んだ範囲。
- ＊その際,「時」「場所」「人」の疫学の三要素を意識して設定するとよい。

③症例定義(case definition)の作成

アウトブレイク調査において,どのような人を症例とするのか,客観的な定義が必要となる。

症例定義は,「調査範囲」に対応させながら,**時,場所,人** の3要素を入れ込む。

疫学の3要素

たとえば

時 ･･･････ ●年○月×日〜▲月□日
場所 ････ ●病棟○階
人 ･･･････ 発熱症状,下痢症状の人

④積極的症例探査

調査開始時点で把握されている症例はごく一部であるため，症例定義に従って積極的に症例を掘り起こすこと。

⑤症例・環境・関連事項の調査

症例の情報収集をもれなく行うために，症例調査票を作成することが望ましい。

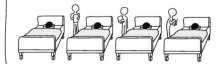

症例調査票
- 症例の基本情報
- 曝露情報
- 発病に影響を与える情報
- 感染の結果に関する情報
- 臨床検査情報
- 環境検体検査情報
- 観察調査情報

⑥時，場所，人の3要素による情報整理と仮説作成

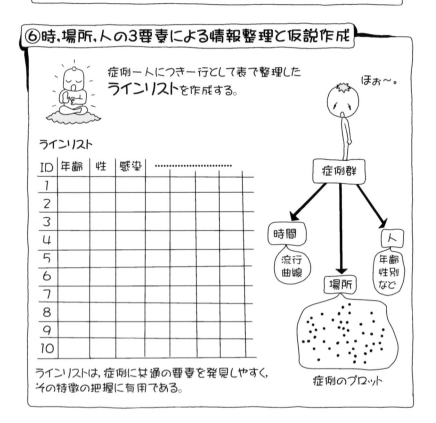

症例一人につき一行として表で整理した**ラインリスト**を作成する。

ラインリストは，症例に共通の要素を発見しやすく，その特徴の把握に有用である。

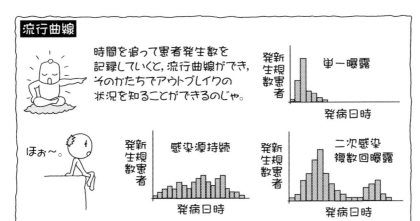

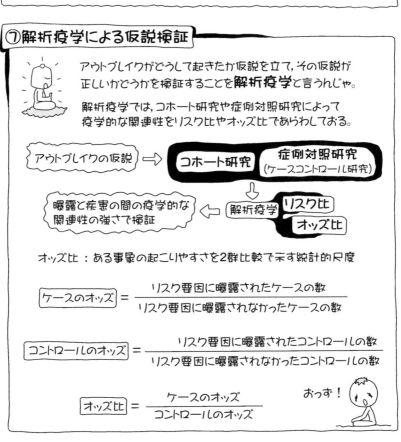

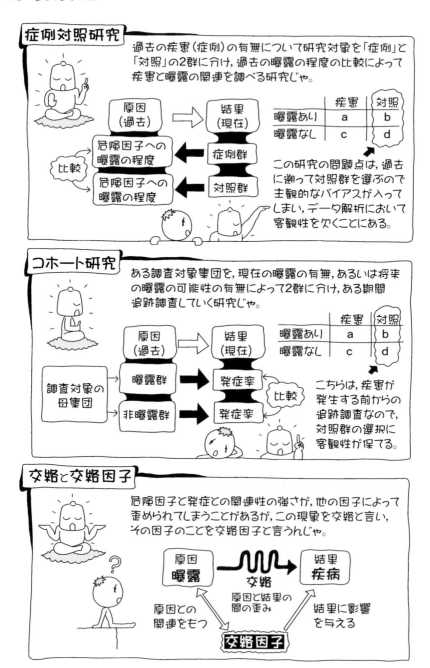

このように症例対照研究やコホート研究によって，アウトブレイクの原因と結果の因果関係を探るとき，交絡因子によって，因果関係が歪められてしまうことがあるが，それを避けるためにマッチングと呼ばれる手法を使うのじゃ。

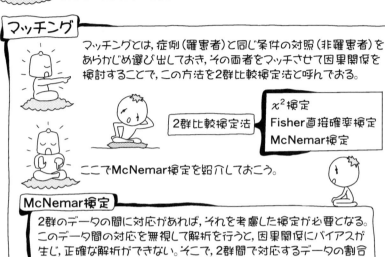

マッチング

マッチングとは，症例（罹患者）と同じ条件の対照（非罹患者）をあらかじめ選び出しておき，その両者をマッチさせて因果関係を検討することで，この方法を2群比較検定法と呼んでいる。

2群比較検定法
- χ^2検定
- Fisher直接確率検定
- McNemar検定

ここでMcNemar検定を紹介しておこう。

McNemar検定

2群のデータの間に対応があれば，それを考慮した検定が必要となる。このデータ間の対応を無視して解析を行うと，因果関係にバイアスが生じ，正確な解析ができない。そこで，2群間で対応するデータの割合を比較する方法が，McNemar検定である。

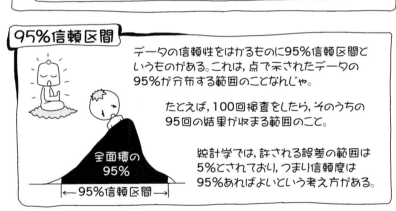

95%信頼区間

データの信頼性をはかるものに95%信頼区間というものがある。これは，点で示されたデータの95%が分布する範囲のことなんじゃ。

たとえば，100回検査をしたら，そのうちの95回の結果が収まる範囲のこと。

統計学では，許される誤差の範囲は5%とされており，つまり信頼度は95%あればよいという考え方がある。

以上，アウトブレイクの原因究明に関するあれこれを紹介してみた。

難しすぎて目がまわるでやんす〜。

4章 感染と数字の旅

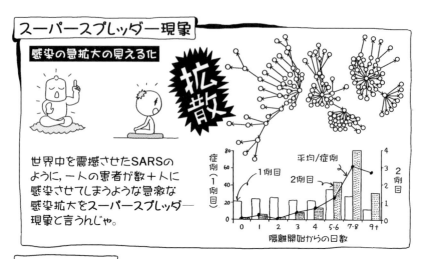

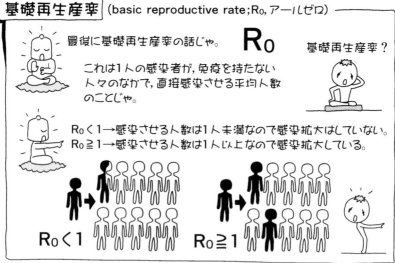

このように目に見えない感染の発生を観察による情報収集と数値による解析を駆使して**見える化**することも感染対策にとって非常に重要な作業なのじゃ。

5章

感染と薬の旅

5章 感染と薬の旅

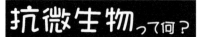

さぁ、いよいよ旅も大詰めに近づいてきた。

今回の旅のテーマは感染と薬じゃ。

長い旅でやんす〜。

感染と薬‥‥。

さて、ここでのキーワドは「抗微生物」。これは文字通り微生物, とりわけ病原微生物に「対抗」する様々な化学的アプローチのことじゃ。

そして「抗微生物」には、**治療面と予防面の**2つの側面があって、どちらも薬剤が大きく関わっておる。

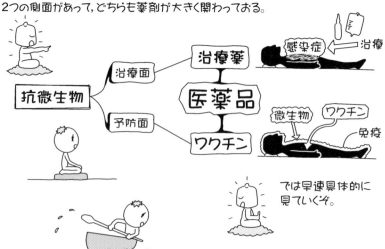

では早速具体的に見ていくぞ。

138

抗微生物薬

抗微生物薬とは，感染症の原因になっている病原微生物を殺滅したり，増殖を抑えることで，感染症を治療する薬剤のことじゃ。

 →

では，抗微生物薬には何があるかというと，これは微生物にはどんなものがあるか，ということとすべて対になっておる。

1章の旅で見たように微生物には，大きく分けてこれだけの種類がある。

これらに対応してそれぞれ治療薬があるわけじゃ。

ふむふむ。

細菌→抗菌薬
真菌→抗真菌薬
ウイルス→抗ウイルス薬
原虫→抗原虫薬

ここで抗微生物薬と他の医薬品との違いについて少し触れておくかのぉ。

医薬品は，人間自身に作用して効くものじゃが，抗微生物薬は，体内の微生物に作用して効くということじゃ。

違い･･･？

ターゲットは人の体内の臓器など

ターゲットは人ではなく病原微生物

ということで，ここからは抗微生物薬をもう少し詳しくみていくぞ。

日頃の感染対策で特に注意すべきは，やはり細菌じゃから，まずは抗菌薬の話から始めることにしよう。

ヘェ～い。

5章 感染と薬の旅

抗菌薬

そもそも抗菌薬とは、文字通り「細菌に対抗する薬」なんじゃ。

世界で最初の抗菌薬は、1929年にイギリスの細菌学者アレキサンダー・フレミングさんによって発見された、青カビが生み出す抗菌物質だと言われておる。

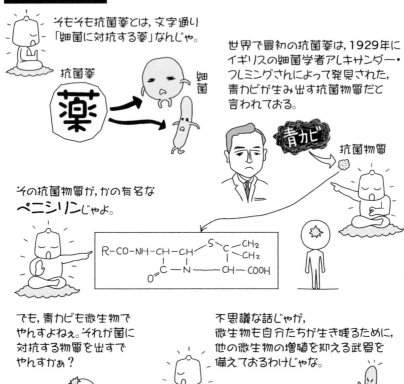

その抗菌物質が、かの有名な**ペニシリン**じゃよ。

でも、青カビも微生物でやんすよねぇ。それが菌に対抗する物質を出すでやんすかぁ？

不思議な話じゃが、微生物も自分たちが生き残るために、他の微生物の増殖を抑える武器を備えておるわけじゃな。

このことに気づいた人類は、いろんな微生物から抗菌物質を見つけて、それを取り出し、薬にしてきたわけで、こうしてできた薬を**抗生物質**と呼んでおったんじゃ。

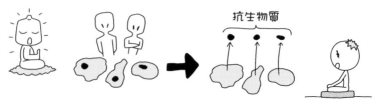

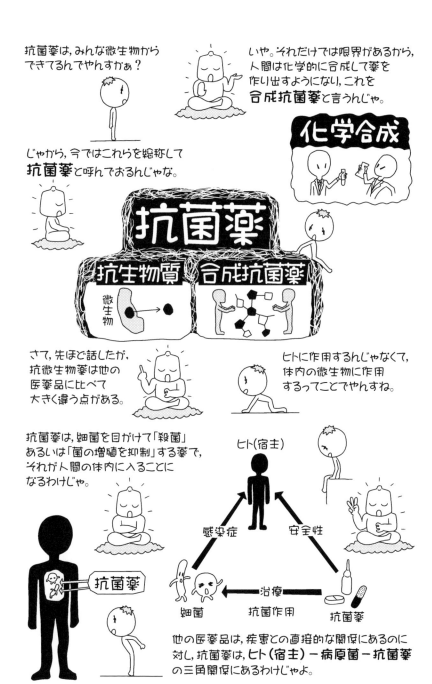

5章 感染と薬の旅

で、この三角関係が成立するために、重要なことがひとつあるが、何じゃと思う？

重要なことぉ～？

つまり、細菌の細胞には作用するが、人間の細胞には作用しないことが必要なのじゃ。

これを**選択毒性**と言っておる。

なるほどぉ。人間に害があっては困るでやんすからねェ。

抗菌薬 → ヒトの細胞／細菌

そういう特殊性をもった医薬品であるとは言え、抗菌薬を使うときには、やはりちゃんとした診断をして、原因菌に効くであろう抗菌薬を選択せんといかんのじゃ。

たとえば、患者が発熱した場合、抗菌薬を使うかどうかは以下のような診療の流れで決めるんじゃ。

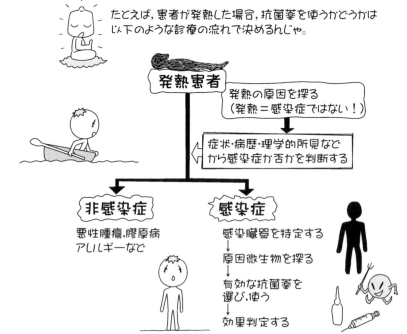

発熱患者 → 発熱の原因を探る（発熱＝感染症ではない！）
→ 症状・病歴・理学的所見などから感染症か否かを判断する

非感染症：悪性腫瘍、膠原病、アレルギーなど

感染症：
感染臓器を特定する
↓
原因微生物を探る
↓
有効な抗菌薬を選び、使う
↓
効果判定する

142

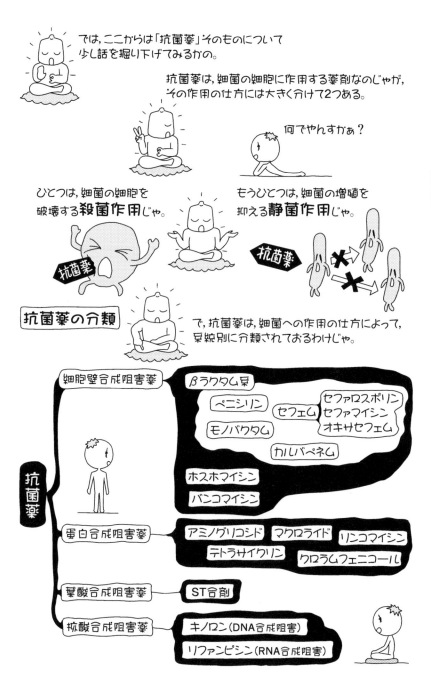

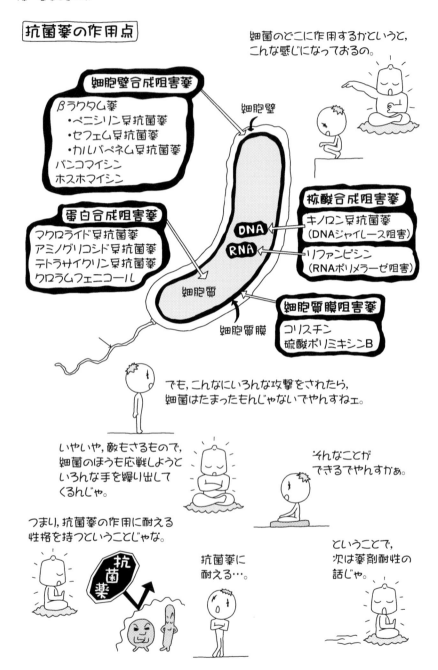

> 薬剤耐性

抗菌薬の作用に耐えることを**薬剤耐性**といって、この力を持った細菌を**薬剤耐性菌**と言うんじゃ。

いろんなタイプがあるでやんすねェ。

> ① 薬剤を不活化する

- **βラクタマーゼ**
  菌体内で作られ細胞質膜の外に分泌される酵素。グラム陰性菌では細胞質膜と外膜の間のペリプラズムという間隙に蓄積して表層酵素となるが、グラム陽性菌では外膜を持たないので菌体外酵素となる。βラクタマーゼはβラクタム薬のβラクタム環を加水分解し、薬剤を不活化する。
  最近ではextended spectrum βlactamases（ESBLs）産生菌（肺炎桿菌、大腸菌など）、カルバペネムに耐性を示すメタロβラクタマーゼ産生菌が問題になっている。
- **アミノグリコシド不活化酵素**
  アミノグリコシド耐性。
- **クロラムフェニコール・アセチルトランスフェラーゼ**
  クロラムフェニコール耐性。

> ② 抗菌薬の作用点の変化

- **βラクタム薬の作用点の変化**
  βラクタム薬の作用点である細胞壁合成酵素のペニシリン結合蛋白群（PBPs）は、細胞質膜上に存在し、βラクタム薬はPBPsに結合して菌の細胞壁合成を阻害する。しかし、このPBPsが変異するとβラクタム薬は、その作用点であるPBPsに結合しにくくなり、耐性となる。
- **トポイソメラーゼの変異**
  キノロン系薬の標的酵素であるトポイソメラーゼⅡ（DNAジャイレース）またはトポイソメラーゼⅣの遺伝子に点変異が起こることによってアミノ酸置換が起き、キノロン系薬のトポイソメラーゼの抑制を低下させる。

> ③ 外膜透過性の変化

グラム陰性菌は、細胞壁の最外側に外膜構造があり、親水性低分子抗菌薬はこの外膜に存在するポーリン孔が欠損あるいは減少すると抗菌薬の外膜透過性が低下して薬剤耐性となる。

> ④ エフラックス（efflux）耐性

一度菌体内に入った薬剤が膜蛋白により菌体外に排出される現象。

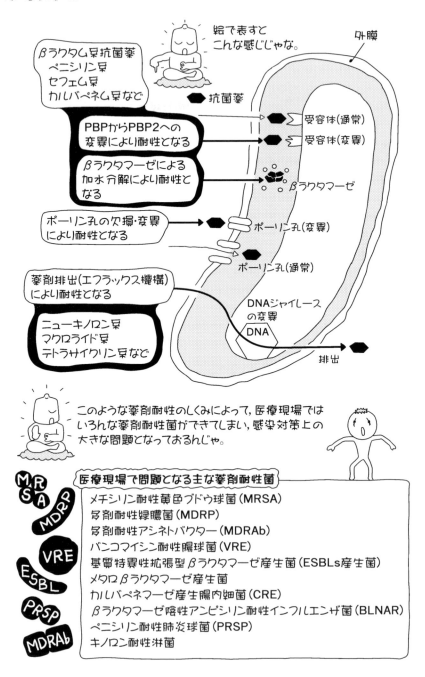

ここでβラクタマーゼ(p145参照)に関連して注目すべき耐性菌の話をしておくかの。

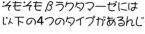そもそもβラクタマーゼには以下の4つのタイプがあるんじゃ。

βラクタム環

分解！
βラクタマーゼ

βラクタマーゼの分類	
Class A	ペニシリナーゼ。βラクタマーゼ阻害薬に阻害される。
Class B	メタロβラクタマーゼ。カルバペネム系を含むほとんど全てのβラクタム薬を分解する。βラクタマーゼ阻害薬を分解する。
Class C	セファロスポリナーゼ。
Class D	オキサシリン系を分解する。

ESBLs産生菌(Extended-spectrum β-lactamases産生菌)

ESBLは日本語で基質特異性拡張型βラクタマーゼと言うが、もともとペニシリンを分解するペニシリナーゼという酵素の構造に基質特異性の変化が起きたため、本来分解するはずのない抗菌薬までも分解するようになったβラクタマーゼのことじゃ。

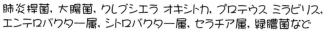
ESBLs産生菌
肺炎桿菌、大腸菌、クレブシエラ オキシトカ、プロテウス ミラビリス、エンテロバクター属、シトロバクター属、セラチア属、緑膿菌など

メタロβラクタマーゼ産生菌

メタロβラクタマーゼは、カルバペネム系を含むほとんど全てのβラクタム薬に耐性を示す実に厄介な分解酵素なんじゃ。

メタロβラクタマーゼ産生菌
緑膿菌、セラチア、肺炎桿菌、大腸菌、プロテウス ブルガリス、シトロバクター属、エンテロバクター属など

カルバペネム耐性腸内細菌(CRE)
カルバペネム系抗菌薬を分解してしまうカルバペネマーゼ(メタロβラクタマーゼ)を産生する腸内細菌で、治療の切り札として日本で最も多く使われているカルバペネム系抗菌薬が効かないことが、今大きな問題になっておる。

ここに系統別に代表的な抗菌薬を紹介しておくが，詳しくは他の資料で勉強するように。

■ペニシリン系抗菌薬
　ペニシリンG系
　アミノベンジルペニシリン系
　　アンピシリン，アモキシシリンなど
　抗緑膿菌用ペニシリン系
　　ピペラシリン，タゾバクタム／ピペラシリン
　合剤
　　アモキシシリン／クラブラン酸，スルバクタム／アンピシリン
　　タゾバクタム／ピペラシリンなど
■セフェム系抗菌薬
　セフェム系第1世代
　　セファクロル，セファゾリンなど
　セフェム系第2世代
　　セフォチアム，セフメタゾールなど
　セフェム系第3世代
　　セフジニル，セフテラム ピボキシル，セフカペン ピボキシル，
　　セフトリアキソン，セフォジジム，セフォペラゾンなど
　セフェム系第4世代
　　セフェピムなど
■カルバペネム系抗菌薬
　　イミペネム／シラスタチン，パニペネム／ベタミプロン，メロペネム，ドリペネムなど
■ペネム系抗菌薬
　　ファロペネム
■モノバクタム系抗菌薬
　　アズトレオナム，カルモナム
■アミノグリコシド系抗菌薬
　　カナマイシン，ストレプトマイシン，アミカシン，ゲンタマイシン，アルベカシンなど
■グリコペプチド系抗菌薬
　　バンコマイシン，テイコプラニン
■オキサゾリジノン系抗菌薬
　　リネゾリド
■ストレプトグラミン系抗菌薬
　　キヌプリスチン・ダルホプリスチン
■マクロライド系抗菌薬
　　エリスロマイシン，クラリスロマイシン，アジスロマイシンなど
■リンコマイシン系抗菌薬
　　リンコマイシン，クリンダマイシン
■テトラサイクリン系抗菌薬
　　テトラサイクリン，ミノサイクリンなど
■ST合剤
　　スルファメトキサゾール／トリメトプリム
■キノロン系抗菌薬
　　シプロフロキサシン，トスフロキサシン，ガレノキサシン，パズフロキサシンなど

さて, 抗菌薬には, 多くの系統, 多くの種類があるんじゃが, ほとんどの抗菌薬において, 残念ながら薬剤耐性菌が存在しておるんじゃ。

え〜っ！
そりゃ大変でやんすねェ。

本来の治療薬が効かない細菌に感染してしまうと, 治療できないわけじゃから極めて危険じゃな。

じゃあ, どうすればいいんでやんすかぁ？

薬剤耐性菌にどう対処するか。それは2つの側面から並行して取り組まねばならん。

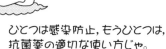

ひとつは感染防止, もうひとつは, 抗菌薬の適切な使い方じゃ。

今, 医療機関で問題となっておる耐性菌の多くは, **接触感染**によって伝播・拡大するタイプのものが多いから, 感染防止としては, まず, 接触感染の経路を徹底的に遮断することになるわけじゃ。

なるほどぉ。

抗菌薬の適正使用は薬剤耐性菌と
どんな関係があるんでやんすか？

そもそも薬剤耐性菌がなぜ生まれるかというと、
以下の3つが主な原因で菌が耐性を獲得する
ためと言われておるんじゃ。

① 同じ抗菌薬ばかり使いすぎる。
② 抗菌薬を少ない用量で長期間ダラダラと
　使ってしまう。
③ 原因菌に抗菌作用を持たない抗菌薬を
　使ってしまうことで他の菌が耐性化する。

薬剤感受性試験

そこで、原因菌に対して正しいアプローチをするために
薬剤感受性試験を行うのじゃ。

薬剤感受性試験…？

そもそも細菌と抗菌薬の関係は、
感性・中間・耐性の3つで表される。

感性 (S)：抗菌薬がよく効く
中間 (I)：SとRの中間
耐性 (R)：抗菌薬が効かない

このS, I, Rというのは、米国の臨床検査標準協会 (CLSI) というところが、
米国内の臨床現場で使用されている抗菌薬について、細菌ごとに測定して
設定した抗菌薬が効く、効かないの境界数値に照らした判定基準のことじゃ。

CLSI

自施設の
測定値が　↓
S ← 設定値以下
I ← 中間
R ← 設定値越え

抗菌薬 [a][b][c]　[a][b][c]

設定値
（濃度）

ほぉ…。

150

MIC (minimum inhibitor concentration)：最小発育阻止濃度

ここで覚えておきたいのが，抗菌薬が菌の発育を阻止する最も薄い濃度，つまり最小発育阻止濃度（MIC）じゃ。

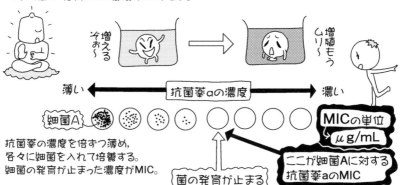

抗菌薬の濃度を倍ずつ薄め，各々に細菌を入れて培養する。細菌の発育が止まった濃度がMIC。

つまり，菌の発育を止めるために必要かつ最小の薬剤濃度というわけじゃな。そしてこの濃度が低いほど，すぐれた抗菌薬であると考えられておる。

じゃが，MICというのは，あくまでも人間の体外で測定した数値じゃから，いくらMIC値が低いからといって，そのまま人間の体内で臨床効果を期待できるとは限らんことを忘れてはならん。

ブレイクポイント

ブレイクポイントというのは，菌に対する抗菌薬の効果を予測する際のS（感性）とR（耐性）を判断する境界の抗菌薬濃度のことなのじゃ。

このブレイクポイントは，先ほど話した米国のCLSIが定めた基準値が目安として使われることが多いが，この基準値は米国内の臨床現場で使用される抗菌薬で測定しているので，日本でそのまま適用することについては問題があるという考え方になっておる。
そこで日本では独自の臨床的ブレイクポイントを設定して活用するようにしておるのじゃ。

アンチバイオグラム

ここまでの話を踏まえた上で知っておくべきことがある。それは同じ抗菌薬であっても,病院ごとに細菌への効きやすさが異なるということじゃ。

え〜っ！そうなんでやんすかぁ。

病院では数ある抗菌薬からいくつかを選定して採用しておるわけで,採用薬について細菌ごとの感受性率を先ほどの感性・中間・耐性に分けて早見表にしておくのじゃ。これを**アンチバイオグラム**と言っておる。

治療の対象となる原因菌がある程度わかっておれば,この中からS判定の抗菌薬を選ぶわけじゃな。

アンチバイオグラム

	菌a	b	c	d	e	f	g
抗菌薬A	S	S	R	I	S	S	I
B	I	R	R	S	S	I	S
C	S	I	I	R	I	S	S
D							
E							
F							
G							
H							
I							
J							
K							

抗菌薬Aは,菌aにS判定でやんすから,使えるわけでやんすねェ。

治療の際,このアンチバイオグラムを活用すると,どの抗菌薬を使えば治療効果が見込めるか,予め見当をつけることができるわけじゃ。

便利でやんすねェ。

PK/PD さて、抗菌薬の薬剤感受性の話をしてきたが、これはあくまでヒトの体の外で判定したものじゃ。

そうでやんすねェ。

そこで、ヒトの体内で抗菌薬がより効果的に、しかも安全に作用するために2つのアプローチが行われておる。

ひとつは、抗菌薬の薬物動態じゃ。

そしてもうひとつが、薬力学じゃ。

薬物動態 pharmacokinetics；PK

薬力学 pharmacodynamics；PD

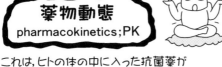

これは、ヒトの体の中に入った抗菌薬がどんな濃度状態にあるのかということじゃ。

これは、薬の力、つまり抗菌力のことじゃな。

この2つ、つまりPK/PDをうまく組み合わせて、効率的、効果的、そして安全に抗菌薬を使おうということじゃ。

何かまた難しい話でやんすねェ。

なぜこのような方法が必要かというと、抗菌薬には、濃度が高いほど効果があるもの(濃度依存性)と、長い時間一定の濃度でいられるほど効果があるもの(時間依存性)があるからなんじゃ。

抗菌薬

濃度依存性	時間依存性
ペニシリン系 セフェム系 カルバペネム系 マクロライド系 テトラサイクリン系など	キノロン系 アミノグリコシド系など

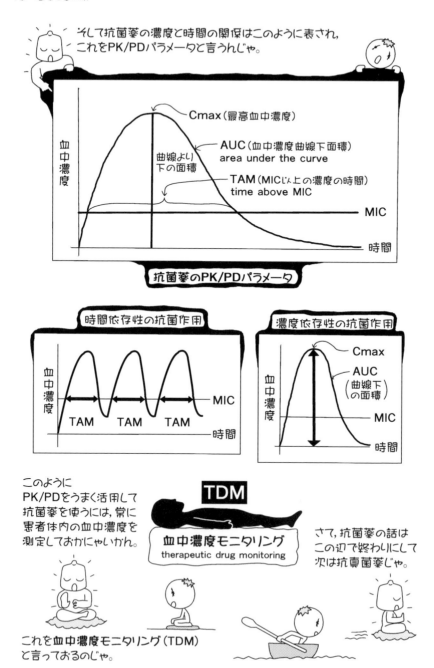

抗真菌薬

抗真菌薬というからには、文字通り真菌に対抗して産み出された治療薬じゃな。

さて、真菌は細菌と違って真核生物と呼ばれ、動物の細胞と類似しておるんじゃ。

ということは、人間の細胞にも似てるわけでやんすかぁ。

そうじゃ。そのため抗菌薬のように細菌だけを狙う「選択毒性」を持った抗真菌薬は数が限られておるわけじゃ。

なるほどぉ。

抗真菌薬の系統

では、まず抗真菌薬の系統と主な作用をざっと見ておくぞ。

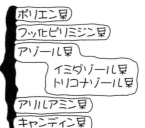

抗真菌薬
- ポリエン系
- フッ化ピリミジン系
- アゾール系
  - イミダゾール系
  - トリアゾール系
- アリルアミン系
- キャンディン系

抗真菌薬の作用

- 真菌の細胞膜であるエルゴステロールを阻害するもの。
- 真菌のラノステロールからエルゴステロールの生合成を阻害するもの。
- βDグルカン合成酵素を阻害して、真菌の細胞壁合成を阻害するもの。
- DNA合成を阻害するもの。

では、系統別にもう少し詳しくみていくかの。

5章 感染と薬の旅

ポリエン系
- 真菌の細胞膜を構成するエルゴステロールに結合して、細胞膜に穴を空け真菌を破壊する。
- 選択毒性が低いので、副作用が強い。
- 主な抗真菌薬
  アムホテリシンB
  リポソームアムホテリシンB
  ナイスタチン

フッ化ピリミジン系
- 真菌の中にあるシトシンデアミナーゼによって5FUに変換され、核酸合成を阻害する。
- 主な抗真菌薬
  フルシトシン（5FC）

イミダゾール系（アゾール系）
- 真菌の細胞膜を構成するエルゴステロールの合成過程を阻害する。
- 主な抗真菌薬
  ミコナゾール

トリアゾール系（アゾール系）
- 真菌の細胞膜を構成するエルゴステロールの合成過程を阻害する。
- 主な抗真菌薬
  フルコナゾール
  イトラコナゾール
  ホスフルコナゾール
  ボリコナゾール

アリルアミン系
- 主な抗真菌薬
  塩酸テルビナフィン

キャンディン系
- 真菌の細胞壁の主要成分であるβDグルカン合成を阻害する。
- 主な抗真菌薬
  ミカファンギンナトリウム

以上が、抗真菌薬の概要じゃ。

深在性真菌症と抗真菌薬

真菌症には,皮膚表面で起こる表在性真菌症と,内臓で起こる深在性真菌症の2つがあるんじゃが,ここでは,重症化することもある3大深在性真菌症と抗真菌薬についてまとめておく。

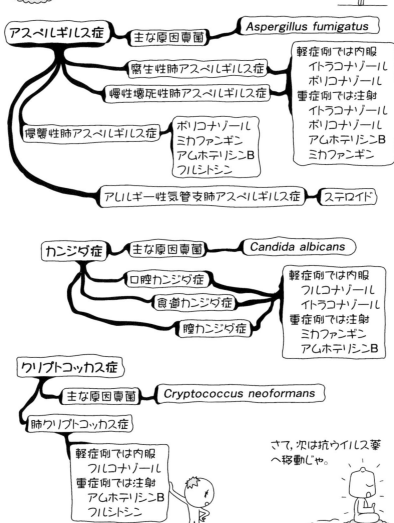

- アスペルギルス症
  - 主な原因真菌 — *Aspergillus fumigatus*
  - 腐生性肺アスペルギルス症
  - 慢性壊死性肺アスペルギルス症
    - 軽症例では内服
      - イトラコナゾール
      - ボリコナゾール
    - 重症例では注射
      - イトラコナゾール
      - ボリコナゾール
      - アムホテリシンB
      - ミカファンギン
  - 侵襲性肺アスペルギルス症
    - ボリコナゾール
    - ミカファンギン
    - アムホテリシンB
    - フルシトシン
  - アレルギー性気管支肺アスペルギルス症 — ステロイド

- カンジダ症
  - 主な原因真菌 — *Candida albicans*
  - 口腔カンジダ症
  - 食道カンジダ症
  - 腟カンジダ症
    - 軽症例では内服
      - フルコナゾール
      - イトラコナゾール
    - 重症例では注射
      - ミカファンギン
      - アムホテリシンB

- クリプトコッカス症
  - 主な原因真菌 — *Cryptococcus neoformans*
  - 肺クリプトコッカス症
    - 軽症例では内服
      - フルコナゾール
    - 重症例では注射
      - アムホテリシンB
      - フルシトシン

さて,次は抗ウイルス薬へ移動じゃ。

5章 感染と薬の旅

抗ウイルス薬

さて、抗ウイルス薬なんじゃが、まず覚えておきたいのは、抗ウイルス薬は、抗菌薬や抗真菌薬と大きく違う点があるということじゃ。

大きく違う点…？

つまりこういうことじゃ。

抗菌薬・抗真菌薬
- 感染症の原因となる細菌や真菌に直接作用し、細胞壁を破壊するなどして殺菌したり、増殖を抑制したりする。
- 1つの薬剤で複数の菌種に適応できる。

抗ウイルス薬
- ウイルスは細胞を持たずに宿主細胞に寄生するため、抗ウイルス薬は、宿主細胞にウイルスが寄生するのを阻害することで作用する。
- ひとつの抗ウイルス薬が対象とするウイルスは1種類である。これはウイルスが増殖する際の転写因子がそれぞれ異なるためである。

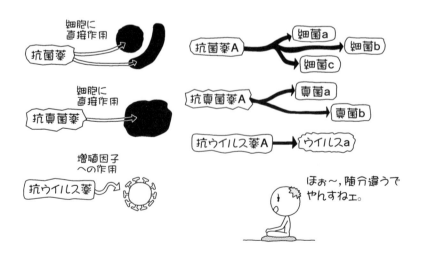

ほぉ～、随分違うでやんすねェ。

ウイルス感染症とその治療薬の関係をまとめるとこうじゃ。

ヘルペス感染症治療薬
アシクロビル
バラシクロビル
ファムシクロビル

帯状疱疹治療薬
ビダラビン
イドクスウリジン

サイトメガロウイルス感染症治療薬
ガンシクロビル
バルガンシクロビル
ホスカルネット

RSウイルス感染症治療薬
パリビズマブ

HIV感染症治療薬
核酸系逆転写酵素阻害剤
　アジドチミジン, ジドブジン, ジダノシン, ザルシタビン, サニルブジン, ラミブジン,
　ジドブジン/ラミブジン, アバカビル, テノホビル, エムトリシタビン,
　アバカビル/ラミブジン, テノホビル/エムトリシタビン
非核酸系逆転写酵素阻害剤
　ネビラピン, エファビレンツ, デラビルジン, エトラビリン, リルピビリン
プロテアーゼ阻害剤
　インジナビル, サキナビル, リトナビル, ネルフィナビル, アンプレナビル,
　ロピナビル/リトナビル, アタザナビル, ホスアンプレナビル, ダルナビル
インテグラーゼ阻害剤
　ラルテグラビル, エルビテグラビル, ドルテグラビル

インフルエンザウイルス感染症治療薬
ノイラミニダーゼ阻害剤
　ザナミビル, オセルタミビル, ペラミビル, ラニナミビル
M2プロトンチャネル阻害薬
　アマンタジン
RNAポリメラーゼ阻害薬
　ファビピラビル

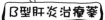

B型肝炎治療薬
インターフェロン
　IFNα, IFNα 2b, IFNβ
核酸アナログ製剤
　ラミブジン, アデフォビル,
　エンテカビル, テノフォビル,
　テルビブジン

C型肝炎治療薬
インターフェロン
　PEG-IFNα 2a, PEG-IFNα 2b,
　IFNα, IFNα 2b, IFNβ,
　Consensus-IFNα・IFNαcon1
NS3/4A（プロテアーゼ阻害薬）
　ボセプレビル, テラプレビル, シメプレビル,
　アスナプレビル
NS5A阻害薬
　ダクラタスビル

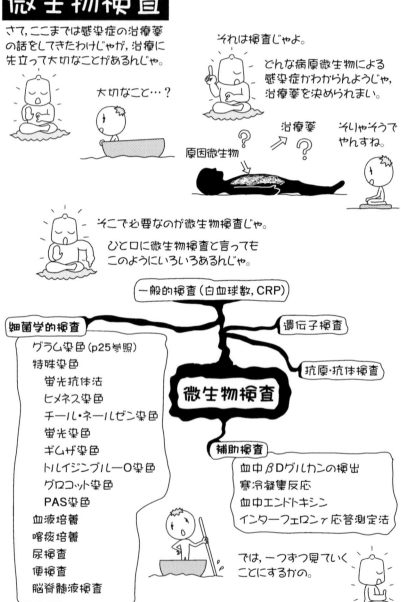

一般検査

これは患者の症状・所見をみて感染症か否かを検査するものじゃ。

通常, 急性の感染症では, 免疫反応により体内の白血球が増える(白血球増多)ので, その数値をひとつの目安としておる。

また細菌感染症の場合, 体内で炎症反応などが起きていると血中にC反応性蛋白(CRP)が出現し, 高い数値を示すので, これも感染症か否かのひとつの目安になるんじゃ。

ヒトの体内の反応で判断するわけでやんすね。

あくまでも目安じゃがな。

さて, ここからは病原微生物に焦点を当てた検査じゃ。

細菌は種類が多いから, 原因菌を判断する方法がいろいろあるんじゃ。

細菌学的検査

①グラム染色

- 染色手順はp25参照。
- 喀痰, 尿, 膿, その他の炎症部位からの滲出液を染色して原因菌を推定する。
- 顕微鏡にて白血球の貪食像が確認されれば, 原因菌の確率は高まる。

②血液培養

- 敗血症の診断において血液を採取し, それを培養する。本来血液は無菌なので, そこで菌が検出されれば, 原因菌と判断できる。

血液採取の注意点

血液採取は, 両腕からそれぞれ2セットずつ採取する。
理由は, 血液の採取は皮膚を介するため, 皮膚常在菌が紛れ込んで汚染する(コンタミネーション)場合がありうるからである。

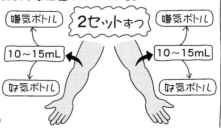

③喀痰培養
- 呼吸器感染症の診断には欠かせない検査。
- 採取した喀痰の中に含まれる細菌を培養し、最も多い菌を原因菌と考える。
- 喀痰は培養検査と同時にグラム染色にも使われる。

★グラム染色では染まらない病原体の染色法

レジオネラ菌	蛍光抗体法, ヒメネス染色
結核菌などの抗酸菌	チール・ネールゼン染色, 蛍光染色
ニューモシスチス・イロベチ	ギムザ染色, トルイジンブルーO染色, グロコット染色
真菌	PAS染色, グロコット染色

④尿検査
- 尿路感染症の診断のために尿を採取し、尿培養とグラム染色を行う。

⑤便検査
- 便中の白血球数により炎症反応を見て、腸管感染症、偽膜性大腸炎などの診断を行う。
- 採取した便から便培養も行う。

⑥脳脊髄液検査
- 髄膜炎の診断のために、髄液中の蛋白、糖などから炎症反応を確認する。
- 髄液の沈渣をグラム染色することも可能である。

ここからは遺伝子検査じゃ。 ほぉ〜い。

遺伝子検査

- RNA遺伝子を増幅する検査法
    - MTD法 (mycobacterium tuberculosis direct)
    - TRC法 (transcription reverse transcription concerted reaction)
- DNA遺伝子を増幅する検査法
    - PCR法 (polymerase chain reaction)
    - LCR法 (ligase chain reaction)
- 培養した菌の同定法
    - DNAプローブ法
    - マイクロプレートハイブリダイゼーション法

抗原・抗体検査

抗原検査
- ラテックス凝集反応
- 免疫クロマトグラフィー法

抗体検査
- IgM抗体価測定
- IgG抗体価測定
- GA抗体価測定

真菌には，このような血清診断があるんじゃ。

★真菌の血清診断
Candida spp.（カンジダ属）
① 易熱性糖蛋白抗原検出法
② マンナン抗原検出法
③ Dアラビニトール検出法（酵母反応）
Aspergillus spp.（アスペルギルス属）
　ガラクトマンナン抗原検出法
Cryptococcus neoformans
　グルクロノキシロマンナン抗原検出法

補助検査

① 血中βDグルカンの検出
- 深在性真菌症スクリーニングのための血清診断法。
- 感染時に血中に出現した真菌の細胞壁構成成分の一つであるβDグルカンをとらえる。

② 寒冷凝集反応
- 37℃以下の寒冷状態で細菌を凝集させる抗体「寒冷凝集素」を検出する方法。

③ 血中エンドトキシン
- エンドトキシン（endotoxin）はグラム陰性桿菌の細胞膜外壁を構成するリポ多糖で，溶菌あるいは菌体破壊により血中に遊出したものをとらえる。
- グラム陰性桿菌による敗血症の診断・経過観察に利用される。

④ インターフェロンγ応答測定法
（Interferon-Gamma Release Assays：IGRAs）
- 結核感染の診断の検査法で，クオンティフェロンが用いられる。

このように微生物検査にもいろいろあるんじゃが，どれも正確な診断と適切な治療のために重要なものばかりなんじゃ。

なるほどぉ。

5章 感染と薬の旅

ワクチン

さて, 次は同じ医薬品ではあるが, 治療ではなく, 予防のために使われるものじゃ。

予防…

いわゆる**ワクチン**による予防接種というやつじゃな。

ワクチンは, イギリスの学者エドワード・ジェンナーさんが, 牛痘(牛の天然痘)に罹った人間は, 天然痘に罹らない事実を発見し, 天然痘ワクチンを作ったことに始まる。

牛痘患者　天然痘

ではまず, ワクチンのしくみを少し説明しておくかの。

たとえば, 病原微生物Aをワクチンで予防するには…

病原微生物A
↓
ワクチン
(病原微生物Aから毒素をなくしたもの, あるいは弱めたもの)
接種

敵！
白血球
↓
病原微生物Aの抗体としていつでも出動できる**免疫グロブリン**が体内に装備される。

病原微生物Aに感染しても専用の抗体が攻撃してくれるので, 感染症は発症しないか, 軽症ですむ。

要するにワクチンを接種することによって, 一度軽〜く感染しておいて, 体の中に予め抗体を作っておくわけじゃな。

本番前の練習みたいなもんでやんすね。

さて、ワクチンには、大きく分けて生ワクチンと不活化ワクチンの2種類があるんじゃ。

生ワクチン

ある病原微生物の毒性を弱めてはいるが、生きた状態のもの。

主な生ワクチン
- BCG
- 経口生ポリオ（OPV）ワクチン
- 痘苗（天然痘）－現在は主に軍用
- 麻疹ワクチン
- 風疹ワクチン
- 麻疹・風疹混合ワクチン（MRワクチン）
- 流行性耳下腺炎（おたふく）ワクチン
- 水痘ワクチン
- 黄熱ワクチン
- ロタウイルスワクチン

不活化ワクチン

ある病原微生物を熱や消毒で殺し、免疫応答に関係する部分のみ損傷させず残したもの。

主な不活化ワクチン
- インフルエンザウイルスワクチン
- Hibワクチン（インフルエンザ菌b型ワクチン）
- 狂犬病ワクチン
- コレラワクチン
- 三種混合（DPT）ワクチン（ジフテリア・百日咳・破傷風混合ワクチン）
- 二種混合（DT）ワクチン（ジフテリア・破傷風混合ワクチン）
- 不活化ポリオワクチン（IPV）
- 四種混合（DPT-IPV）ワクチン（ジフテリア・百日咳・破傷風・不活化ポリオ混合ワクチン）
- 日本脳炎ワクチン
- 百日咳ワクチン
- 23価肺炎球菌莢膜多糖体ワクチン（2歳以上が対象）
- 13価蛋白結合肺炎球菌ワクチン（2歳未満の小児にも有効）
- A型肝炎ウイルスワクチン
- B型肝炎ウイルスワクチン（※C型肝炎その他は開発中）
- 2価ヒトパピローマウイルス（HPV）ワクチン
- 4価ヒトパピローマウイルス（HPV）ワクチン

5章 感染と薬の旅

このように、ワクチンのほとんどは、ウイルスに対するものじゃが、細菌に対しては、**肺炎球菌**と**インフルエンザ菌**のみ不活化ワクチンがあるんじゃ。

ワクチンは、すべての病原微生物に対応してあるもんじゃないんでやんすね。

そうじゃな。

それとワクチンも抗ウイルス薬と同じで1対1の関係なんじゃ。

しかも、インフルエンザウイルスのように、年ごとに型が変わるものがあって、その年に流行が予想されるウイルスのワクチンを毎年作らんといかんわけじゃ。

大変でやんすねェ。

もちろん、まだワクチンがない病原微生物はたくさんある。

じゃが、少なくとも今あるワクチンは、感染予防としてぜひ接種しておくべきじゃの。

以上で、感染と薬の旅は終わりじゃ。

もう旅はないでやんすかぁ？

いやいや、次がいよいよ最後の旅じゃ。

お～！で、何の旅でやんすか？

最後は、**感染と消毒**の旅じゃ。

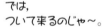
では、ついて来るのじゃ～。

6章
感染と消毒の旅

6章　感染と消毒の旅

さぁ、いよいよ最後の旅じゃ。

感染と消毒の旅でやんすねェ。

ひと口に消毒と言っても幅広いから、まずは今回の旅の概要を示しておこうかの。

```
人 → 生体消毒 → 手指消毒・皮膚消毒など
モノ → 非生体消毒 → 器材消毒 → 洗浄・消毒・滅菌
                  → 環境消毒 → 病室などの清掃
```

このように、消毒には、人に対して行うものと、モノに対して行うものの2つに分かれるんじゃ。

人の消毒とモノの消毒とでは何が違うんでやんすかぁ？

要するに、使う消毒薬の毒性が違うのじゃよ。

人の消毒、つまり生体消毒に使う消毒薬は、人体に害のないものでなくてはならん。

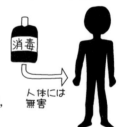
人体には無害

これに対し、モノの消毒（非生体消毒）に使う消毒薬は、もっと消毒効果が高く、その分だけ毒性が強いのじゃ。

消毒効果が高い
非生体消毒薬
毒性が強い

```
生体消毒薬
  クロルヘキシジングルコン酸塩
  ポビドンヨードなど
非生体消毒薬
  次亜塩素酸ナトリウム、グルタラール
  ベンザルコニウム塩化物など
生体・非生体どちらにも使われる消毒薬
  消毒用エタノール
  イソプロパノール
```

168

人の消毒

ではまず，人の消毒，いわゆる**生体消毒**の話を少ししておくか。

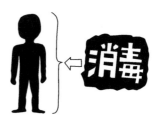

手指消毒

手指消毒のやり方については，2章の手指衛生(p47)のところで学んだはずじゃな。

そうでやんした。

なので，ここでは使用する消毒薬を紹介するが，圧倒的によく使われるのが，アルコール系の消毒用エタノールじゃ。

手指消毒薬
- 消毒用エタノール
- ベンザルコニウム塩化物
- クロルヘキシジングルコン酸塩
- ポビドンヨード

皮膚消毒

手指以外の皮膚消毒は，ほとんどが患者の患部などに行うわけで，大きくはこの2つじゃ。

皮膚消毒
- 注射する部位の消毒(採血部位も含む)
- 手術部位の消毒

注射部位・採血部位の消毒

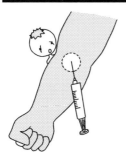

注射や採血のときは，針を刺す部位を消毒せねばならんが，なぜかわかるか？

えっと〜，それはでやんすねぇ〜。

皮膚の表面にはいろんな細菌が付着しておるからじゃよ。いわゆる皮膚常在菌じゃ。

ということはぁ〜，もし消毒しないで針を刺すとぉ〜…。

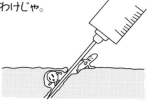

針先といっしょに細菌が皮下に入ってしまうことがあるわけじゃ。

そりゃ，大変でやんす〜。

それと，採血の場合，採った血液の中に皮膚常在菌が混じり込んだら，正確な検査ができんじゃろ。

正確な検査ができない！

どれが原因の菌かわからなくなるでやんすねぇ。

このように感染症の原因と関係ない細菌が混じり込んでしまうことを**コンタミネーション**と言うんじゃ。

コンタミネーション

感染症においてコンタミネーションは，原因菌を検出する目的で検体を採取するときに，誤って本来関係のない菌が検体に紛れ込んでしまう状況をさす。血液培養，喀痰培養で起こりうる。

原因菌
コンタミ
コンタミ

じゃから，注射や採血の前の皮膚消毒は必ずせにゃならんのじゃ。

なるほどぉ〜。

注射部位・採血部位の消毒薬

消毒用エタノール
イソプロパノール
これらを浸み込ませたガーゼや綿球を使用。

で，消毒後すぐに注射できるように消毒薬は**速乾性**のあるものとなっておる。

手術部位消毒

手術部位の消毒も皮膚常在菌が術後の傷口から入らないようにするために行うが, この場合は, 持続効果のある消毒薬を使うんじゃ。

手術部位の消毒薬
クロルヘキシジングルコン酸塩
ポビドンヨード

口腔内消毒

口の中には, 連鎖球菌, ブドウ球菌, 嫌気性菌などが常在しておるから, うがいによる消毒が必要なんじゃ。

口腔内の消毒薬
うがい ➡ ポビドンヨード
塗布 ➡ オキシドール, ヨードチンキ

鼻腔内消毒

鼻腔内に創傷や炎症がある場合に行う消毒じゃ。

ほぉ～。

鼻腔内の消毒薬
オキシドール
ポビドンヨード
アクリノール
※MRSA患者には鼻腔内に抗菌薬のムピロシン軟膏を塗布。

ここまでが, 人に行う消毒 (生体消毒) の概要じゃ。

さて, 次は器材や環境などのモノの消毒 (非生体消毒) に話を移すぞ。

生体消毒 ➡ 非生体消毒

6章 感染と消毒の旅

モノの消毒

ひと口にモノと言っても，実に多種多彩じゃが，まずは患者さんに使う医療器材じゃな。

医療器材は，全部消毒するでやんすかぁ。

医療器材には大きく分けて2つあって，一つは，使い捨てのモノ，もう一つは，再利用するモノじゃ。

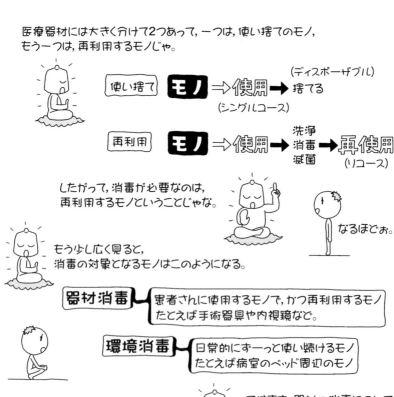

したがって，消毒が必要なのは，再利用するモノということじゃな。

なるほどぉ。

もう少し広く見ると，消毒の対象となるモノはこのようになる。

器材消毒：患者さんに使用するモノで，かつ再利用するモノ　たとえば手術器具や内視鏡など。

環境消毒：日常的にずーっと使い続けるモノ　たとえば病室のベッド周辺のモノ

ではまず，器材の消毒について詳しく見ていくことにするぞ。

172

器材消毒

さて，器材の消毒ということじゃが，実は器材の衛生的処理は消毒だけではないんじゃ。

ほぉ？

器材の衛生的処理には，**洗浄・消毒・滅菌**の3つがあるんじゃ。

洗浄・消毒・滅菌

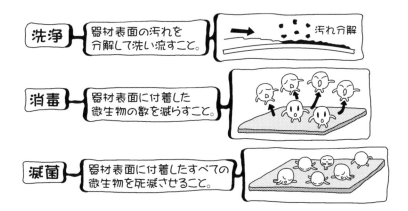

- **洗浄**：器材表面の汚れを分解して洗い流すこと。
- **消毒**：器材表面に付着した微生物の数を減らすこと。
- **滅菌**：器材表面に付着したすべての微生物を死滅させること。

すべての器材に洗浄，消毒，滅菌をしないといけないでやんすか？

洗浄はすべての器材に行うが，その後の処理は器材の材質によって異なっておる。

そこで覚えておきたいのが，**スポルディングの分類**じゃ。

スポルディングの分類…？

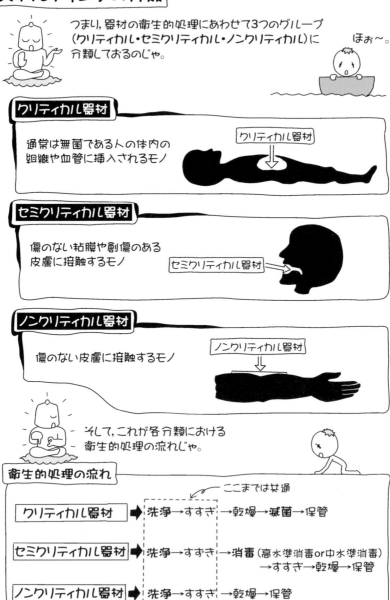

各分類の具体的な衛生的処理はこうなっておる。

クリティカル器材

滅菌

- 高圧蒸気滅菌（オートクレーブ）
- 酸化エチレンガス（EOG）滅菌
  （37〜60℃・2〜4時間）
- 過酸化水素低温ガスプラズマ滅菌
- 化学的滅菌
  （過酢酸10分以上, グルタラール3〜6時間）

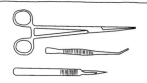

器材例
手術器材, インプラントなど

セミクリティカル器材

高水準消毒

- 化学的殺菌剤を使った高水準消毒（過酢酸5分以上, グルタラール30分〜1時間）
- ウォッシャーディスインフェクターを使った熱水消毒（80℃・10分間）

器材例
人工呼吸器, 麻酔器回路, 軟性内視鏡, 膀胱鏡など

中水準消毒

- 次亜塩素酸ナトリウム
- 消毒用エタノール

器材例
喉頭鏡ブレード
アンビューバッグ
バイトブロック
ネブライザー
哺乳瓶など

ノンクリティカル器材

洗浄あるいは低水準消毒

- 両性界面活性剤
- ベンザルコニウム塩化物
- クロルヘキシジングルコン酸塩

器材例
血圧計, 酸素マスク, 膿盆, ガーグルベースン, 吸引瓶, 薬杯, 便器, 尿器など

それでは、ここからは、洗浄・消毒・滅菌をもう少し詳しく見ていくことにするぞ。

ヘェ～い！

まずは洗浄じゃ。

洗浄とは、器材表面に付着した有機物（血液や体液など）を剥離させて洗浄液中に介解させることを指す。

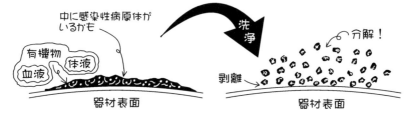

すべての使用済み器材は、消毒や滅菌が必要なものでも、まずは洗浄せねばならんのじゃ。

どうしてでやんすかぁ？

もし、器材の表面に汚れなどの有機物が付着したまま消毒や滅菌をしてしまうと、効果が減弱してしまうからじゃよ。

クルマの洗車と同じでやんすね。

ちゃんと水洗いしてからじゃないと汚れが残って、ワックスをかけてもピカピカにならないでやんす。

まぁ、そういうことじゃな。

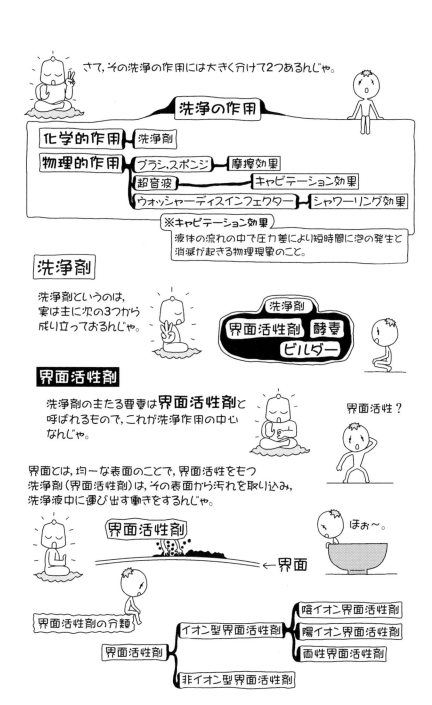

ビルダーは界面活性剤の洗浄効果を助ける働きをするものじゃ。

```
ビルダー
├ アルカリビルダー
│   水酸化ナトリウム, 炭酸塩, ケイ酸塩, リン酸塩など
└ キレート剤
    EDTA (エチレンジアミン四酢酸塩), NTA (ニトリロ三酢酸塩),
    DTPA (ジエチレントリアミン五酢酸塩) など
```

酵素

酵素は, 特定の物質を選んでそれを分解する働きをするもので主に3つあるんじゃ。

温度を上げたほうが洗浄効果が上がると思われておるが, 酵素系洗浄剤の場合は, 製品ごとに定められた温度以上で使うと, 酵素が死活してしまうので注意が必要なのじゃ。

洗浄剤に使用される酵素

酵素名	対象物例
プロテアーゼ (蛋白質分解酵素)	血液, 体液など
アミラーゼ (多糖類分解酵素)	米粒, デンプンなど
リパーゼ (脂肪分解酵素)	油脂など

この中で医療器材の洗浄に使われる酵素は, やはりプロテアーゼ (蛋白質分解酵素) じゃな。

血液や体液を分解するでやんすからねェ。

さて, 洗浄剤の分類じゃが, これはpH (水素イオン指数) によって, 酸性, 中性, アルカリ性の3つに分類されておる。

液性	pH
酸性	3.0未満
弱酸性	3.0以上 6.0未満
中性	6.0以上 8.0以下
弱アルカリ性	8.0を超えて 11.0以下
アルカリ性	11.0を超えるもの

では, それぞれを見ていくとしよう。

これがそれぞれの洗浄剤の種類と主な特徴じゃ。

酸性洗浄剤

酸性洗浄剤は、**強酸性**で、器材に発生したサビ、高圧蒸気滅菌の繰り返しによって生じた変色（熱ヤケ）、水道の蛇口等に付着した結晶（炭酸カルシウムが主成分）等を、化学的に溶解・分散させることにより洗浄する。

主な特徴
- 無機物、サビ、水垢等の洗浄に適している
- 金属に対する腐食性が強い
- 皮膚への影響が強い

主な用途
- サビ除去剤
- 熱ヤケ除去剤
- スケール除去剤

中性洗浄剤

中性洗浄剤はステンレス鋼、アルミニウム、ゴム、プラスチック等に対する腐食性が比較的弱いことから、広い用途で使用可能である。

主な特徴
- アルカリ性洗浄剤よりも洗浄力は劣る
- 洗浄物の材質への影響が比較的少ない
- 皮膚への影響が比較的少ない
- 環境への影響が比較的少ない

主な用途
- 酵素浸漬洗浄剤
- 用手洗浄用洗浄剤
- 超音波洗浄機用洗浄剤
- WD用洗浄剤

アルカリ性洗浄剤

アルカリ性洗浄剤は、非常に洗浄効果が高く、特に蛋白質と脂肪成分で構成された血液の汚染除去を効果的に行うことが可能である。

主な特徴
- 洗浄力に優れ、医療器材の洗浄に適している
- 洗浄物の材質への影響があり、注意が必要
- 皮膚への影響が強い

主な用途
- 超音波洗浄機用洗浄剤
- WD用洗浄剤

洗浄方法

さて、次は洗浄の方法についての話じゃ。

洗浄方法には、用手洗浄、浸漬洗浄、超音波洗浄、ウォッシャーディスインフェクター(WD)の4つの方法があるんじゃ。

用手洗浄

汚染された器材をブラシやスポンジを用いてブラッシングすることで、物理的に汚れを取り除く方法。

浸漬洗浄

洗浄液に漬け込むことで汚れを除去する方法。

これら2つの洗浄法は、器材の量が少ない場合や微細な器材の洗浄に適しておるが、感染曝露の危険性や鋭利器材による切創の危険性があるので作業時の安全性の確保が必要なのじゃ。

超音波洗浄

超音波洗浄は、洗浄液中の気体分子がはじける時の衝撃波(キャビテーション)により器材表面に付着している汚染物を剥離させる方法。

ウォッシャーディスインフェクター(WD)

回転するプロペラから勢いよく噴き出した洗浄水のシャワーリング効果により器材に付着した汚染物を分解・除去する方法。

洗浄効果の測定方法

さて、洗浄したら、ちゃんと洗浄されておるのか確認することも重要じゃな。

洗い残しがないかをみるでやんすね。

その確認方法にはこんなものがある。

指標物質	測定方法
蛋白質（活性）	1. 色素結合法 　アミドブラック10B法 　クーマシーブリリアントブルー（CBB）法 　オルトフタルアルデヒド法 　ビューレット法 2. ヘモグロビンのペルオキシダーゼ様活性法 3. 重量法 4. アイソトープ標識法
ATP （アデノシン三リン酸）	生物学的発光法

ここで最近注目されておるATPの測定について少し紹介しておくかの。

ATP（アデノシン三リン酸）というのは、赤血球をはじめ、総ての細胞に含まれるリン酸化合物で、体温の維持、筋肉の運動、刺激の伝達などの生体反応にエネルギーを供給する物質なんじゃ。

要は、ATPが確認されれば、そこに生命体がおるという証拠になるわけじゃよ。

細菌とかがいるのもわかるでやんすね。

さて、次は消毒の話に移るぞ。

ATPの測定法
ATPはルシフェラーゼによる酵素反応によってAMP（アデノシン一リン酸）になる時に光を産生する性質を利用し、器材表面等を拭き取った綿棒を試薬と反応させ、発生する光の量でATPを測定する方法。

6章　感染と消毒の旅

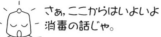

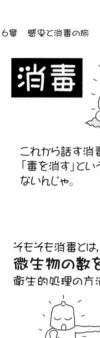さぁ、ここからはいよいよ消毒の話じゃ。

毒を消すと書いて「消毒」でやんすね！

これから話す消毒の話は、「毒を消す」というわけではないんじゃ。

と言いますと？

そもそも消毒とは、**微生物の数を減らす**ための衛生的処理の方法を言うのじゃ。

菌数を減らす。

つまり、毒を消し去るとか、微生物をすべて死滅させたり排除するというわけではないんじゃよ。　そういうことでやんすね。

で、その消毒法じゃが、大きく分けて以下の2つがあるんじゃ。

- 物理的消毒法 ─ 加熱消毒（煮沸消毒・熱水消毒）、ろ過除菌、紫外線殺菌などで物理的に取り除く消毒法
- 化学的消毒法 ─ 消毒薬を用いた消毒法

種類		消毒法
物理的消毒法	煮沸消毒	シンメルブッシュ煮沸消毒器
	熱水消毒	ウォッシャーディスインフェクター
		熱水洗濯器
		食器洗浄機
化学的消毒法	消毒薬	浸漬

182

加熱消毒

まずは物理的消毒から見て行こう。
加熱消毒には、煮沸消毒と熱水消毒があるんじゃ。

熱による消毒

消毒法	対象	消毒条件
煮沸	鋼製小物	100℃ 15分以上
熱水	鋼製小物	ウォッシャーディスインフェクター（80～93℃、3～10分間）
	リネン	熱水洗濯機（80℃ 10分以上）
	食器	食器洗浄機（80℃ 10分以上）

煮沸消毒

熱を加えることで微生物を死滅させるわけじゃが、芽胞のある菌は抵抗して残ることがあるので、注意が必要じゃ。

煮沸 → 芽胞

それと煮沸消毒できるモノは、熱に強いものでないといかん！

煮沸消毒できるモノ
耐熱性・耐水性の器具・鋼製小物など

煮沸消毒法
沸騰水（100℃）の中（15分以上）

熱水消毒

熱水や蒸気を使った消毒法じゃ。

熱そう…。

熱水消毒できるモノ
耐熱性・耐水性の器具・鋼製小物、リネン類、差し込み便器、尿器、吸引瓶、食器など

熱水消毒法
①ウォッシャーディスインフェクター
　（80～93℃、3～10分間）
②熱水洗濯機
　（70～80℃ 10分間）
③食器洗浄機
　（80℃ 10分間）

次に化学的消毒法，つまり消毒薬を使った方法じゃ。これは，先ほどの熱を使った物理的消毒では，消毒できないモノ，つまり熱に弱いモノを消毒する方法じゃ。

消毒薬への抵抗性

まず，微生物によって消毒薬への抵抗性が違うことを覚えておかにゃいかん。

ほぉ～。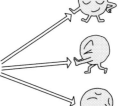

消毒薬への抵抗性の大きさで分けてみると，ざっとこんな感じじゃな。

抵抗性が非常に大きいグループ
芽胞菌
　クロストリジウム・ディフィシル
　バシラス菌　など

抵抗性が大きいグループ
抗酸菌
　結核菌
エンベロープを持たないウイルス
　ノロウイルス
　コクサッキーウイルス
　ライノウイルス　など

抵抗性が小さいグループ
真菌
　糸状菌
　酵母様真菌
　カンジダ属　など
エンベロープを持つウイルス
　単純ヘルペスウイルス
　B型肝炎ウイルス
　ヒト免疫不全ウイルス　など
グラム陰性菌
　緑膿菌
　サルモネラ菌
　セラチア菌　など
グラム陽性菌
　黄色ブドウ球菌（MRSA）　など
その他
　リケッチア
　クラミジア
　マイコプラズマ

芽胞のある菌とエンベロープのないウイルスが手強いでやんすねェ。

消毒水準

この消毒薬への抵抗性にあわせて、消毒水準も分類されている。

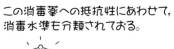

では、それぞれをもう少し詳しく見ていこう。

高水準消毒

高水準消毒とは、芽胞菌を除く大半の微生物を死滅させるもの。
それに、高水準消毒薬を長時間接触させれば、芽胞菌にもある程度効果を示す。

高水準消毒薬
過酢酸
グルタラール
フタラールなど

中水準消毒

中水準消毒とは、芽胞菌を除くほとんどの細菌、ウイルス、真菌を死滅させることができる。

中水準消毒薬
次亜塩素酸ナトリウム
消毒用エタノール
ポビドンヨード

低水準消毒

低水準消毒とは、芽胞菌や結核菌を除くほとんどの細菌、ウイルス、真菌を死滅させることができる。

低水準消毒薬
クロルヘキシジングルコン酸塩
ベンザルコニウム塩化物
塩酸アルキルジアミノエチルグリシン

消毒薬の効果を決める基本3要素

消毒薬の効果は、3つの要素に大きく影響されておるんじゃ。

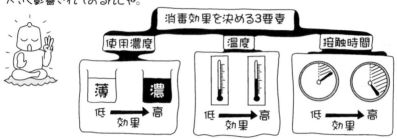

使用濃度

消毒薬は、濃度が高いほど殺菌効果は強いのじゃが、消毒薬ごとに常用濃度があるんじゃ。

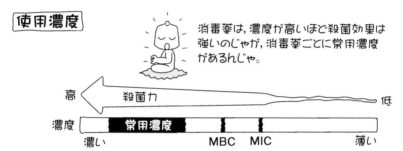

※常用濃度は、菌に対する最小殺菌濃度(MBC)や最小発育阻止濃度(MIC)よりも高いところで一定の幅を持って設定されている。

温度

消毒薬の効果は、温度が高いほど殺菌効果はあがるんじゃ。

とは言っても、あまり高温だと消毒薬のほうが死活してしまうから、通常は20〜25℃あたりじゃな。

接触時間

どの消毒薬でもそうなんじゃが、消毒効果を発揮するには、消毒薬と微生物が一定の時間、接触しておらにゃならん。

たとえば、速効性のある消毒用エタノールでも10〜15秒程度の接触時間が必要と言われとる。

主な消毒薬の種類と特徴

では、最後に各々の消毒薬についてその特徴や使い方の注意点をまとめておこう！

高水準消毒薬

一番強い消毒薬でやんすねェ。

過酢酸
- すべての微生物に有効。
- 芽胞を10分間で殺滅でき、市販薬では最も強力な消毒効果を示す。
- 刺激臭(酢酸臭)がある。

グルタラール
- すべての微生物に有効。
- 種々の材質を劣化させにくい。
- 刺激臭がある。
- 皮膚や粘膜に付着すると硬化・白色化する。
- 眼や呼吸器系の粘膜に対する蒸気毒性がある。

過酢酸・グルタラールの使用上の注意点！
- 換気のよい場所で、ゴム手袋、マスク、プラスチックエプロン、ゴーグル等の防護具を着用して取り扱う。
- 浸漬消毒には蓋付き容器を用いる。
- 清拭や噴霧には使用しない。

フタラール
- 過酢酸やグルタラールに比べ、芽胞に対する殺菌力が劣る。
- 種々の材質を劣化させにくい。
- 刺激臭がない。
- 皮膚や衣服に付着すると黒色に変色する。
- 器材に残留しやすい(リンスしにくい)。

使用上の注意点！
- 換気のよい場所で、ゴム手袋、マスク、プラスチックエプロン、ゴーグル等の防護具を着用して取り扱う。
- 浸漬消毒には蓋付き容器を用いる。
- 清拭や噴霧には使用しない。
- 超音波白内障手術器具、経尿道的検査や処置に使用する医療器具類には使用しない。
- 軟性膀胱鏡、経食道心エコー(TEE)プローブ等の医療器具に使用する際は要注意。

中水準消毒薬

次亜塩素酸ナトリウム
- 分解しやすく、残留毒性が低い。
- 高濃度では強アルカリ性のため刺激性が強い。

使用上の注意点！
- 浸漬消毒には蓋付き容器を用いる。
- 有毒な塩素ガスが発生するため、酸性の洗浄剤とは併用しない！
- クロルヘキシジングルコン酸塩と反応すると褐色物質を形成する。

ポビドンヨード
- 皮膚や粘膜に刺激性が少なく、人体に幅広く用いられている。
- 殺菌作用が持続する。
- 着色するため、器材や環境に使用しない。

使用上の注意点！
- ヨード過敏症の人には使用禁忌。

消毒用エタノール
- 速効性がある。
- 揮発性があるので残留しない。
- プラスチックやゴム製品を劣化させることがある。

使用上の注意点！
- 引火性があるので火気には注意。
- 粘膜や損傷皮膚には刺激があるので使用禁忌。

イソプロパノール
- 安価で消毒用エタノールとほぼ同じ効力を示す。
- エンベロープを持たないウイルス（ノロ、アデノなど）での効果が劣る。
- 消毒用エタノールより毒性が高い。

使用上の注意点！
- 引火性があるので火気には注意。
- 刺激性があるので粘膜や損傷皮膚へは使用禁忌。

低水準消毒薬

クロルヘキシジングルコン酸塩
- 正常皮膚には毒性が低い。
- 臭いがほとんどない。
- 皮膚によく吸着するため，持続効果がある。
- 抵抗性を示す菌が存在する。

使用上の注意点！
- 粘膜には使用禁忌。
- 次亜塩素酸ナトリウムと反応すると褐色物質を形成する。

ベンザルコニウム塩化物
- 皮膚や粘膜に対する刺激が少ない。
- 臭いがほとんどない。
- 皮膚によく吸着するため，持続効果がある。
- 抵抗性を示す菌が存在する。

使用上の注意点！
- 陰イオン界面活性剤（石鹸）が残っていると沈殿物を形成し殺菌力が低下する。

塩酸アルキルジアミノエチルグリシン（両性界面活性剤）
- 殺菌作用と洗浄作用を併せ持つ。
- 長時間の接触で結核菌に有効。
- 毒性が低い。
- 脱脂作用が強い。
- 抵抗性を示す菌が存在する。

使用上の注意点！
- 陰イオン界面活性剤（石鹸）が残っていると沈殿物を形成し殺菌力が低下する。

以上が消毒薬の話じゃ。

やれやれ。

ふ〜。

さて，次は滅菌の話にいくぞ。

さて、ここからは滅菌の話じゃ。

菌を滅ぼすと書いて「滅菌」でやんすね。

滅菌は、すべての微生物を死滅させる処理方法ということになっておる。

文字通りでやんすね。

器材表面

じゃが、厳密に言うと、滅菌は菌を全滅させるという意味ではないんじゃ。

どういうことでやんすかぁ？

つまり、滅菌と言っても最終的に微生物の数はゼロにはならんわけで、現実的には安全なレベルまで減らした状態を滅菌と言うんじゃな。

実際の滅菌処理では、微生物の数はこのように減少していくんじゃ。

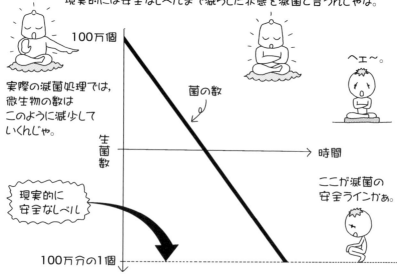

100万個

菌の数

生菌数

時間

現実的に安全なレベル

100万分の1個

ヘェ〜。

ここが滅菌の安全ラインかぁ。

この現実的に安全なレベルを**無菌性保証水準**(SAL)と言うんじゃ。

無菌性保証水準

無菌を保証するレベルのことで，この水準に達していれば「滅菌」されたとなる。医療現場で求められている滅菌処理後の残存微生物数は100万回滅菌処理して汚染があるのは1回というレベルで，この水準はほぼゼロに等しいと考えて滅菌処理作業が行われている。

滅菌する前の汚染微生物の数が少ないほど，滅菌後の無菌性保証水準は高いことも知られておるから，滅菌前の洗浄がいかに重要かがわかるな。

ここでもうひとつ覚えておいてほしいのが**D値**じゃ。

ディーチ…？

D値

滅菌物に付着している微生物数を1/10に減少させるのに必要な時間をその滅菌法のD値(decimal reduction time)という。
D値が低いほど，短時間での滅菌処理が可能であることを示す。

滅菌については，この無菌性保証水準とD値をまず知っておかにゃいかん。

では次に滅菌法についてみていくぞ。

う～，どんどん進んでいくぅ～。

滅菌の方法にはいくつかあるが，医療現場で行われる主な滅菌法はこんな感じじゃ。

滅菌法

- 高圧蒸気滅菌（オートクレーブ）
- 酸化エチレンガス(EOG)滅菌
- 低温ホルマリン消毒
- 過酸化水素低温ガスプラズマ滅菌
- 濾過滅菌
- 乾熱滅菌
- 化学的滅菌剤による滅菌

高圧蒸気滅菌(オートクレーブ)

高圧蒸気滅菌とは、一定の温度と圧力の飽和水蒸気で加熱することによって微生物の蛋白凝固を促進して死滅させる方法。

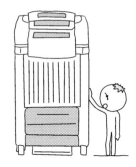

高圧蒸気滅菌は、温度と時間の組合せで滅菌条件が決められておるんじゃ。

この温度と時間が守られないと、ちゃんと滅菌できんということじゃな。

なるほどぉ～。

高圧蒸気滅菌の条件 (ISO)

滅菌温度	保持時間
121℃	15分
126℃	10分
134℃	3分

高圧蒸気滅菌できるモノには以下の条件が必要なんじゃ。

高圧蒸気滅菌できる物品の条件
- ●耐水性
- ●温度135℃、圧力3.2kgf/cmで約20分間の滅菌に耐えられる材質

適応物品
- ・金属製品
- ・ガラス製品
- ・繊維製品
- ・ゴム製品
- ・プラスチック製品(一部)

酸化エチレンガス(EOG)滅菌

酸化エチレンガス(EOG)滅菌とは、酸化エチレンガスにより微生物の蛋白質や核酸酵素分子などをアルキル化することにより死滅させる方法。

この滅菌法は、比較的低い温度や湿度の環境下で滅菌処理できるから耐熱性や耐湿性の低い材質の物品の滅菌に適しておるんじゃ。

EOG滅菌の滅菌条件
- 温度:37〜60℃
- 湿度:50〜60%(RH)
- 濃度:450〜1,000mg/L
- 時間:2〜4時間

EOG滅菌の対象となる物品は、耐熱性や耐湿性が低く、高圧蒸気滅菌できない材質のものじゃ。

EOG滅菌の対象となる物品
- 複雑な構造をもつ光学器械
  - 内視鏡
  - カテーテル
  - 腹腔鏡下手術器械など
- プラスチック製品
- ゴム製品

エアレーション
多くの病院ではエアレーション装置を使用しており、一般的に50℃で12時間、55℃で10時間、60℃で8時間を要する。

ただし、EOG滅菌は、酸化エチレンガスという毒性の強いガスを使用するため、滅菌後の残留ガスの除去(エアレーション)が必要なんじゃ。

低温ホルマリン消毒

EOG滅菌が毒性の強いガスを使用することから、やはり安全面を考慮して、最近は、これに代わる低温ホルマリン消毒が注目されている。

低温ホルマリン消毒の消毒条件
- 温度:約60〜78℃
- 時間:2〜3時間半

ちなみに、ここで消毒となっておるのは、低温ホルマリンに使う装置は日本では滅菌器として承認されておらず、消毒器としての承認であるため、消毒となっておるが、実質的には滅菌の働きをしておる。

過酸化水素低温ガスプラズマ滅菌

過酸化水素低温ガスプラズマ滅菌とは、高周波エネルギーと過酸化水素を組み合わせて低温プラズマ状態を作り出し、その中で微生物を殺菌する方法である。

プラズマとは
物質それぞれの分子がお互いに刺激し合って、非常に反応性が高くなった状態。

この方法は、短時間に低温・低湿度で行うので非耐熱性の材質をもつ物品を滅菌できるんじゃ。

過酸化水素低温ガスプラズマ滅菌の滅菌条件
温度：約45℃
湿度：10%(RH)
時間：28〜72分

過酸化水素低温ガスプラズマ滅菌の対象となる物品
- ステンレス
- ガラス
- プラスチック
- 鋼製小物
- 熱や湿度に弱い光学器械、電子機器など

EOG滅菌や過酸化水素低温ガスプラズマ滅菌などは低温滅菌と言われておって特徴をまとめるとこうなる。

種類	処理時間	処理温度
過酸化水素低温ガスプラズマ滅菌	約28〜72分	約45℃
EOG滅菌	16〜24時間以上	約37〜65℃
低温ホルマリン消毒	2〜3時間30分	約60〜78℃

滅菌の確認

さて、滅菌された医療器材が、本当にちゃんと滅菌されておるかを確認することも大切じゃな。

そりゃそうでやんすねェ。

その滅菌の確認方法には、大きく分けて3つある。

> 物理的インジケータ
> 化学的インジケータ (CI:Chemical Indicator)
> 生物学的インジケータ (BI:Biological Indicator)

これらの方法をうまく組み合わせてちゃんと滅菌されておるか確認するんじゃ。

それぞれの滅菌確認法の話の前に、滅菌した医療器材の管理について少し紹介しておくぞ。

通常、医療現場で使った医療器材は、このような流れで処理され再利用されておる。

医療器材の回収と供給

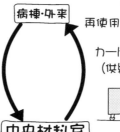

病棟・外来
使用済み　再使用
カートで移送（回収）　カートで移送（供給）

中央材料室
洗浄→消毒
洗浄→滅菌
乾燥、包装、保管

中央処理化

使用済みの器材を医療現場において洗浄・消毒処理（一次処理）をしないで、中央材料室（中材）へ搬送し、洗浄から滅菌までの工程を一括して実施することを、中央処理化という。
使用済みの器材を現場で処理することは不十分な洗浄や消毒薬による曝露、再生処理に伴う現場スタッフへの職業感染リスク増の原因となることから、中材で一括処理する中央処理化が推進されている。

そもそも滅菌済み器材の安全性を保証するのは、単に滅菌工程が適切であればよいというわけではないんじゃ。
ほぉ～。

つまり、使用された器材が、滅菌され再利用されるまでの工程、システムが科学的に妥当であり、適切なレベルで繰り返し行われることが重要なのじゃ。

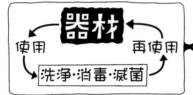

そこで行われておるのが、**滅菌バリデーション**じゃ。

滅菌バリデーション

滅菌の作業手順や工程が適切に行われているか科学的根拠に基づいて検証し、それを文書化することによって、品質の保証された滅菌物を恒常的に生産できるようにすることで、以下の3つがある。

- ●据付時適格性確認（IQ：installation qualification）
  滅菌装置が仕様どおりに供給、設置されている証拠を得てそれを文書化。

- ●運転時適格性確認（OQ：operational qualification）
  操作手順どおりに滅菌工程を作動するにあたり、決められた範囲で滅菌装置が作動する証拠を得てそれを文書化。

- ●稼動性能適格性確認（PQ：performance qualification）
  操作手順どおりに滅菌工程を作動するにあたり、決められた範囲で滅菌装置が作動する証拠を得てそれを文書化。
    物理的PQ
    微生物学的PQ

この滅菌バリデーションによる滅菌条件が達成されていることを確認し、管理していく方法が、先ほど述べた化学的インジケータや生物学的インジケータなのじゃ。

滅菌の確認方法

物理的インジケータ

滅菌器付属の計測器に表示・記録される滅菌前の真空吸引圧, 滅菌工程における温度, 時間, 圧力が達成されたことを毎回確認し, 記録を保存する方法。

化学的インジケータ (CI:Chemical Indicator)

化学的インジケータは滅菌物が滅菌工程を通過したかの確認, あるいは滅菌物の包装内部まで熱あるいはガス等の滅菌剤が到達したか否かを色調の変化で区別し, 確認する方法。

生物学的インジケータ (BI:Biological Indicator)

各滅菌法に対して最も高い抵抗性を示す細菌芽胞を指標菌とし, 滅菌終了後に培養して芽胞の死滅を確認する方法。

6章

滅菌した後は, 念入りに確認するでやんすねェ。

当たり前じゃ。
再利用の際に器材に汚染が残っておったら, それを使われた患者はどうなる？

感染…！
そうでやんした。

もし, 滅菌処理が不十分で汚染が残っていたら…。

再利用… 感染

じゃから, 病院で使う医療器材の滅菌処理は, 人の命にかかわる極めて重要な作業なんじゃよ。

わかったでやんす！

6章 感染と消毒の旅

環境消毒

さて，病院の中で行う消毒として，ヒトの消毒，モノの消毒（洗浄・消毒・滅菌）の話をしてきたわけじゃが，もうひとつ忘れてはならんのが，環境の消毒じゃ。

環境の消毒…？

病院という建物の中，そして入院患者のベッド周辺などの日常清掃が中心の話じゃよ。

掃除でやんすね。

じゃが，病院という環境の中には，普通の家庭には存在しない微生物がいっぱいおるから注意が必要なんじゃ。

ちなみに，病院環境に存在する主な病原微生物をまとめるとこうなる。

ヘェ～。

病院環境と代表的な病原微生物

接触面
- *Staphylococcus aureus*
- *Escherichia coli*
- *Clostridium difficile*
- *Acinetobacter baumannii*
  （乾燥面でもしぶとい！）
- *Serratia marcescence*
- *Bacillus cereus*
- Noro virus
- Influenza virus など

空気中
- *Legionella pneumophila*
  （冷却塔から空調を通って病棟に）
- *Aspergillus fumigatus*
- *Mycobacterium tuberculosis*
- *Clostridium difficile*
  （ほこりにまじって舞い上がる；塵埃感染）
- Noro virus
  （ほこりにまじって舞い上がる；塵埃感染）
- Varicella Zoster virus など

水まわり
- *Pseudomonas aeruginosa*
- *Acinetobacter baumannii* など

198

で、まず重要なのが**接触面**の清掃じゃ。

接触面っていっぱいあるでやんすよ。

清掃の対象となる接触表面をハウスキーピング表面といって、前に話した高頻度接触表面と低頻度接触表面じゃ。

ハウスキーピング表面

●高頻度接触表面

水道の蛇口、取っ手、ドアノブ、手すり、受話器、車椅子のハンドル、机、スイッチ、カウンター、椅子、オーダーテーブル、ナースコール、バイタルモニター、エレベーターボタン、ベッド柵、シンク、ワゴン、カルテ、聴診器、血圧計、点滴台 など

●低頻度接触表面

水平面：床、棚などの水平部分、窓の敷居など
垂直面：壁、ブラインド、敷居カーテンなど

高頻度接触表面は、**1日1回以上の定期清掃・定期消毒**が推奨されておって、その清掃手順は3章（p99参照）で紹介しておるが、もう一度おさらいしておくかの。

高頻度接触表面の清掃手順

清掃準備
　①作業前に手指衛生。
　②清掃に必要な道具を用意。
　③手袋を着用。
清掃実施
　④目に見える汚れ（血液・体液などの湿性生体物質）があるか目視。
　⑤汚れがあれば、拭き取り用クロスで汚れが見えなくなるまで拭き取る。
　⑥新しい拭き取りクロスに除菌洗浄剤を吹き付け。
後片付け
　⑦着用していた手袋をはずす。
　⑧手指衛生。

6章 感染と消毒の旅

それでは,個々の清掃についてみていくことにするが,ここで使う消毒薬の使用上の注意がこれじゃ。

消毒用エタノール
→火気厳禁!
次亜塩素酸ナトリウム
→金属の腐食を防止するために
2度拭きすること!(10分あけて)

家具類・床頭台・テーブル・ドアノブ・便座など

- 一般には,湿式清拭で十分。
- ほこりを取り除くことが大切。
- 患者の分泌物などが付着する可能性が高く,手が触れる頻度が高い部分や,分泌物などが付着する可能性がある部分は**消毒用エタノール**による清拭。

ベッド・マットレス

- ベッドは手が触れる部分を湿式清拭する。
- 車輪部分のホコリを十分取り除く。
- マットレスは,血液,体液,排泄物などが付着した場合は,手袋を着用し,**次亜塩素酸ナトリウム液**で清拭。

浴室・浴槽

- 通常は洗剤による清掃。
- 使用しないときは,常に乾燥させておく。
- 感染患者が入浴した場合:
  - 浴槽の水を抜いたあと,熱めのお湯で浴槽と洗い場を清掃。
  - 手袋を着用し,**次亜塩素酸ナトリウム液**(0.1%)で清拭し,洗浄,乾燥。

壁・カーテン

- 感染リスクが低いため消毒は不要。
- 壁は湿式清拭し,カーテンは洗濯し,清潔にする。
- 壁やカーテンが血液や体液などで汚染されたときは,手袋を着用し,**次亜塩素酸ナトリウム**(0.02~0.1%)で清拭。

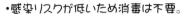

床
- 感染リスクが低いため消毒は不要。
- 一般の床は，湿式清掃のあと乾燥。
- 床清掃の基本は，汚れを取り除くこと，除塵であり，特別な環境消毒は必要ない。
- ただし，血液・排泄物・分泌物などで汚染された床は，手袋を着用し，**次亜塩素酸ナトリウム液**（0.5%）で清拭した後，水洗い，乾燥。
- ★ノロウイルス患者の嘔吐物などでも！

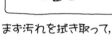
まず汚れを拭き取って，必要なら消毒薬を使うわけでやんすね。

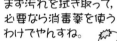
環境清掃において，患者の体液や粘液など感染性病原体を疑う汚れがあるときは，**次亜塩素酸ナトリウム液**で清拭するのがポイントじゃな。

ちなみに病室全体を一気に消毒する方法もあるんじゃぞ。

そんなのがあるでやんすかぁ。

病室内全体

蒸気化過酸化水素（HPV）による病室内消毒

患者の退院した空き病室を閉鎖し，病室内に蒸気化過酸化水素を発生させ，2〜3時間放置する。

さて，感染と消毒の旅もこれで終わりじゃ。

ということは，あとは帰るだけでやんすね！

では，ボチボチ帰るとするかの。

6章 感染と消毒の旅

参考文献

- 森澤雄司：おべんきょ病原微生物（感染管理おべんきょブックス1），2014，リーダムハウス
- 矢野邦夫：感染対策のレシピ，2013，リーダムハウス
- 吉田眞一・柳 雄介 編：戸田新細菌学 第34版，2013，南山堂
- 横田 健：Bacteriology & Antibiotics －微生物と抗生物質の基礎知識 第4版，1994，じほう
- 吉川昌之介：細菌の逆襲，中公新書，中央公論新社，1995
- 日本手術医学会：手術医療の実践ガイドライン（改訂版），2013
- 藤田 烈：アウトブレイクデータ解析の一般的な手法と注意点．連載：疫学・統計解析シリーズ．環境感染誌 29（2）：80-92，2014
- Johan Giesecke 著 山本太郎ほか訳：感染症疫学－感染性の計測・数学モデル・流行の構造，2006，昭和堂
- 日本臨床微生物学会：血液培養検査ガイド，2013
- 日本化学療法学会・日本感染症学会：抗菌薬使用のガイドライン，2005
- 日本呼吸器学会：「呼吸器感染症に関するガイドライン」成人院内肺炎診療ガイドライン，2008
- 日本呼吸器学会：「呼吸器感染症に関するガイドライン」成人市中肺炎診療ガイドライン，2005
- 日本呼吸器学会：「呼吸器感染症に関するガイドライン」成人気道感染症診療の基本的考え方，2003
- WHO：Guidelines on Hand Hygiene in Health Care，2009
- CDC：Guideline for Isolation Precautions：Preventing Transmission of Infectious Agents in Healthcare Settings，2007
- CDC：Guideline for Disinfection and Sterilization in Healthcare Facilities，2008
- CDC：Management of Multidrug-Resistant Organisms In Healthcare Settings，2006
- CDC：Guideline for Prevention of Catheter-Associated Urinary Tract Infections，2009
- CDC：Guidelines for the Prevention of Intravascular Catheter-Related Infections，2011
- CDC：Guidelines for Environmental Infection Control in Health-Care Facilities，2003

さくいん キーワードインデックス

あ行

アウトブレイク　118, 124, 125, 126, 127, 131, 133
アスペルギルス症　30, 157
アデノシン三リン酸（ATP）　181
洗い残し　49
アルカリ性　178
　―洗浄剤　179
アルコール　53, 55
　―手指消毒　54
安全機能付き鋭利器材　111
アンチバイオグラム　152
ESBLs 産生菌　147
EOG 滅菌　193
易感染状態　14
易感染性宿主　16
遺伝子検査　162
医療関連感染　16, 17, 74
　―サーベイランス　120
陰圧　71
院内感染　16
ウイルス　19, 31
ウォッシャーディスインフェクター　180
エアレーション　193
衛生的手洗い　49
疫学調査　127
液性免疫　14
N95 レスピレータ　62, 63, 64, 71
エフラックス耐性　145
炎症　15
エンベロープ　55
オートクレーブ　192
汚染　77, 82
オッズ比　133
温度　186

か行

外因性感染　16, 17
解析疫学　133
外毒素　27
外膜　24
　―透過性　145
界面活性剤　177
ガウン　61, 68
化学的インジケータ　195, 197
化学的消毒法　182
核酸合成阻害薬　143, 144
喀痰培養　162
過酸化水素低温ガスプラズマ滅菌　194
仮説　132
　―検証　133
カテーテル関連血流感染　76
カテーテルの交換　81
加熱消毒　183
芽胞菌　51
カルバペネム耐性腸内細菌　147
環境消毒　172, 198
環境由来微生物　96
カンジダ症　30, 157
感性　150
感染経路　11, 12, 39, 124
　―別予防策　66
感染源　12, 124
感染症　10, 15, 18
　―疫学　124
感染性　10
感染防御能　13
感染防止　36, 38
感染リスク　110
感染率　120, 121, 122
感度　130
気管内吸引　93
器材消毒　172, 173
基礎再生産率　136
95％信頼区間　135
強毒性　12
寄与リスク　129
菌血症　76
空気感染　12, 66

204

一隔離室　71
空気管理　100
空気予防策　66, 70
グラム陰性桿菌　26
グラム陰性球菌　26
グラム陰性菌　25
グラム染色　25, 161
グラム陽性桿菌　26
グラム陽性球菌　26
グラム陽性菌　25
クリティカル器材　174, 175
クリプトコッカス症　30, 157
血液媒介感染　105
血液媒介病原体　106
血液培養　161
血管カテーテル　78
血管留置カテーテル感染　76
血中濃度モニタリング（TDM）　154
嫌気性菌　23
顕性感染　15
原虫　19
高圧蒸気滅菌　192
抗ウイルス薬　158
好気性菌　23
抗菌薬　140, 141
　　　一の作用点　144
口腔内消毒　171
抗原検査　163
抗真菌薬　155, 157
高水準消毒　175, 185
　　　一薬　185, 187
抗生物質　140
酵素　178
　　　一系洗浄剤　178
抗体検査　163
好中球　14
抗微生物薬　139
高頻度接触表面　199
交絡　134
　　　一因子　134
ゴーグル　61
個室隔離　67, 68, 69
個人防護具　45, 57

コホーティング　67, 68, 69
コホート研究　133, 134
コンタミネーション　170

さ行

サージカルマスク　62, 65, 69, 71
サーベイランス　116, 117, 120, 126
細菌　19, 20, 27
　　　一学的検査　161
　　　一感染症　28
採血　107, 169, 170
最小発育阻止濃度（MIC）　151
採尿バッグ　84
細胞質　24, 144
　　　一膜　24, 144
細胞性免疫　14
細胞壁　24, 144
　　　一合成阻害薬　143, 144
殺菌作用　143
酸化エチレンガス滅菌　193
酸性　178
　　　一洗浄剤　179
シールチェック　62, 64
時間依存性　153
市中感染　16
弱毒菌　16
弱毒性　12
静菌作用　143
煮沸消毒　183
集中治療室　101
宿主　10, 13
手指衛生　45, 47, 51, 79, 80, 101
　　　一5つのタイミング　52
手指消毒　53, 169
手指の高頻度接触表面　97, 98
手指の低頻度接触表面　97, 98
手術室　100
手術時手洗い　49, 90
手術創　88
　　　一感染　86
手術部位感染（SSI）　86
　　　一サーベイランス　122
手術部位消毒　171

さくいん

常在微生物 16
消毒 173, 182
　使用濃度 186
症例対照研究 133, 134
症例定義 127, 131
職業感染 105
　－曝露 43
真菌 19, 29
人工呼吸器管理関連事象（VAE） 94, 122
人工呼吸器関連肺炎（VAP） 91
　－サーベイランス 122
深在性真菌症 157
侵襲的処置 75
浸漬洗浄 180
侵入門戸 13, 36
深部切開創 SSI 86, 87
スーパースプレッダー現象 136
スポルディングの分類 174
清掃 99, 199
生体消毒 168, 171
生物学的インジケータ 195, 197
咳エチケット 46, 62, 65
積極的症例探査 132
石鹸 50, 55, 109
接触感染 12, 66, 97, 101, 149
接触時間 186
接触予防策 66, 68
切創 107
節足動物 106
セミクリティカル器材 174, 175
洗浄 173, 175, 176
　－効果 181
　－剤 177
選択毒性 142
早期発症型肺炎 92
臓器・体腔 SSI 86, 87
相対リスク 129

た行

体液 43
対象限定サーベイランス 119
耐性 150
蛋白合成阻害薬 143, 144

蛋白質分解酵素 178
中央処理化 195
注射器 108
注射針 106, 108
中心静脈カテーテル 79
中心静脈ライン関連血流感染サーベイランス 121
中水準消毒 175, 185
　－薬 185, 188
中性 178
中性洗浄剤 179
超音波洗浄 180
腸内菌叢 16
腸内細菌 21
手洗い 47, 48, 49
手荒れ 53, 55
D 値 191
低温ホルマリン消毒 193
低水準消毒 175, 185
　－薬 185, 189
定性的フィットテスト 64
低頻度接触表面 199
定量的フィットテスト 64
デバイス関連感染 75
手袋 58, 60, 61, 68
透析室 102
特異度 130
毒素 27
毒素量 11
毒力 11, 12
トポイソメラーゼ 145
ドレッシング 81
貪食作用 13, 14

な行

内因性感染 16
内毒素 27
生ワクチン 165
日常的手洗い 49
二名法 20
尿検査 162
尿路留置カテーテル感染 82
尿路留置カテーテル関連感染サーベイランス

121
熱水消毒　183
脳脊髄液検査　162
濃度依存性　153
ノンクリティカル器材　174, 175

は行
ハウスキーピング表面　199
曝露　40, 44, 128, 129, 134
発生率　128
針刺し　105, 107
晩期発症型肺炎　92
B型肝炎ウイルス　102
PK/PD　153
　―パラメータ　154
鼻腔内消毒　171
微生物　19
　―検査　160
　―サーベイランス　123
　―量　12
皮膚消毒　81, 169
飛沫　63
　―核　63, 70
　―感染　12, 66
　―予防策　66, 69
病原因子　27
病原性　10, 27
標準予防策　40, 45
表層切開創 SSI　86, 87
日和見感染　16
ビルダー　178
フィットテスト　62, 64
不活化ワクチン　165
不顕性感染　15
物理的インジケータ　195, 197
物理的消毒法　182
ブレイクポイント　151
ベースライン　118, 126, 131
βラクタマーゼ　145, 147
βラクタム薬　145
ペプチドグリカン　24
便検査　162
包括的サーベイランス　119

保菌者　15
補助検査　163

ま行
マキシマル・バリアプリコーション
　79, 81
マスク　61, 62
マッチング　135
無菌性保証水準　191
無菌操作　79, 80
メタロβラクタマーゼ産生菌　147
滅菌　173, 175, 190, 195
　―バリデーション　196
　―法　191
免疫　11
　―グロブリン　164
　―力　13

や行
薬剤感受性試験　150
薬剤耐性　145
　―菌　146, 149
薬物動態　153
薬力学　153
有病率　128
輸液　77
陽圧　71
葉酸合成阻害薬　143, 144
用手洗浄　180

ら行
ラインリスト　132
罹患率　128
リスク　128
　―因子　124
　―比　133
流行曲線　133
流水　50, 55, 109

わ行
ワクチン　164

かんせんボウシ見聞録

感染対策－まるごと覚え書きノート

2015 年 2 月 20 日　初版発行

監修者　森澤雄司

発行者　多賀友次

定　価　(本体 2,500 円＋税)

発行所　株式会社 リーダムハウス
　　　　〒 464-0841　名古屋市千種区覚王山通 8-48　セゾン覚王山 206 号
　　　　TEL 052-753-7675　FAX 052-753-7681　www.readam.co.jp

© READaM HOUSE 2015 Printed in Japan
印刷・製本　広研印刷株式会社
ISBN978-4-906844-08-1 C3047　　　　　　　乱丁・落丁の場合はおとりかえします。

- 本書の複製権・翻訳権・上映権・譲渡権・公衆送信権(送信可能化権を含む)は株式会社 リーダムハウスが保有します。

- JCOPY　＜(社)出版者著作権管理機構 委託出版物＞
- 本書の無断複写は著作権法上での例外を除き禁じられています。複写される場合は,そのつど事前に,(社)出版者著作権管理機構(電話 03-3513-6969, FAX 03-3513-6979, e-mail：info@jcopy.or.jp)の許諾を得てください。